Verlag Hans Huber
**Programmbereich Pflege**

*Beirat Wissenschaft*
Angelika Abt-Zegelin, Dortmund
Silvia Käppeli, Zürich
Doris Schaeffer, Bielefeld

*Beirat Ausbildung und Praxis*
Barbara Knigge-Demal, Bielefeld
Jürgen Osterbrink, Nürnberg
Christine Sowinski, Köln
Franz Wagner, Berlin

# Bücher aus verwandten Sachgebieten

## Pflegeprozess

Brobst et al.
**Der Pflegeprozess in der Praxis**
2., vollst. überarb. u. erw. Auflage
2005. ISBN 3-456-83553-1

Lunney
**Arbeitsbuch Pflegediagnostik**
2006. ISBN 3-456-83840-9

Salter
**Körperbild und Körperbildstörungen**
1998. ISBN 3-456-83274-5

Walsh/Ford
**Pflegerituale**
2., überarb. u. erw. Auflage
2000. ISBN 3-456-83332-6

Wilkinson
**Das Pflegeprozess-Lehrbuch**
2005. ISBN 3-456-83348-2

## Pflegewissenschaft

Behrens/Langer
**Evidence-based Nursing**
2004. ISBN 3-456-83623-6

Benner
**Stufen zur Pflegekompetenz**
1994. ISBN 3-456-82305-3

Brandenburg/Dorschner (Hrsg.)
**Pflegewissenschaft 1**
Lehr- und Arbeitsbuch zur Einführung in die Pflegewissenschaft
2. Auflage
2005. ISBN 3-456-84161-2
Brandenburg/Panfil/Mayer (Hrsg.)
**Pflegewissenschaft 2**
Lehr- und Arbeitsbuch zur Einführung in die Pflegeforschung
2006. ISBN 3-456-84049-7

Polit/Beck/Hungler
**Lehrbuch Pflegeforschung**
2004. ISBN 3-456-83937-5

## Pflegepädagogik

Glen/Wilkie (Hrsg.)
**Problemorientiertes Lernen für Pflegende und Hebammen**
2001. ISBN 3-456-83550-7

Görres et al. (Hrsg.)
**Auf dem Weg zu einer neuen Lernkultur: Wissenstransfer in der Pflege**
2002. ISBN 3-456-83672-4

Johns
**Selbstreflexion in der Pflegepraxis**
Gemeinsam aus Erfahrungen lernen
2004. ISBN 3-456-83935-9

Oelke/Menke
**Gemeinsame Pflegeausbildung**
2., korr. u. erw. Auflage
2005. ISBN 3-456-84162-0

Oelke/Scheller/Ruwe
**Tabuthemen als Gegenstand szenischen Lernens in der Pflege**
2000. ISBN 3-456-83323-7

Panke-Kochinke
**Fachdidaktik der Berufskunde Pflege**
2000. ISBN 3-456-83511-6

Picado/Unkelbach
**Innerbetriebliche Fortbildung in der Pflege**
2001. ISBN 3-456-83325-3

Poser/Schneider (Hrsg.)
**Leiten, Lehren und Beraten**
Fallorientiertes Lehr- und Arbeitsbuch für Pflegemanager und Pflegepädagogen
2005. ISBN 3-456-84207-4

Rau
**Die Situation der Krankenpflegeausbildung in der BRD nach 90 Jahren staatlicher Regelung**
2001. ISBN 3-456-83625-2

Reinmann-Rothmeier/Mandl
**Individuelles Wissensmanagement**
2000. ISBN 3-456-83425-X

Roes
**Wissenstransfer in der Pflege**
Neues Lernen in der Pflegepraxis
2004. ISBN 3-456-84068-3

Sieger (Hrsg.)
**Pflegepädagogik**
2001. ISBN 3-456-83328-8

Wagner/Osterbrink (Hrsg.)
**Integrierte Unterrichtseinheiten**
2001. ISBN 3-456-83249-4

Weitere Informationen über unsere Neuerscheinungen finden Sie im Internet unter: http://verlag.hanshuber.com oder per E-Mail an: verlag@hanshuber.com.

Bob Price

# Problem- und forschungsorientiertes Lernen

Praxishandbuch für Lehrende und Lernende in der Pflege

Aus dem Amerikanischen, Englischen, Niederländischen
von Heide Börger

Deutschsprachige Ausgabe herausgegeben von
Prof. Dr. Johann Behrens

Verlag Hans Huber

**Dr. Bob Price.** RGN, PhD, Programmleiter des Fernstudiengangs «Master of Science in Nursing» am Royal College of Nursing in London. Davor war er Direktor der Pflegeausbildung an der South Bank University und stellvertretender Direktor der onkologischen Pflegeausbildung am Royal Marsden Hospital. Zusammen mit Kollegen entwickelte und veröffentlichte er Nursing Times Open Learning, das erste in einer Zeitschrift erscheinende Ausbildungsprogramm für Pflegende im Vereinigten Königreich.

E-Mail: Bob.Price@RCN.ORG.UK
Internet: http://www.rcn.org.uk
Royal College of Nursing of the United Kingdom
20 Cavendish Square
London W1G ORN
Tel: +44 (0) 20 7409 3333
Fax: +44 (0) 20 7647 3436

Lektorat: Jürgen Georg, Britta March
Bearbeitung: Cindy Hofman, Patrick Muijsers
Herstellung: Daniel Berger
Titelillustration: pinx. Design-Büro, Wiesbaden
Satz: Sbicca & Raach, Lugano
Druck und buchbinderische Verarbeitung:
Druckhaus Beltz, Hemsbach
Printed in Germany

Bibliographische Information der Deutschen Bibliothek
Die Deutsche Bibliothek verzeichnet diese Publikation in der Deutschen Nationalbibliografie; detaillierte bibliografische Angaben sind im Internet unter http://dnb.ddb.de abrufbar

Dieses Werk, einschließlich aller seiner Teile, ist urheberrechtlich geschützt. Jede Verwertung außerhalb der engen Grenzen des Urheberrechtes ist ohne schriftliche Zustimmung des Verlages unzulässig und strafbar. Das gilt insbesondere für Kopien und Vervielfältigungen zu Lehr- und Unterrichtszwecken, Übersetzungen, Mikroverfilmungen sowie die Einspeicherung und Verarbeitung in elektronischen Systemen.

Die Verfasser haben größte Mühe darauf verwandt, dass die therapeutischen Angaben insbesondere von Medikamenten, ihre Dosierungen und Applikationen dem jeweiligen Wissensstand bei der Fertigstellung des Werkes entsprechen.

Da jedoch die Pflege und Medizin als Wissenschaft ständig im Fluss sind, da menschliche Irrtümer und Druckfehler nie völlig auszuschließen sind, übernimmt der Verlag für derartige Angaben keine Gewähr. Jeder Anwender ist daher dringend aufgefordert, alle Angaben in eigener Verantwortung auf ihre Richtigkeit zu überprüfen.
Die Wiedergabe von Gebrauchsnamen, Handelsnamen oder Warenbezeichnungen in diesem Werk berechtigt auch ohne besondere Kennzeichnung nicht zu der Annahme, dass solche Namen im Sinne der Warenzeichen-Markenschutz-Gesetzgebung als frei zu betrachten wären und daher von jedermann benutzt werden dürfen.

Anregungen und Zuschriften bitte an:
Verlag Hans Huber
Lektorat: Pflege
z. Hd.: Jürgen Georg
Länggass-Strasse 76
CH-3000 Bern 9
Tel: 0041 (0)31 300 4500
Fax: 0041 (0)31 300 4593
E-Mail: juergen.georg@hanshuber.com
Internet: http://verlag.hanshuber.com

Das vorliegende Buch ist eine Übersetzung aus dem Englischen. Der Originaltitel lautet «Studying Nursing Using Problem-Based and Enquiry-Based Learning» von Bob Price.
© 2003. Palgrave Macmillan, Houndmills, Basingstoke, Hampshire, New York
© der deutschsprachigen Ausgabe 2005.
Verlag Hans Huber, Hogrefe AG, Bern
1. Auflage 2005. Verlag Hans Huber,
Hogrefe AG, Bern
ISBN 3-456-84258-9

# Inhaltsverzeichnis

**Einführung** .................................................... 9

## Teil I – Praxis und Lernen

**1. Die Art der Probleme im Gesundheitswesen und die Praxis** ............................................ 17
1.1 Was ist ein Problem? ................................... 18
1.2 Ist Gesundheitsfürsorge heute problematischer? ...... 22
1.3 Praktiker mit Forschergeist sind gefragt ............. 24

**2. Problemorientiertes Lernen** ........................... 29
2.1 Der geschichtliche Hintergrund ........................ 29
2.2 Die Komponenten des problemorientierten Lernens ..... 32
    2.2.1 Die Unterrichtsphilosophie ...................... 32
    2.2.2 Das Lernkonzept ................................ 33
2.3 Unterstützung der Studenten .......................... 38
    2.3.1 Pädagogisch geschulte Berater .................. 38
    2.3.2 Fachkundige Berater ............................ 39
2.4 Der Prozess der Problemlösung ........................ 44
2.5 Zusammenfassung ..................................... 46

**3. Forschungsorientiertes Lernen** ....................... 49
3.1 Die Unterschiede zwischen forschungsorientiertem und problemorientiertem Lernen .................. 50
3.2 Das Ziel des forschungsorientierten Lernens ........ 51
3.3 Forschungsorientiertes Lernen und der Zeitrahmen des Projekts ... 54
3.4 Unterstützung im Kontext des forschungsorientierten Lernens ... 56
3.5 Die Auswahl eines Lernbegleiters für die Arbeitsgruppe ......... 58
3.6 Der Untersuchungsprozess ............................. 60
3.7 Zusammenfassung ..................................... 64

**4. Die Durchführung von Untersuchungen mit einer Matrix** ... 67
4.1 Die Wissensgrundlage der Praxis ...................... 69
4.2 Der Bezugsrahmen .................................... 72

| | | |
|---|---|---|
| 4.3 | Die Schritte der Entscheidungsfindung | 75 |
| 4.4 | Forschungserkenntnisse oder Theorien | 78 |
| 4.5 | Theorie und Praxis | 82 |
| 4.6 | Zusammenfassung | 85 |

## Teil II – Die Durchführung von Untersuchungen

| | | |
|---|---|---|
| **5.** | **Das Suchen und Sammeln von Informationen** | **89** |
| 5.1 | Informationen von Menschen | 92 |
| 5.2 | Das Interview | 93 |
| 5.3 | Informationen aus Dokumenten | 97 |
| 5.4 | Informationen aus der Beobachtung der Praxis | 100 |
| 5.5 | Informationen aus Exkursionen | 104 |
| 5.6 | Zusammenfassung | 106 |
| **6.** | **Die Nutzung des Internets** | **109** |
| 6.1 | Was ist das World Wide Web? | 110 |
| 6.2 | Das Aufsuchen der Websites | 113 |
| | 6.2.1 Kommerzielle Websites | 115 |
| | 6.2.2 Ideologische Websites | 116 |
| | 6.2.3 Edukative Websites | 116 |
| | 6.2.4 Persönliche Websites | 117 |
| | 6.2.5 Lifestyle-Websites | 117 |
| 6.3 | Die Evaluation von Informationen aus dem Internet | 119 |
| 6.4 | Herunterladen von Informationen | 120 |
| 6.5 | Kommunikation via Informationstechnologie | 121 |
| 6.6 | Zusammenfassung | 125 |
| **7.** | **Die Analyse der Informationen** | **127** |
| 7.1 | Die Identifizierung von «Fakten» | 128 |
| | 7.1.1 Wie lauten die Annahmen? | 134 |
| | 7.1.2 Reichen die Daten aus, um die Annahmen zu bestätigen? | 135 |
| | 7.1.3 Welche anderen Annahmen gibt es noch? | 136 |
| | 7.1.4 Wäre die Annahme wahr, was wäre die Folge? | 137 |
| 7.2 | Die Auseinandersetzung mit Lernaufgaben | 138 |
| | 7.2.1 Die Verknüpfung verschiedenartiger Informationen | 138 |
| | 7.2.2 Die Sackgasse erkennen | 140 |
| 7.3 | Zusammenfassung | 143 |

| | | |
|---|---|---|
| **8.** | **Die Beendigung eines Projekts** .......................... | 145 |
| 8.1 | Indikatoren, die auf einen baldigen Abschluss hindeuten ......... | 147 |
| 8.2 | Die Verifizierung vorläufiger Lösungen oder Punkte ............ | 148 |
| | 8.2.1 Beispiel aus dem Kontext des problemorientierten Lernens .... | 148 |
| | 8.2.2 Beispiel aus dem Kontext des forschungsorientierten Lernens ... | 150 |
| 8.3 | Die Verbesserung der Aussagen ............................ | 152 |
| 8.4 | Das Gefühl, am Ziel zu sein ............................... | 154 |
| 8.5 | Zusammenfassung ...................................... | 156 |
| | | |
| **9.** | **Die Vorbereitung auf die Einschätzung** ................. | 157 |
| 9.1 | Der modifizierte Essay ................................... | 158 |
| 9.2 | Die Dreischrittprüfung ................................... | 161 |
| | 9.2.1 Wiederholung relevanter Lehrinhalte .................... | 163 |
| | 9.2.2 Erläuterung der Gedankengänge ........................ | 163 |
| | 9.2.3 Einübung des kritischen Lesens ......................... | 163 |
| 9.3 | Portfolios .............................................. | 164 |
| 9.4 | Berichte ............................................... | 169 |
| 9.5 | Zusammenfassung ...................................... | 172 |

## Teil III – Zwei Fallstudien

| | | |
|---|---|---|
| **10.** | **Fallstudie aus dem Kontext des problemorientierten Lernens** ................................................. | 175 |
| 10.1 | Pauls Geschichte ........................................ | 175 |
| 10.2 | Ersteinschätzung ....................................... | 176 |
| 10.3 | Erste Befunde .......................................... | 179 |
| 10.4 | Neue Informationen – neue Untersuchungen ................. | 181 |
| 10.5 | Verfeinerung der Problemanalyse .......................... | 184 |
| 10.6 | Annäherung an die Problemlösung ......................... | 188 |
| 10.7 | Verifizierung der Lösung ................................. | 190 |
| | | |
| **11.** | **Fallstudie aus dem Kontext des forschungsorientierten Lernens** ................................................. | 193 |
| 11.1 | Die Fokussierung der Untersuchung ........................ | 194 |
| 11.2 | Die Strukturierung der Untersuchung ....................... | 196 |
| 11.3 | Sammeln und Auswerten der Informationen ................. | 198 |
| 11.4 | Die Verfeinerung der Erkenntnisse ......................... | 201 |
| 11.5 | Der Abschluss der Untersuchung .......................... | 205 |

**Glossar** .................................................... 211

**Literaturverzeichnis** ........................................ 219

**Deutschsprachige Literatur** ................................. 225

**Interview mit Bob Price** .................................... 227

**Nachwort zur deutschsprachigen Ausgabe** .................... 237

**Sachwortverzeichnis** ........................................ 241

# Einführung

Wenn Sie sich bewusst machen, womit Sie sich in der Pflegepraxis hauptsächlich beschäftigen, werden Sie vermutlich feststellen, dass das Sammeln von Informationen und das Lösen von Problemen im Vordergrund stehen. Wir lösen Probleme mit und manchmal auch für Patienten. Sind wir nicht gerade damit beschäftigt, Probleme zu lösen, stellen wir Nachforschungen an, wie bestimmte Probleme gelöst werden können. Ein Großteil der Arbeit, die Pflegende im öffentlichen Gesundheitswesen, im Bereich der Gesundheitsförderung oder der medizinischen Grundversorgung leisten, besteht darin, anderen dabei zu helfen, die Vermeidung oder Minimierung von Problemen zum Bestandteil ihres täglichen Lebens zu machen. Daher überrascht es nicht allzu sehr, dass in den letzten fünf Jahren problem- und forschungsorientierte Lernansätze immer häufiger in die Pflegeausbildung integriert wurden. Wenn Pflegende in erster Linie «Kopfarbeiter» sein sollen, die ihr Wissen einsetzen, um anderen zu helfen und bei der Aneignung und Nutzung von Wissen zu unterstützen, dann müssen sie lernen, kritisch zu denken und mit Informationen effektiv umzugehen. Das Sammeln, Analysieren und Nutzen von Informationen sind für das Lösen von Problemen von zentraler Bedeutung. Das Lösen von Problemen ist eine komplexe Aufgabe, die aus folgenden Schritten besteht: Einschätzen der Situation; Feststellen, was bekannt oder noch nicht bekannt ist; Nachforschen, um relevante Informationen zu beschaffen. Wenn es um das Lösen von Problemen geht, ist meist enge Zusammenarbeit gefordert, da die Sichtweise anderer wichtige Impulse zu einer Problemlösung beisteuern kann. Die Lehrenden in der Pflege haben schnell erkannt, wie wichtig es ist, Pflegenden in der Ausbildung Fähigkeiten zu vermitteln, die sie zur Lösung von Problemen befähigen. In einigen Fällen füllen problem- oder forschungsorientierte Lernansätze den ganzen Lehrplan aus. In anderen Fällen ist problemorientiertes Lernen in bestimmte Lernmodule integriert.

Dieses Lehrbuch wendet sich an Pflegende, die mit modernen Lehrmethoden das Lösen von Problemen erlernen oder die Praxisarbeit besser verstehen wollen. Es ist aus der Sicht der Lernenden geschrieben und begleitet sie durch den Prozess des Lernens mittels problem- oder forschungsorientierter Ansätze. Die Inhalte dieses Buches sind besonders wichtig für Schüler und Studenten in Pflegeausbildungsprogrammen, die nur mit problem- oder forschungsorientierten Ansätzen arbeiten. Aber auch Pflegende, die sich mit diesen Ansätzen beruflich auf den neuesten Stand bringen wollen, profitieren davon. Da das Lösen von Problemen eine kooperative und explorierende Form des Lernens und der Praxisverbesserung darstellt, eignet sich dieser Ansatz sehr gut für Pflegende, die zur Verbesserung ihres Praxisbereiches in einer Gruppe zusammenarbeiten wollen. Bei der Abfassung der einzelnen Kapitel wurde stets die Perspektive zweier Gruppen von Lernenden berücksichtigt – solche, die sich gerade in einem Pflegeausbildungsprogramm befinden und solche, die zusammen mit Kollegen ihre Pflegepraxis in einer Arbeitsgruppe verbessern wollen.

Dieses Lehrbuch ist nicht in erster Linie für Kollegen gedacht, die Ausbildungsprogramme entwickeln, da sie ohnehin Zugang zu verschiedenen Ressourcen haben. Aber das Buch enthält viel Material über die Arbeit in Gruppen, die Zusammenarbeit mit Lernbegleitern und über den Abschluss und/oder die Einschätzung von Projekten. Deshalb ist es auch wertvoll für Tutoren und klinische Experten, die als Mentoren Pflegende unterstützen, die Untersuchungen im Kontext des problem- oder forschungsorientierten Lernens durchführen.

## Der Aufbau des Buches

Das vorliegende Buch ist in drei Teile gegliedert und soll in seiner Gesamtheit zunächst eine umfassende Informationsquelle sein, aus der später dann auch einzelne Kapitel herausgegriffen werden können. Vor allem die Teile II und III enthalten wertvolle Informationen über Aspekte des Lernens, die im Kontext problem- und forschungsorientierter Lernansätze relevant sind und gehen auf die Form solcher Untersuchungen ein. Falls Sie mit problem- oder forschungsorientiertem Lernen nicht vertraut sind, sollten Sie das Buch zunächst ganz lesen und sich dann, je nach Stand Ihres Ausbildungsprogramms, einzelne Kapitel noch einmal vornehmen. Haben Sie jedoch schon Lernerfahrungen mit problemlösungsorientierten Methoden in der Praxis gemacht, können Sie mit Teil III beginnen und die dort beschriebenen Untersuchungen mit Ihren Erfahrungen vergleichen. Wenn Sie in Teil II nachschlagen, werden Sie verstehen, wie diese Projekte durchgeführt wurden und wie es zu den Lösungen kam, die gewählt wurden.

## Praxis und Lernen

Teil I des Lehrbuchs trägt den Titel «Praxis und Lernen». Hier werden die Grundlagen des Buches und der von mir bis heute angewendeten Lehrmethoden des problemorientierten Lernens erörtert. Kurz zusammengefasst beinhalten die Grundlagen Folgendes: Die Pflegepraxis stellt hohe Anforderungen, die eine sorgsame Anwendung des Wissens erfordern, damit Interventionen ausgewählt werden können, die relevant sind und effektiv helfen. Pflegetheorien und Forschungsaktivitäten im Bereich der Gesundheitsvorsorge allein können die Praxis nicht verbessern, sondern die Pflegenden müssen lernen, unterschiedliche Elemente zu kombinieren, sie im Zusammenhang mit Problemen und Herausforderungen zu sehen, damit Lösungen gefunden werden können. Diese Synthese verschiedener Formen von Informationen aus unterschiedlichen Quellen in einem spezifischen Kontext gelingt sehr viel besser mit einem problemlösungsorientierten Ansatz. Das Ziel des Lernens ist nicht rein utilitaristisch (auf den Klienten bezogen), es fördert auch Ihre eigene Entwicklung. Wenn Sie lernen, wie man Probleme analysiert und löst und wie man als Mitglied einer Gruppe weitere Nachforschungen anstellt, dann sind Sie bestens gerüstet, lebenslang lernfähig zu bleiben und an der Verbesserung Ihrer Praxis zu arbeiten.

Aus diesem Grund wird in Kapitel 1 erläutert, warum die Praxis oft so komplex oder problematisch ist und warum Sie selbst nach Absolvierung eines Ausbildungsprogramms stets wissbegierig bleiben müssen. Es ist wichtig zu verstehen, was problemorientiertes (Kapitel 2) und forschungsorientiertes Lernen (Kapitel 3) bedeutet, denn trotz einiger Gemeinsamkeiten (z. B. setzen beide Lernansätze auf die Zusammenarbeit mit anderen) gibt es auch deutliche Unterschiede zwischen den beiden Lernansätzen. Teil I zeigt auf, worin diese bestehen, denn wenn Sie sich für einen bestimmten Lernansatz entscheiden, sollten Sie sehr gut darüber Bescheid wissen. Je besser Sie verstehen, was Sie tun, desto geringer ist die Wahrscheinlichkeit, dass Sie bei der Durchführung von Projekten in eine Sackgasse geraten.

Kapitel 4 informiert Sie über eine Matrix, mit der Sie im Kontext des problem- oder forschungsorientierten Lernens bestimmte Bereiche der Praxis überprüfen können. Wenn Sie dieses Buch parallel zu einem problem- oder forschungsorientierten Lernprogramm lesen, dann dürften Sie mit den Grundzügen dieses Ansatzes bereits vertraut sein. Der Ansatz basiert zu großen Teilen auf den Erfahrungen von Kollegen, die entweder in Nordamerika oder in Europa (speziell in den Niederlanden) problemorientiertes Lernen lehrplanmäßig unterrichten. Für Leser, die sich mithilfe des Buches beruflich auf den neuesten Stand bringen wollen, wäre es jedoch sinnvoller, eine Matrix zu benutzen, die für die Planung von Untersuchungen geeignet ist. Die Matrix ersetzt nicht die Regeln des problem- oder forschungsorientierten Lernens, sondern deckt die wichtigsten Dimensionen der Probleme ab, mit denen Sie in der Regel zu tun haben. Probleme können entstehen im Zusammenhang mit der Wissensgrundlage (Wissenslücken, fehlende Relevanz oder unangemessene Fokussierung), mit der Entscheidungsfindung, mit Forschungserkenntnissen für die Praxis oder mit Philosophien (die Art und Weise, wie Gesundheitsfachleute mit Situationen in der Praxis umgehen und wie sie ihre Rolle und ihre Ziele wahrnehmen). Diese Dimensionen dürften Ihnen, unabhängig vom Kontext des Lernansatzes, von Nutzen sein.

## Die Durchführung von Untersuchungen

Teil II dieses Buches ist der mit Abstand umfangreichste. Er ist eine Reise durch den Prozess, der die Durchführung von Untersuchungen kennzeichnet. Entscheidend für erfolgreiches problem- oder forschungsorientiertes Lernen ist die Einschätzung der Praxissituation und daran anschließend die Auswahl geeigneter Informationen aus unterschiedlichen Quellen. Wir müssen verstehen, was an einer Situation problematisch ist und warum es problematisch erscheint, daraus «Lernaufgaben» zu generieren. Sobald dies geschehen ist, wird deutlich, welche Informationen und/oder Anleitungen darüber hinaus noch gebraucht werden. Die Kapitel 5 und 6 zeigen auf, wie neue Informationen aus unterschiedlichen Quellen beschafft werden. In Kapitel 5 geht es um die Beschaffung von Informationen aus der Klinik, der Bibliothek und von Experten, in Kapitel 6 um die Nutzung des Internet, das einen enormen Vorrat an potenziell neuen Informationen bereitstellt. Allerdings erfordert der Zugang zu diesen Informationen Übung und ihre Nutzung Klugheit. Nicht alles, was Sie im Internet finden, ist wirklich wichtig oder objektiv!

Sobald neue Informationen gefunden sind, gilt es, sie auszuwerten und in die Analyse einzubeziehen. In diesem Stadium ist es wichtig, dass Sie mit den anderen Gruppenmitgliedern effektiv zusammenarbeiten und von Ihrem Lernbegleiter optimal profitieren. Kapitel 7 widmet sich diesem Prozess ausführlich, geht auf einige Herausforderungen ein und zeigt auf, wie das Problem konstruktiv analysiert werden kann. Erst danach sind Sie in der Lage, Ihr weiteres Vorgehen zu planen, vielleicht neue Untersuchungsansätze zu verfolgen oder die Lösung des Problems in Angriff zu nehmen.

Jedes Projekt im Kontext des problemorientierten/forschungsorientierten Lernens muss irgendwann einmal abgeschlossen werden (Kapitel 8). Wurde das Projekt im Rahmen eines Ausbildungsprogramms durchgeführt, steht meistens eine Beurteilung an. Kapitel 9 setzt sich mit diesem Thema auseinander. Dabei werden nicht nur Möglichkeiten aufgezeigt, wie Sie beweisen können, was Sie gelernt haben, sondern Sie erfahren auch, nach welchen Kriterien die Durchführung der Untersuchung bewertet wird. Im klinischen Bereich können Probleme aus dem realen Leben oft nicht kurzfristig gelöst werden. Wir lernen, Fortschritte stufenweise zu verwirklichen und zu prüfen, ob unsere Ziele hoch gesteckt oder realistisch waren.

## Zwei Fallstudien

Die beiden letzten Kapitel des Buches sind in Teil III enthalten. Kapitel 10 beinhaltet eine Untersuchung aus dem Kontext des problemorientierten Lernens, Kapitel 11 ein Beispiel aus dem Kontext des forschungsorientierten Lernens. In diesen Kapiteln soll kein Ideal dargestellt werden, sondern der Verlauf der Untersuchung, der zu einem bestimmten Ergebnis geführt hat. Die Fallstudien sind nicht exemplarisch und auch nicht unproblematisch. Vieles daran ist gut, einiges verlief nicht nach Plan. Die Studenten berichten häufig, es sei schwirig zu verstehen, in welche Richtung eine Untersuchung geht, oder mit den Ängsten umzugehen, die während einer Untersuchung auftreten können. Es gibt kein Patentrezept für die Durchführung von Projekten, aber die Beispiele geben dennoch einen Einblick in die Entscheidungen, Richtungen und Entwicklungen des Denkens, die progressives problem- und forschungsorientiertes Lernen kennzeichnen.

Am Ende des Buches finden Sie ein Glossar mit Schlüsselbegriffen. Problem- und forschungsorientierte Lernansätze haben, wie andere Lernmethoden auch, eine eigene Terminologie entwickelt. Damit Sie sich besser zurechtfinden, wurden die wichtigsten Begriffe so erläutert, wie sie im Buch verwendet werden. Zusätzlich gibt es Hinweise auf anderweitige Verwendungen.

# Teil I
# Praxis und Lernen

# 1.
# Die Art der Probleme im Gesundheitswesen und die Praxis

Wir leben in einer Welt, in der es viele verschiedene Auffassungen über die «beste Praxis» gibt. Wir leisten Pflegearbeit in einer Zeit, in der die Konsumenten durchaus bereit sind, rechtliche Schritte einzuleiten, weil die medizinische oder pflegerische Versorgung nicht so war, wie sie nach ihrem Dafürhalten sein *sollte.* Heutzutage ist die Pflege eine öffentliche Angelegenheit. Die pflegerische Arbeit findet gleichsam vor den Augen der Öffentlichkeit statt. Es ist wichtig, optimale Entscheidungen zu treffen und einfühlsam mit Patienten und Laienpflegern umzugehen. Eine erfolgreiche Pflegeperson ist eine einfühlsame Pflegeperson. Er oder sie kennt nicht nur die den verschiedenen Methoden zu Grunde liegenden Theorien, sondern weiß auch, wann es sinnvoll ist, die Methoden anzuwenden (Penny u. Warelow, 1999). Die Pflegenden müssen heute nicht nur viel wissen und viel können, sie müssen klug sein (Bradshaw, 2001).

Vor ca. 20 Jahren war die Pflege sehr viel einfacher (Kershaw, 1998). Ging man in eine Bibliothek für Pflegeliteratur und nahm ein Buch aus dem Regal, war es meistens nach medizinischen Themen gegliedert. Es gab Abschnitte über medizinische und chirurgische Pflege. Pflegerische Maßnahmen wurden bezeichnenderweise als Reaktionen auf eine Erkrankung oder Behandlung beschrieben. Es gab genaue Anweisungen für die Versorgung von Patienten mit Asthma oder Kopfverletzung und für postoperative Pflege. Wenn man sich Lehrbücher aus dieser Zeit anschaut, kann man leicht in Nostalgie verfallen. Die Pflege war weniger kompliziert. Die Pflegenden befolgten die Anweisungen ihrer Kollegen aus der Medizin, und es war möglich, all das aufzulisten, was in jeder einzelnen Situation zu tun war. Diejenigen, die damals Prüfungsfragen zu bewerten hatten, wussten ganz genau, es gab nur eine begrenzte Anzahl von «Dingen, die abgefragt werden mussten», und dann galt die Antwort als zulässig.

Heute ist die pflegerische Praxis allerdings nicht mehr wie damals. Wenn Sie gerade ein Pflegestudium aufgenommen oder einen Kurs für Hochschulabsolventen belegt haben, werden Sie sehr schnell merken, dass es nicht mehr so leicht ist, die richtigen Antworten zu finden, das Richtige zu sagen oder die richtige Versorgung anzubieten (Price, A., 1998 a). Die klinische Ausbildungsphase kann ziemlich entmutigend sein, weil all das, was Sie gelesen haben, nicht so recht mit der Realität der pflegerischen Arbeit übereinstimmen will. Wenn Sie auf eine Station kommen, müssen Sie nicht bloß eine Fülle von Informationen verarbeiten, sondern auch verstehen, wie andere, die Patienten und Ihre Kollegen, denken (Morales-Mann und Kaitell, 2001). Die Arbeit in der Praxis verlangt, dass Sie sich nicht nur mit Menschen, sondern auch mit Prozessen und Arbeitsanleitungen auskennen (Wheeler, 2001; Wong et al., 2001). Wir müssen lernen, wie wir Situationen «lesen» können und auch, wie wir beurteilen können, ob das, was wir gesehen oder gehört haben, wichtig ist (Price, B., 2001; Rundio, 2001). Wenn Sie darüber nachdenken, werden Sie erkennen, dass eine der wichtigsten Fertigkeiten, die Sie als Pflegeperson lernen können, darin besteht zu beurteilen, ob etwas wirklich problematisch ist! Dies ist kein sinnloses Gedankenspiel. Die Ressourcen im Gesundheitswesen sind begrenzt, und deshalb müssen wir in der Pflege Prioritäten setzen und uns um das kümmern, was manchmal als Prioritätsprobleme bezeichnet wird. Zu erkennen, was weiterer Aufmerksamkeit bedarf, ist deshalb der Schlüssel zu einer strategischen Praxis.

Im Kontext des problem- und forschungsorientierten Lernens geht man davon aus, dass die Besonderheiten einer Situation, das, was sich als problematisch erweisen könnte, unklar ist. Probleme sind nicht immer offensichtlich oder leicht zu benennen. Daher wäre es unrealistisch, am Anfang des Buches gleich sämtliche Probleme zu erläutern, die in der Praxis auftreten können. Wichtig ist dagegen, mit einer Diskussion über die charakteristischen Merkmale von Problemen zu beginnen. Dies erklärt nicht nur, wie oder weshalb Pflegende und andere Gesundheitsfachleute die Praxis untersuchen müssen, sondern auch, warum Pflegende exzellente Fähigkeiten haben müssen, wenn es gilt, nachzuforschen und Probleme zu lösen, denn genau das hat sich in der Pflege grundlegend geändert. Heutzutage müssen wir die Praxis selbst interpretieren. Die einfachen Rezepte oder Theorien gibt es nicht mehr, und viele davon waren ohnehin schlechte Anleitungen für die Praxis. Klar ist, dass die traditionellen Lernmethoden (Informationen aufnehmen – anwenden – Wirkung überprüfen) nicht mehr ausreichen. Im günstigsten Fall fragen sich die Praktiker, weshalb die Theorie in der Praxis nicht funktioniert. Im schlimmsten Fall versuchen sie, die Praxis in die Theorie zu zwängen.

## 1.1
## Was ist ein Problem?

Pflegende verstehen sich oft als Helfer und Problemlöser (Erdmann, 1998). Dies wirft die Frage auf: Was ist ein Problem? **Abbildung 1-1** zeigt, welche Situationen (etwa eine Situation aus dem Bereich der Gesundheitsversorgung oder eine

1. Die Art der Probleme im Gesundheitswesen und die Praxis **19**

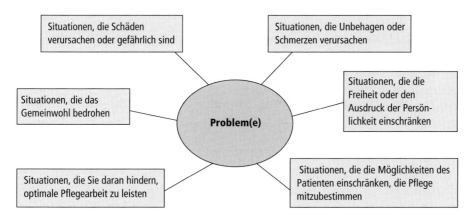

**Abbildung 1-1:** Die Art der Probleme im Gesundheitswesen.

zukünftige Handlungsweise) Probleme darstellen können. Beim Blick auf das Diagramm stellt sich die zweite Frage: Wer definiert das Problem?
In vielen Situationen können Pflegende in bestimmten Verhaltensweisen oder in der Umgebung Faktoren ausmachen, die eine Gefahr für die Gesundheit oder das Wohlbefinden der Patienten darstellen. Penicillin-resistente Bakterienstämme, Asbestfasern am Arbeitsplatz oder Rauchen sind nur einige wenige Beispiele. Unter solchen Umständen ist es oft recht schwierig festzustellen, wer das Problem definiert und die Situation oder Gefahr als «problematisch» einstuft. Ein Beispiel: Selbst heute weigern sich manche Arbeitgeber noch, für eine Asbestose, ein Mesotheliom und andere, auf Asbeststaubexposition der Arbeiter zurückzuführende Krankheiten, zu haften. Auch wenn in diesen Kreisen die Ursachen von Krankheiten oder Schäden kaum thematisiert werden, so kann auf breiter Ebene eine Diskussion darüber geführt werden, wer für die Gefährdung verantwortlich ist und ab welcher Menge eine Substanz (Asbeststaub, Zigarettenrauch) Schäden verursacht.

Für die meisten Menschen sind Dinge problematisch, die ihnen Unbehagen oder Schmerzen bereiten. Ein chirurgischer Eingriff, eine Chemotherapie zur Krebsbehandlung oder eine Gruppentherapie zur Behebung inakzeptabler Verhaltensweisen – all diese Dinge kann ein Patient als problematisch empfinden, aber diese Maßnahmen können auch eine therapeutische Wirkung haben, was bedeutet, dass sie dem Patienten nützen. Pflegende sagen oft, dass es sich um der langfristigen Ziele willen lohnt, kurzfristig behandlungsbedingte Beschwerden in Kauf zu nehmen. Die Pflegeperson verabreicht dem Patienten Antiemetika, um der Übelkeit nach einer Behandlung mit zytotoxischen Medikamenten entgegenzuwirken. Sie hilft, das Problem zu beseitigen, dass sie selbst mitverursacht hat. In solchen Situationen ist für Pflegende und Patienten die Gefahr in der Regel akzeptabel, erträglich und lohnend. So lohnt es sich beispielsweise, Haarausfall hinzunehmen, wenn es darum geht, die Gesundheit langfristig zu schützen.

Bei vielen ethischen Problemen, die in der Praxis auftreten, geht es um die Rechte von Individuen und von Gruppen (Inglis, 2000; Burckhardt, 2002). Nehmen wir die Situation einer Pflegeperson, die HIV-positiv ist (das menschliche Immunschwäche-Virus in sich trägt) und die begreiflicherweise ein Leben führen möchte, das für sie wertvoll und in beruflicher Hinsicht befriedigend ist. Auf der anderen Seite stehen die Menschen in der Gemeinde, die gewisse Befürchtungen haben, sich von solchen Personen behandeln zu lassen und darüber hinaus auch noch die Auffassung vertreten, dass «Menschen, die HIV-positiv sind» registriert und in ihrer beruflichen Freiheit eingeschränkt werden sollten. Probleme lassen sich nicht immer einfach definieren. Was der eine als normal empfindet, ist für den anderen ein Problem. Im Bereich der Gesundheitsversorgung werden Sie immer mit Situationen konfrontiert werden, in denen es unterschiedliche Meinungen darüber gibt, ob etwas problematisch ist. In der Praxis werden Probleme manchmal nach persönlichen Wertvorstellungen, Überzeugungen und Erfahrungen beurteilt. Es ist sehr schwierig für uns, die Probleme anderer zu verstehen oder die Dinge aus ihrer Sicht zu betrachten.

Die Organisation der Gesundheitsversorgung kann selbst zum Problem werden, wenn sie die Möglichkeit des Patienten, über seine Pflege mitzuentscheiden und sich daran zu beteiligen, einschränkt. Die Gesundheitsberufe definieren ihre Arbeit traditionell auf der Grundlage ihrer Fachkenntnis und ihrer spezifischen Wissensgrundlage. Manchmal ist diese Wissensgrundlage komplex, manchmal wird sie als komplex hingestellt, weil den Gesundheitsfachleuten daran gelegen ist, die Kontrolle über die Entscheidungsfindung zu behalten. Tilley und Kollegen treten jedoch dafür ein, dass Pflegende die Patienten befähigen, ihr Mitspracherecht wahrzunehmen (Tilley et al., 1999). Spannungen können jedoch entstehen, und entstehen meist auch, wenn Patienten mit chronischen Krankheiten sich selbst über ihre Krankheit informieren und sich dann mit den Gesundheitsfachleuten über die beste Vorgehensweise auseinander setzen. Es kann eine große Herausforderung sein, Patienten und Laienpflegern das Gefühl zu geben, die Rehabilitation oder den Pflegeplan mitbestimmen zu können (Yates, 1997). Probleme haben demnach häufig etwas mit Macht zu tun, zum einen mit der Macht, entscheiden zu können, welches Problem vorrangig zu behandeln ist, und zum anderen mit Macht, bestimmen zu können, welche Maßnahmen die richtigen sind.

Pflegende haben genauso viele Probleme wie Patienten. Stellen Sie sich vor, Sie haben die Literatur zum Thema Wundbehandlung durchforstet und eine Fülle von Forschungsbefunden entdeckt, die belegen, dass eine bestimmte Art der Wundbehandlung die Heilung eher verzögert anstatt sie zu beschleunigen. Sie teilen diese Informationen den Ärzten und verantwortlichen Pflegenden mit, welche die die Ergebnisse auch sehr interessant finden. Sie wollen jedoch weiterhin die herkömmliche Methode anwenden, weil sie meinen, dass noch mehr Nachweise nötig sind, bevor eine neue Dienstvorschrift in Kraft treten kann. Probleme entstehen also auch überall dort, wo es Unterschiede in den Ansichten oder Zielsetzungen gibt und wo man sich nicht einig ist, mit welchen Mitteln ein Ziel am besten erreicht werden kann. Die Gesundheitsversorgung ist oft der Anlass für Diskussionen darüber, was getan oder gefördert werden *sollte*. Hier handelt es sich nicht unbedingt um wissenschaftliche Diskussionen. Gesundheitsfachleute haben individuelle und kollektive Ideologien (Traynor, 1999; Browne, 2001). Das heißt, sie versuchen zu bestimmen, was normal, erstrebenswert, richtig, fachmännisch oder ästhetisch ist (Woodall, 2000). Werden diese Ideologien durch Einzelne infrage gestellt, kann dies für alle Beteiligten zum Problem werden – für denjenigen, der etwas verändern möchte, und für diejenigen, die den Status quo erhalten wollen. In solchen Situationen gilt schon allein die Skepsis als Problem, weil das Gemeinwohl des Teams vermeintlich angetastet wird.

Welche Aussagen können nun über die Art der Probleme in der Gesundheitsversorgung gemacht werden? In **Kasten 1-1** sind die Probleme und ihre Besonderheiten zusammengefasst.

---

**Kasten 1-1: Die Probleme und ihre Besonderheiten.**

- Ursache, Parameter oder Komponenten eines Problems können äußerst strittig sein (Was hat wozu geführt? – Warum ist dies passiert? – Was ist hier zu berücksichtigen?).
- Probleme können kontextbedingt sein. Wenn etwas in der einen Situation problematisch ist, muss es dies nicht zwangsläufig auch in einer anderen sein.
- Probleme haben eine Größenordnung (gemessen an dem Risiko, dem Umfang an Arbeit oder Fachwissen, das erforderlich ist, um das Problem zu beheben).
- Probleme können manchmal auch notwendig sein. Es kann in bestimmten Fällen erforderlich sein, ein Problem zu schaffen, um ein größeres zu lösen.
- Probleme werden häufig nach persönlichen Ideologien, Überzeugungen oder Wertvorstellungen beurteilt.
- Es ist manchmal schwer, die Probleme anderer zu verstehen oder sie aus ihrer Sicht zu betrachten.
- Probleme gibt es nicht nur bei der Einschätzung einer Situation, sondern auch bei der Auswahl der Mittel, die geeignet sind, um auf sie zu reagieren. Es kann zu Spannungen kommen, wenn ein Problem (über dessen Definition man sich einig ist) auf eine Art und Weise gelöst wird, mit der nicht alle einverstanden sind.
- Manchmal können Probleme nicht gelöst werden. Das heißt, die Beteiligten können sich nicht einig werden, was die beste Lösung ist, oder die bevorzugte Lösung lässt sich nicht verwirklichen. In einigen Fällen müssen Patienten und Pflegepersonen «mit dem Problem leben» und die neue Situation akzeptieren. In diesen Fällen wird die Situation dann als unproblematisch umgedeutet, um die Spannungen zu kontrollieren, die entstanden sind, weil es nicht gelungen ist, die Situation zu verändern.

## 1.2
# Ist Gesundheitsfürsorge heute problematischer?

Vielleicht teilen Sie mit vielen anderen Pflegenden die Meinung, dass die Pflegepraxis heutzutage belastender ist und dass dies mit der Größe und der Komplexität der Probleme erklärt werden kann, die Sie bei Ihrer täglichen Arbeit zu bewältigen haben. Auch wenn es schwierig ist, Aussagen über die Größe der Probleme zu machen, mit denen die Pflegenden zu verschiedenen Zeiten konfrontiert waren, so lassen entsprechende Berichte doch den Schluss zu, dass die Pflegepraxis heute als problematischer erlebt wird. Viele Situationen und Erwartungen können zum Problem werden und Sie zu dem Versuch veranlassen, Dinge zu verändern (s. **Abb. 1-2**). Je mehr die Öffentlichkeit oder die Gesundheitsfachleute Gesundheit bzw. Krankheit als Problem begreifen (als etwas, das untersucht und einer Lösung zugeführt werden muss), desto wichtiger werden Fähigkeiten, die die Lösung von Problemen ermöglichen.

Probleme können von selbst entstehen (z. B. weil der körperliche Gesundheitszustand im hohen Alter schlechter wird), aber sie können auch selbst gemacht sein, wie die folgenden kurzen Beispiele zeigen:

> Mrs Joyce wird wegen einer Hüftoperation ins Krankenhaus eingeliefert. Sie ist 78 Jahre alt und korpulent. Chirurgische Methoden, Verbesserungen in der Anästhesie und unterstützende pflegerische Maßnahmen, z. B. die Bereitstellung von Strümpfen zur Emboliprophy-

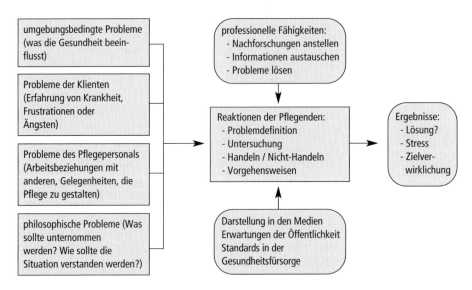

**Abbildung 1-2:** Probleme und Reaktionen.

laxe, lassen erwarten, dass die Behandlung mit hoher Wahrscheinlichkeit erfolgreich sein wird. Die Tochter der Patientin, die über die Risiken von im Krankenhaus erworbenen Infektionen gelesen hat, drängt jedoch darauf, Mrs Joyce so schnell wie möglich zu entlassen. Dies erfordert eine enge Zusammenarbeit mit den Pflegenden in der Gemeinde, die Mrs Joyce regelmäßig besuchen müssen, um sicherzustellen, dass sie weiterhin gute Fortschritte macht.

Louise, erst seit kurzem als Hebamme zugelassen, befürwortet die Philosophie der frauenzentrierten Pflege und setzt sich für die natürliche Geburt ein, soweit dies aus fachlicher Sicht vertretbar ist. Sie hat einige unangenehme Auseinandersetzungen mit anderen Hebammen und Geburtshelfern gehabt, die sie für «Interventionisten» hält. Diese Kollegen schätzen das Risiko für die Frau und die Bedeutung ihrer Vorstellungen von der Geburt anders ein. Sie plädieren für eine frühere und oft radikalere Intervention.

Infolgedessen kommt es auf der Entbindungsstation gelegentlich zu Reibereien.

Im ersten Beispiel hängt das Problem mit den Erwartungen der Öffentlichkeit zusammen. Die Patienten erwarten mehr Leistungen als in der Vergangenheit und auch, dass diese gemäß den höchsten Standards durchgeführt werden. Jahrzehnte früher wäre Mrs Joyce vermutlich gar nicht operiert worden, aus dem einfachen Grund, weil eine effektive Kontrolle der Risiken nicht möglich gewesen wäre. Da die medizinische Versorgung verbessert wurde, können sich nun auch ältere Patienten größeren Operationen unterziehen und so mehr Mobilität und Wohlbefinden erreichen. Die Operation hat ein Problem gelöst (Hüftschmerzen und Immobilität), aber die damit verbundenen Erwartungen ziehen weitere Probleme nach sich. Welche Unterstützung wird Mrs Joyce in der Gemeinde bekommen? Was ist zwischenzeitlich zu tun, um das Risiko, dass die geschwächte Patientin sich im Krankenhaus eine Infektion zuzieht, zu verringern? Mrs Joyce und andere Patienten leben länger, zum Teil dank der medizinischen Versorgung; wie können wir angesichts dieser Tatsache gewährleisten, dass diese Patienten auch zu Hause, wo sie sich lieber aufhalten, die richtige Pflege bekommen?

Das zweite Problem ist ebenfalls selbst gemacht. In diesem Beispiel aus der Geburtshilfe prallen konträre Ideologien auf der Entbindungsstation aufeinander. Es hat Diskussionen über Fälle gegeben, die «problematisch» waren. Sind diese eine Erklärung für Louises Weigerung, Warnsignale wahrzunehmen und einer rechtzeitigen Intervention zuzustimmen? Und war Louises Einstellung richtig, um einer natürlichen Geburt willen abzuwarten und mit der Mutter so lange zu arbeiten, bis dann klar wurde, dass ein Kaiserschnitt unumgänglich war? Wenn Gesundheitsfachleute sich nicht auf Richtlinien für die Praxis einigen können, könnten sie dann nicht Mittel und Wege finden, das Risiko für den Klienten gemeinsam abzuwägen? Können Gesundheitsfachleute gemeinsam Parameter festlegen, die allen signalisieren, dass weitere Interventionen nötig sind?

Offenbar tragen nicht nur der Umfang und die Bandbreite der Bedürfnisse und Erwartungen seitens der Öffentlichkeit dazu bei, dass die Praxis der Gesundheitsversorgung problematischer wird, sondern auch die Tatsache, dass die Lösungen für diese Probleme überzeugend sein müssen. Frauen, die ein Kind zur Welt bringen, wünschen sowohl eine natürliche Geburt als auch eine Betreuung, die ihnen Sicherheit gibt. Eine Balance zwischen diesen beiden Erwartungen wird immer dann schwierig, wenn es unterschiedliche Auffassungen darüber gibt, was eine gute Praxis ist. Pflegende und Hebammen müssen unter Zeitdruck und mit einem Minimum an Informationen optimale Entscheidungen treffen. Die Praxisstandards sind in der Öffentlichkeit weitgehend bekannt und Horrorgeschichten werden in den Medien breit getreten. Die Rechenschaftspflicht für die Praxis wächst in Zeiten wie diesen, in denen die Gesellschaft und die Gesundheitsberufe verstärkt über die beste Praxis diskutieren.

Die Praxis der Gesundheitsversorgung ist nicht nur problematischer geworden, sondern auch problemorientierter. Wir sind heute eher geneigt, Situationen als problematisch zu bezeichnen. Dies liegt zum einen daran, dass wir immer darauf achten, wie andere, besonders die Konsumenten, die Praxis bewerten; zum anderen liegt es daran, dass es viele unterschiedliche Meinungen über die richtige Vorgehensweise gibt. Die Wissenschaft hat uns zu Bewusstsein gebracht, was alles passieren kann, während die Gesellschaft uns deutlich gemacht hat, mit welchen Strafen Gesundheitsorganisationen zu rechnen haben, wenn keine optimalen Entscheidungen getroffen werden.

## 1.3
## Praktiker mit Forschergeist sind gefragt

Was oben beschrieben wurde zeigt, dass wir Praktiker mit Forschergeist brauchen, die die Ziele ihrer Tätigkeit genau kennen. Anders ausgedrückt, wir brauchen Praktiker, die kritisch denken (White, 1999). Wir können nicht davon ausgehen, dass andere eine Situation oder die Gesundheitsversorgung genauso sehen wie wir. Theoretiker begründen dies damit, dass wir in einer so genannten postmodernen Gesellschaft leben (Theodore, 1998). Wir sind Teil einer Gesellschaft, in der es viele Verhaltensnormen und viele verschiedene Meinungen über die beste Vorgehensweise gibt. In dieser Zeit fühlen sich die Menschen verstärkt aufgerufen, die Meinungen von Experten, ganz gleich auf welchem Gebiet diese arbeiten, infrage zu stellen. Jeder hat eine eigene Meinung, und deshalb ist es wichtig, die unterschiedlichen Standpunkte zu verstehen, wenn es um etwas so Wichtiges und Intimes wie die Gesundheitsversorgung geht.

Wenn Sie an einer Universität Pflegewissenschaft studieren, dann werden Sie aus eben diesen Gründen Strategien erlernen, die Sie für die Reflexion, für kritisches Denken und für die Analyse von Problemen brauchen (Brookfield, 1987; Milligan, 1999). Diese Strategien sind übertragbar und helfen Ihnen nicht nur, Probleme in der Praxis zu lösen, sondern garantieren, dass Sie auch dann noch dazu in der Lage sind, wenn Sie den Hörsaal längst verlassen haben (Gopee, 2000). Zweifellos brauchen Pflegende heute mehr als je zuvor solche übertragbaren Strategien sowohl für Untersuchungen als auch für die Kommunikation (Bjornsdottir, 2000). Die Fähigkeit, Probleme zu erkennen und eventuell zu ihrer Lösung beizutragen, ist von zentraler Bedeutung, wenn es darum geht, mit beruflichem Stress fertig zu werden (Dobson et al., 2000). Der Praktiker, der es versteht, mit Problemen effektiv umzugehen, ist meistens auch zufrieden mit seiner Arbeit und überzeugt, einen wertvollen Beitrag zu leisten.

Überlegen wir, was dies für die Praxis bedeutet. Nehmen wir an, Sie befragen einen älteren Mann, der mit Beschwerden in der Brust ins Krankenhaus eingeliefert wird. Es ist offensichtlich, dass er an Atemproblemen leidet und Schwierigkeiten hat, Angaben zur Krankengeschichte zu machen. Er macht einen erschöpften Eindruck und Ihnen fällt die bläuliche Verfärbung seines Gesichts auf, die darauf hindeutet, dass er an einer Zyanose leidet und sein Körper dringend Sauerstoff braucht. Der Patient wird von seiner Ehefrau begleitet, die durch die Situation sichtlich verängstigt ist und sich bemüht, die meisten Fragen für ihren Mann zu beantworten. Ihre Antworten lassen Sie vermuten, dass sie schwerhörig ist und das, wonach Sie gefragt haben, nicht verstanden hat. Beim Durchblättern der Krankenakten, die mit dem Patienten eingetroffen sind, fällt Ihr Blick auf die medizinische Verdachtsdiagnose: Emphysem beeinflusst durch Rauchen. Sie schauen auf und lächeln das Ehepaar an, das vor Ihnen sitzt. Bei dem Problem, das Sie vor sich haben, geht es nicht nur um die medizinische Diagnose Emphysem. In dieser Situation kommt es darauf an, dem Ehepaar so einfühlsam und so effektiv wie möglich zu helfen. Was tun Sie zuerst? Wie können Sie den Patienten beruhigen? Wann ist es besser, die Aufnahme der Krankengeschichte auf später zu verschieben? Hat die Frau des Patienten wirklich ein Hörproblem oder könnte es sein, dass Sie die Fragen zu kompliziert formuliert haben?

Das Szenario ist relativ alltäglich. Es ist weder ein Notfall noch etwas Außergewöhnliches. Wenn Sie an ihre Lehrbücher und Vorlesungen zurückdenken, dann fällt Ihnen wieder ein, dass Sie etwas über Beschwerden in der Brust, Einschätzung des Gesundheitszustandes, Kommunikationsstrategien sowie über Angst und ihre Auswirkung auf die Gesundheit und die Wahrnehmung von Situationen gelernt haben. Vielleicht ist Ihr größter Wunsch eine klare Antwort auf die Frage: Was soll ich zuerst tun und warum? Was diese Situation aus der Praxis aber grundlegend von einem Lehrbuch unterscheidet, ist die Tatsache, dass Sie entscheiden müssen, wie Sie die unterschiedlichen Information, die Sie haben, verknüpfen. Wie können Sie die Informationen so kombinieren, dass der Patient und seine Frau am meisten davon profitieren?

Die Versuchung ist groß, das Problem zu lösen, indem Sie die Situation zu früh auf die eine oder andere Weise interpretieren. Natürlich ist es einfacher, nur zu sehen, dass der Patient ein Emphysem und seine Frau einfach nur Angst hat. Doch wenn wir uns darauf besinnen, was gute Pflege eigentlich ausmacht, dann wird klar, das solche Deutungen oberflächlich sind. Vielleicht reichen sie aus, um die größten Probleme zu beheben (z. B. die, die mit dem Saustoffmangel einhergehen), aber sie erfassen nicht, wie der Patient die Krankheit erlebt. Die Episode muss im Zusammenhang mit der Welt des Patienten gesehen werden. Was bedeutet die Atemnot für ihn? Natürlich löst sie Angst aus, aber geht es dabei vielleicht auch um Schuld? Vielleicht gesteht der Patient später ein, dass er sich dumm vorkommt, weil er sein Leben lang Zigaretten geraucht hat. Er sieht die Belastung, die dies für seine Frau und jetzt auch für das arg gebeutelte Gesundheitswesen bedeutet.

Um wirklich effektive Pflegearbeit zu leisten, müssen Sie tiefer nachforschen, wie die Krankheit und die Einweisung ins Krankenhaus erlebt werden. Vielleicht müssen Sie prüfen, welche Konsequenzen es für die Pflege hat, wenn sich herausstellen sollte, dass der Patient nicht nur an einem Emphysem, sondern auch an Diabetes mellitus leidet. Für Sie könnte das bedeuten, dass Sie noch einmal in Lehrbüchern nachlesen, neueste Forschungsbefunde sichten, mit dem Facharzt die Gesundheitseinschätzung besprechen und mit dem Diätetiker und dem Physiotherapeuten abklären müssen, welches die besten Rehabilitationsmaßnahmen in den nächsten Wochen sein werden. Es wird für Sie wichtig sein zu wissen, wie Sie sich Informationen beschaffen und sie in diesem speziellen Kontext nutzen können. Zunächst gilt es jedoch herauszufinden, wo Sie nach Informationen suchen und welche Fragen Sie stellen müssen. All dies hängt ab von der Art des Problems, das festgestellt wurde.

Wenn wir uns fragen, was an dieser Praxis anders ist, dann wird eines klar: wir müssen lernen, zweigleisig zu arbeiten (s. **Abb. 1-3**). Wir müssen Experten werden, wenn es darum geht, aus einer Situation Informationen abzuleiten. Wir müssen das, was Eraut (1990) als «schweigendes Wissen» bezeichnet hat, allen Kollegen zugänglich machen, indem wir mit ihnen darüber sprechen, was wir sehen oder hören. So gelingt es uns besser, unsere Fragen zu formulieren und zu erkennen, welche zusätzlichen Informationen oder Anleitungen wir noch brauchen, um so effektiv wie möglich reagieren zu können. Des Weiteren müssen wir gut analysieren können, wie Probleme dargestellt werden, d.h. wie andere erklären, was geschieht oder warum es geschieht. Wir müssen also herausfiltern, was die Erklärungen bedeuten. Was bedeutet es zum Beispiel, eine Zyanose zu haben? Was bedeutet es, ängstlich zu sein? Wenn wir für unsere Arbeit Informationen aus beiden Quellen kombinieren, d.h. die aus der Situation mit denen aus den Erzählungen oder Berichten, dann wird es uns gelingen, bessere Antworten zu finden.

Problem- und forschungsorientierte Lernansätze sind Methoden, die Ihnen helfen, exploratorische Fähigkeiten zu entwickeln, welche in Situationen wie den oben beschriebenen gute Dienste leisten. Sie sind nicht nur hilfreich, wenn es darum geht, die Aufnahme eines Patienten ins Krankenhaus mit Fingerspitzengefühl zu managen, sondern Sie ermöglichen es Ihnen auch zu verstehen, weshalb andere Praktiker, was bestimmte Bereiche der Gesundheitsversorgung, z. B. die

# 1. Die Art der Probleme im Gesundheitswesen und die Praxis 27

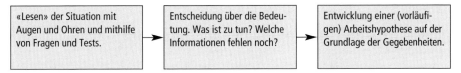

**Induktive Vorgehensweise**
Die Pflegeperson «liest» im Gesicht des Patienten und folgert, dass das bläuliche Aussehen auf eine Zyanose hindeutet. Die Sauerstoffunterversorgung führt zu Mobilitätsproblemen und kann das Denken beeinträchtigen. Dieser Patient ist momentan nicht in der Verfassung, Angaben zu seiner Krankengeschichte zu machen.

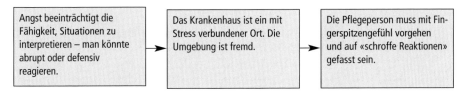

**Deduktive Vorgehensweise**
Die Pflegeperson hat eine Theorie, die möglicherweise die Situation nicht perfekt erfasst, aber erklären kann, warum die Ehefrau des Patienten sich so verhält wie es es tut. Diese Theorie soll verstehen helfen, warum die Frau angespannt ist und so schroff reagiert. Die Folge davon ist, dass die Pflegeperson rücksichtsvoll reagiert und so der Frau hilft, ihre plötzlich aufwallenden Gefühle in den Griff zu bekommen.

**Abbildung 1-3:** Möglichkeiten, mit Informationen zu arbeiten.

Geburtshilfe, betrifft, so entschiedene Überzeugungen haben. Sie helfen zu erklären, warum die Arbeit in der Gesundheitsversorgung als belastend empfunden wird, und sie können neue Möglichkeiten aufzeigen, wie man sich trotz hoher Anforderungen und Belastungen als fachlich kompetent wahrnehmen kann.

Wenn Sie lernen wollen, wie Sie sich Informationen beschaffen oder Probleme lösen können, müssen Sie auch lernen, wie man induktiv und deduktiv denkt und arbeitet.

So lernen Sie, zwei Prozesse zu kombinieren. Reflexion allein reicht nicht immer aus (Taylor, 2001), und die bloße Anwendung einer Theorie aus dem Lehrbuch führt auch selten zum Erfolg. Erst die Verknüpfung von Theorie und Reflexion im Kontext der Zusammenarbeit mit anderen macht den grundlegenden Unterschied zu Ihrer bisherigen Arbeitsweise aus. Ich hoffe, dass dieses Kapitel den Boden für diese Lernmethode bereitet hat und es gelungen ist, Sie davon zu überzeugen, dass Sie persönlich davon profitieren können, wenn Sie sich den Umgang mit problem- und forschungsorientierten Lernmethoden aneignen. Sie sind nicht bloß pädagogischer Schnickschnack und auch nicht nur zwei weitere neue Lehrmethoden. Im Idealfall verändern Sie damit die Art und Weise, wie Sie am Krankenbett denken und arbeiten! Wenn Sie sich die Lernmethoden mithilfe eines Lernbegleiters erfolgreich angeeignet haben, besitzen Sie die besten Voraussetzungen, um ein selbstbewusster und später auch ein fachlich versierter Pflegepraktiker zu werden.

# 2.
# Problemorientiertes Lernen

Nach Wilkie (2000, S. 11) ist problemorientiertes Lernen eine «Lehrmethode, bei der Lernende sich in kleinen Gruppen Wissen und Problemlösungsstrategien aneignen. Das Besondere an dieser Lehrmethode ist, dass die Gruppe das Problem schon *vor* der Vermittlung des Unterrichtsstoffes kennt und nicht erst danach.» Dies mag sich nicht verlockend anhören, hat aber den Vorteil, dass es der Realität der klinischen Praxis entspricht. «Erklärende Theorien» bringen weder die Patienten mit, die in Ihr Sprechzimmer kommen, noch werden sie Ihnen zusammen mit den Problemen präsentiert, die Ihnen in der Praxis begegnen. Als Praktiker müssen wir die Situation so verstehen, wie sie sich darstellt und entwickelt, wir müssen lernen, im Geschehen zu lesen und dann darüber nachzudenken, was in der Zukunft wichtig sein könnte. In dieser Hinsicht ist pflegerische Arbeit genauso investigativ wie Polizeiarbeit.

## 2.1
## Der geschichtliche Hintergrund

Es ist von Vorteil, über die Anfänge des problemorientierten Lernens Bescheid zu wissen, weil Sie dann die Situation, die damals zu seiner Entwicklung geführt hat, mit der heutigen Situation in der Pflege vergleichen können. Der Ansatz des problemorientierten Lernens wurde entwickelt, weil eine immense Kluft zwischen den in der Ausbildung vermittelten Lehrinhalten und den Praxisanforderungen festgestellt wurde. Die Methode des problemorientierten Lernens wurde zuerst in der medizinischen Ausbildung in Nordamerika und später auch in Westeuropa angewendet (Schmidt, 1983; Neufeld et al., 1989; Price, B., 1998a).

Lehrende hatten in der Medizinerausbildung ein fundamentales Problem erkannt: Die Medizinstudenten mussten sich eine Fülle theoretischen Wissens aneignen, bevor sie in den klinischen Bereich durften, wo sie abstrakte Konzepte in der Praxis umsetzen und das im Hörsaal erworbene Wissen anwenden sollten. Die Studenten mussten also nicht nur versuchen herauszufinden, welche Lerninhalte am wichtigsten waren, sondern sie mussten auch eine Verbindung herstellen zwischen den relevanten Lehrinhalten und den unklaren und komplizierten Problemen oder Krankengeschichten der Patienten. Es gab keine Garantie, dass die Studenten ihr theoretisches Wissen gleich bei den ersten medizinischen «Fällen», mit denen sie konfrontiert wurden, anwenden konnten. Auch merkten die Studenten schnell, dass die ihnen in der Universität vermittelten theoretischen Kenntnisse nicht denen entsprachen, mit denen erfahrenere Ärzte in der Praxis arbeiteten. Folgende Analogie soll diesen Sachverhalt veranschaulichen – die Mediziner in der Praxis setzten das Puzzle ohne Bildvorlage zusammen, während den Medizinstudenten viele Bildvorlagen präsentiert wurden, die sie nicht unbedingt für die Puzzles brauchten, die sie zusammensetzen sollten.

Nach Barrows und Tamblyn (1980) fördert die Vermittlung umfangreichen theoretischen Wissens in der präklinischen Phase nicht die Fähigkeit der Ärzte, auf klinisch relevante Art und Weise zu denken, sondern sie verhindert dies geradezu. Das in Hochschulen vermittelte theoretische Wissen hielt die Studenten davon ab, etwas über Gesundheit und Krankheit zu lernen, und deshalb hatte die Umkehrung des Prozesses durchaus etwas für sich. Anstatt sich zuerst theoretisches Wissen anzueignen und es dann in der Praxis zu überprüfen, sollten den Studenten Probleme präsentiert werden, um sie dazu anzuregen, sich selbst Gedanken über die Situation zu machen. Dies war im Grunde genau das, was die Praktiker auch tun: vorhandenes Wissen selektiv nutzen und es durch neue Erkenntnisse (z. B. medizinische Untersuchungen) ergänzen, damit eine Diagnose gestellt und ein Therapieplan entwickelt werden kann.

Aus medizinisch-ethischen Gründen konnten die Lehrenden natürlich nicht zulassen, lebende Patienten unbeaufsichtigt den Problemlösungsversuchen der Studenten auszuliefern. Die medizinische Ausbildung musste ebenso wie die Pflegeausbildung gewährleisten, dass Lernen nicht zu Lasten der Sicherheit von Patienten ging. Aus diesem Grund schlug Barrows vor, den Lehrplan der Medizinerausbildung an Patientensituationen auszurichten, die zwar realen klinischen Situationen entsprechen, den Studenten aber als Fälle unabhängig vom klinischen Bereich präsentiert werden sollten. Die Krankenakten sollten zusammen mit den Aufgaben ausgehändigt werden (Barrows, 1986) und die Auswahl der verschiedenen Probleme nach folgenden Kriterien erfolgen: Die Studenten müssen die Möglichkeit haben, bereits erworbene Kenntnisse einzusetzen; die Probleme müssen den Themen des Lehrplans entsprechen und es muss möglich sein, bestimmte klinische Fertigkeiten (z. B. die Aufnahme der Krankengeschichte) zu trainieren. Einige Informationen sollten zusammen mit der Situation gegeben, andere weggelassen werden. Die Studenten sollten sich dann überlegen, worin das Problem bestand, welche Informationen sie bereits hatten und welche als Tatsache angesehen werden konnten. Weiterhin sollten sie darüber nachdenken, was sie noch nicht verstanden hatten oder welche Informationen sie noch benötigten und deshalb noch aus diversen Quellen zusammentragen mussten (Price, B., 2000a).

Problemorientiertes Lernen war also als exploratorisches Lernen angelegt und forderte von den Studenten, zusätzlich zu den vorhandenen Informationen neue zu sammeln, zu sichten und zu analysieren, um einen besseren Einblick in das Problem und die sich daraus ergebenden nächsten Schritte zu gewinnen. Innerhalb der für das Problem angesetzten Zeit mussten die Studenten gemeinsam eine erste Situationseinschätzung vornehmen und die Sammlung weiterer Informationen vorbereiten, bevor die Gruppe sich dann wieder traf, um die Situation (und mögliche Lösungen) weiter zu erörtern. Dieser Ansatz entspricht der Vorgehensweise in der Praxis, denn die kollegiale Zusammenarbeit ist genau das, was Praktiker tun: feststellen, wo die eigenen fachlichen Stärken und die der Kollegen liegen und dann eng zusammenarbeiten, um ein Problem gemeinsam zu lösen (Savin-Baden, 2000; Wise, 2000).

Da die Lehrenden der medizinischen Fakultät wussten, welche Ängste dieser Ansatz bei den Studenten auslösen könnte, die über wenig oder gar keine «fundierten» medizinischen Kenntnisse verfügten, stellten sie sich den Arbeitsgruppen als Lernbegleiter zur Verfügung, halfen ihnen bei der Strukturierung der ersten Analyse des Problems und verringerten so die für den Untersuchungsprozess benötigte Zeit sowie potenzielle Fehler (Barrows, 1988). Auch wenn Studenten viel lernen können, wenn sie für eine gewisse Zeit falsche Untersuchungsansätze verfolgen und im Schutze der Unterrichtssituation Fehler machen, so war doch auch klar, dass zu viele Misserfolge sie verwirren und frustrieren würden. Die Studenten brauchten vernünftige Parameter, an denen sie sich bei ihrer Arbeit orientieren und ihre Fortschritte ablesen konnten, wenn die Fallstudien wirklich von Nutzen sein sollten. Einerseits sollten die Studenten durchaus die Frustrationen erleben, die das Lernen im wirklichen Leben mit sich bringt, aber sie sollten auch die Erfahrung machen, dass ihre Untersuchungen zum Ziel führen.

An bestimmten Punkten des Lernprogramms sollten die Leistungen der Studenten eingeschätzt werden. Beurteilt werden sollte dabei nicht nur das während der Untersuchung des Problems erworbene inhaltliche Wissen, sondern auch die zur Lösung des Problems eingesetzten Strategien (Barrows, 1997). Der Gedanke war, dass die Studenten, auch wenn sie sich vielleicht nicht so umfangreiches medizinisches Wissen angeeignet hätten wie ihre nach dem traditionellen Lehrplan studierenden Kommilitonen, auf diesem Weg hervorragende analytische Fähigkeiten entwickeln würden. Die für die Situationseinschätzung, das Informationsmanagement und die Fallevaluation erforderlichen Fähigkeiten galten als übertragbar und sollten die Studenten mit dem nötigen Rüstzeug für die verschiedenen klinischen Situationen ausstatten, die ihnen im praktischen Teil des Programms begegnen würden.

## 2.2
# Die Komponenten des problemorientierten Lernens

Problemorientiertes Lernen weist bestimmte Komponenten auf, die je nach Ausbildungsprogramm leicht variieren. Aber zu den ständigen Komponenten gehören eine Unterrichtsphilosophie, ein Lernkonzept, Unterstützung und ein Problemlösungsprozess. Wenn Sie dieses Buch lesen und gleichzeitig ein Ausbildungsprogramm absolvieren, dann sollten Sie diese Ausführungen mit den Erläuterungen zu dem in Ihrer Hochschule verwendeten problemorientierten Lernansatz vergleichen. Verfolgen Sie, wie der Ansatz in Ihrem Programm dargestellt ist. Auf diese Art und Weise können Sie den Anleitungen des Buches folgen und gleichzeitig die Grundlagen beachten, die für Ihren Kurs gelten.

### 2.2.1
### Die Unterrichtsphilosophie

Problemorientiertes Lernen ist eng verknüpft mit den in **Kasten 2-1** aufgeführten Unterrichtsprinzipien.

**Kasten 2-1: Unterrichtsprinzipien und problemorientiertes Lernen.**

1. Lernen soll induktive und deduktive Prozesse beinhalten. Dies bedeutet, Sie sammeln Informationen, um Theorien oder Hypothesen über die Situation zu bilden. Dann prüfen Sie, ob Sie damit die Situation angemessen erklären oder lösen können. Zur Entwicklung ihrer Praxis wird induktives und deduktives Lernen von Praktikern fortwährend im Wechsel benutzt und verglichen. Diese Methode macht das Lernen weniger oberflächlich (Biggs, 1988).
2. Lernen sollte in kleinen Arbeitsgruppen stattfinden. Lernen ist auch emotionale Arbeit, insbesondere bezüglich der Bewältigung von Angst. Wenn Sie in einer kleinen Gruppe arbeiten, dann können Sie hier nicht nur mit Unterstützung rechnen, sondern Sie lernen auch, wie man die Verantwortung für das Lösen eines Problems aufteilt. Die Zusammenarbeit und die Herausforderungen innerhalb der Gruppe sollen sich positiv auf das Lernen auswirken.
3. Lernen setzt kritisches Denken voraus. Deshalb geben Ihnen die Lehrenden zu Beginn allgemeine Informationen und stellen Fragen, um die Gruppe zu kritischem Denken anzuregen. Mithilfe von Erkundungsfragen lenken sie Ihre Aufmerksamkeit auf bestimmte Dimensionen einer Situation.
4. Lernen ist metakognitiv. Der Lernbegleiter hilft den Arbeitsgruppen, die Prozesse zu verstehen, die durchgeführt werden, um das Problem zu lösen. In vielen Fällen bekommen Sie auch Hilfestellung, wenn es darum geht, die *auf der Reise* erlebten Gefühle und Schwierigkeiten einzuordnen.
5. Lernen soll die Fantasie und das unorthodoxe Denken beflügeln. Häufig können Probleme auf unterschiedliche Art und Weise gelöst und nützliche Informationen oder

Ratschläge aus verschiedenen Quellen bezogen werden. Der Untersuchungsprozess ist daher oft flexibel – somit ist es Ihre Aufgabe, verschiedene Möglichkeiten auszuloten.
6. Lernen soll auf ein Ziel ausgerichtet sein. Es soll zu einem Abschluss gebracht werden, der vorzugsweise die Lösung eines Problems ist. Lernbegleiter helfen der Gruppe bei der Durchführung von Untersuchungen, damit relevante Ziele erreicht werden können.
7. Lernen bedeutet jedoch auch, Bedeutungen und Erklärungen zu finden. Oft gibt es in der Praxis keine *richtigen* Antworten, sondern nur bessere Lösungen. Patienten und Pflegende entscheiden oft gemeinsam über die Bedeutung einer Situation und entwickeln einen Handlungsplan, der beiden Seiten als sinnvoll erscheint. Die Arbeit in einer Lerngruppe hilft Ihnen, Fähigkeiten zu entwickeln, die es Ihnen ermöglichen, komplexen oder unvollständigen Informationen Bedeutungen zuzuordnen.

Auch wenn in der Gruppe gelernt wird, übernimmt jedes Mitglied bestimmte Aufgaben. Die Gruppenmitglieder können beispielsweise der Reihe nach die Leitung der Gruppe übernehmen. Andere Gruppenmitglieder können bestimmte Daten sammeln oder sich für den weiteren Verlauf der Problemanalyse relevante Fragen und Antworten überlegen. Alle Gruppenmitglieder sollten neue Informationen kritisch prüfen und sich dazu äußern, wie, wo und ob diese in die aktuelle Analyse passen. Der problemorientierte Lernansatz geht davon aus, dass die einzelnen Gruppenmitglieder, was das Problem betrifft, über unterschiedliche Stärken und Erfahrungen verfügen. Nicht alle Mitglieder können immer regelmäßige und gleichbleibend gute Beiträge leisten.

## 2.2.2
## Das Lernkonzept

Problemorientiertes Lernen braucht auch ein Konzept, das aufzeigt, wie die Lehrinhalte Ihres Kurses und die Erfordernisse der Praxis aufeinander abgestimmt werden. Reale Episoden aus der klinischen Praxis liefern die Pflegeszenarien, die dem aktuellen Lernmodul entsprechen. Die Pflegeszenarien können in unterschiedlicher Form präsentiert werden: als Krankenakte, Video-Clip, Tonbandaufzeichnung eines Gesprächsausschnitts oder als Ablaufdiagramm, aber alle sollen darstellen, wie der Patient die Versorgung in den letzten Wochen erlebt hat (Barrows, 1986). Wichtig ist an diesen fallspezifischen Informationen, dass sie so authentisch sind wie die Praxis, die Sie aus eigener Anschauung kennen. Aus diesem Grund geben die Tutoren oft echte Zitate von Patienten wieder und wählen für den Fall eine vertraute Umgebung aus (z. B. eine Station für Akutfälle). Die fallspezifischen Informationen sollen so viele Anreize enthalten, dass eine Untersuchung interessant erscheint, und sie sollen Ihnen und Ihren Kollegen signalisieren, dass es für Sie eine Aufgabe in der geschilderten Situation gibt. Diese Informationen können sehr knapp sein (weitere werden später gegeben) oder auch nur aus einigen Ressourcen und einer kurzen Geschichte bestehen (s. **Abb.** 2-1). Die fallspezifischen Informationen enthalten einen Vermerk des Tutors mit der auf die Situation abgestimmten Aufgabe. Zu Beginn des Kurses werden Sie feststellen, dass die fallspezifischen Informationen ziemlich umfangreich sind und dass ausführliche Anleitungen gegeben werden, die Ihnen den Einstieg in die Untersuchung erleichtern sollen. Später bekommen Sie weniger Anleitungen, und Sie werden die Situation weitgehend selbständig interpretieren müssen!

Aufgaben dieser Art sollen Ihnen helfen, Ihre Untersuchung auf eine typische Situation zu fokussieren, die relevant ist für die Pflegearbeit, die Sie leisten oder später leisten werden. Das Beispiel in Abbildung 2-1, in dem es um eine Gesundheitseinschätzung geht, stammt aus einem Programm der psychiatrischen Praxis. Garys Entlassung, seine Position als verheirateter Mann und seine eigenen Versuche, gegen seine Verzweiflung anzukämpfen (Skizzen machen und Trinken) sind wahrscheinlich alle relevant, wenn es darum geht, seine Situation zu verstehen. In diesem Fall haben die Tutoren eine Darstellung des sozialen Unterstützungsnetzwerks ausgehändigt, mit der Art und Umfang der unterstützenden Beziehungen dieses Patienten eingeschätzt werden *können* (Price, B., 2000 b).

Sollten Sie problemorientiertes Lernen nicht im Rahmen eines Ausbildungsprogramms, sondern für Ihre berufliche Weiterentwicklung nutzen wollen, dann bestimmen ihre persönlichen Erfahrungen das Konzept. Dieses kann komplizierter sein als die, mit denen in einem Kurs gearbeitet wird. Viele Patienten haben

| Drei Sonderdrucke über den Zusammenhang zwischen Gesundheit/Wohlbefinden und Arbeit oder Familie, inkl. einer Erörterung des Themas «Anomie» – der Verlust von Verhaltensnormen und seine Auswirkungen. | Vorführung eines Videos zum Thema Depressionen. Das Video stellt verschiedene Formen der Depression vor und diskutiert, inwieweit das Geschlecht die Erfahrung und den Ausdruck dieses Problems beeinflusst. |
|---|---|

| Skizzen, die Gary in den letzten Wochen angefertigt hat und die ihm nach seinen Aussagen geholfen haben, gegen seine Verzweiflung anzukämpfen. | Vor drei Monaten verlor Gary seine Arbeit in einem Betrieb, in dem er als Fließbandmonteur beschäftigt war. Seitdem hat er sich um Arbeit bemüht und angefangen, morgens lange zu schlafen und abends lange auszugehen und mit Freunden zu trinken. Er berichtet von Streitereien mit seiner Frau und von seinen Zweifeln, was seinen Wert als Mensch und seine Zukunft angeht. Eines Abends stellt er sich auf der Unfallstation vor, mit Schnittwunden am Handgelenk, nicht tief genug, um lebensgefährlich zu sein. Er hat eine Alkoholvergiftung, und Ihre Kollegin deutet seine Verletzungen als «Hilferuf». | Eine Darstellung des sozialen Netzwerks und Anleitungen, wie man diese erstellt und analysiert. |
|---|---|---|

| Aufgabe: Entwickeln Sie einen Plan zur Einschätzung des Patienten und seiner Situation. Berücksichtigen Sie dabei seine Geschichte und seine Aussagen. |
|---|

**Abbildung 2-1:** Eine Problemsituation.

mehrere Probleme, eine komplexe persönliche Geschichte und Krankengeschichte und häufig schon verschiedene Behandlungen oder Betreuungen hinter sich, die vielleicht nicht immer erfolgreich waren. Damit solche komplexen Situationen Sie nicht verwirren, müssen Sie das Problem auf die eine oder andere Art feststellen. Zu diesem Zweck können Sie entweder notieren, was für Sie momentan die fünf wichtigsten Aspekte der Situation des Patienten sind, oder Sie können mit Kollegen vereinbaren, dass Sie sich auf einen bestimmten Aspekt der Pflege konzentrieren wollen. Entscheiden Sie sich beispielsweise dafür, Ihre Aufmerksamkeit auf die Einschätzung, die Unterweisung, die psychologische Unterstützung, das Risikomanagement oder die Entlassungsplanung zu richten, dann gelingt es Ihnen besser, die Art des Problems festzustellen und es anschließend zu analysieren. Nach Williams (2001) ist dies eine zentrale Fähigkeit des eigenverantwortlichen Lernens. Sie müssen festlegen, was Sie lernen und welchen Bereich Sie abdecken wollen. Die Untersuchung, die durchzuführen ist, muss leicht handhabbare Parameter haben, und dies ist zum Teil abhängig von der Ersteinschätzung der Situation und davon, was Sie herausfinden oder wie Sie vorgehen wollen. Die in **Kasten 2-2** enthaltenen Schritte werden Ihnen dabei gute Dienste leisten.

**Kasten 2-2: Die Auswahl eines Problems für die Analyse.**

1. Wählen Sie ein Erlebnis aus Ihrer Praxis aus, das nicht so reibungslos oder erfolgreich war, wie Sie es sich gewünscht hätten. Noch besser ist es, wenn es sich um ein Problem handelt, das in einem bestimmten Bereich Ihrer Arbeit häufiger auftritt.
2. Vergegenwärtigen Sie sich jetzt die Situation und benennen Sie die für Sie fünf wichtigsten Aspekte der Situation. Entwerfen Sie dann ein detailliertes Bild des Patienten und der Situation, in der er oder sie sich befand.
3. Benennen Sie bis zu fünf verschiedene Ressourcen – Quellen, aus denen Sie zusätzliche Informationen über die Situation gewinnen konnten, die leicht zugänglich waren und die Ihnen Ihrer Meinung nach einen guten Einblick in das Problem ermöglicht haben. Dies können Informationen von einem Verwandten, Laborergebnisse oder auch ein Auszug aus einem Lehrbuch sein, der das medizinische Problem thematisiert, welches den Patienten betrifft.
4. Entscheiden Sie nun, welche Aufgaben Sie und Ihre Kollegen sich für diese Situation stellen wollen. Die Aufgaben sollten für alle Mitglieder der Gruppe von Interesse sein. Deshalb ist es wichtig, sie klug zu verteilen. Muten Sie sich beim ersten Mal nicht zu viele Aufgaben zu. Es ist besser, einige Aufgaben erfolgreich zu bewältigen als zu riskieren, dass Ihnen die Luft ausgeht, wenn Sie sich zu viele vornehmen.
5. Legen Sie einen angemessenen Zeitrahmen für die Untersuchung fest. Innerhalb der Ausbildungsprogramme richtet sich dieser in der Regel nach den Modulparametern, was einer Arbeit von einer oder zwei Wochen entspricht. Wenn Sie sich der Untersuchung nur zeitweilig widmen können, ist es sinnvoll, den Zeitrahmen auf einen oder zwei Monate auszudehnen. Dies reicht für die Untersuchung aus, ist aber nicht so lang, dass für die Gruppe die Gefahr der Ermüdung besteht.

Im zweiten Teil des Lernkonzepts geht es um die Arbeitsgruppe selbst. Gruppen werden manchmal für bestimmte Module oder Projekte zusammengestellt, oder sie vergrößern sich, wenn Lernprogramme über ein Jahr oder länger laufen. Die Dynamik der Arbeitsgruppe entscheidet, ob Sie mit Spaß und Erfolg lernen (Rono, 1997; Holen, 2000; DeGrave et al., 2001). Es ist wichtig, dass die Regeln des problemorientierten Lernens von allen Gruppenmitgliedern akzeptiert werden (z. B. Ehrlichkeit bei der Untersuchung; strikte Beachtung und Befolgung des Grundsatzes, dass Dinge, die nicht unmittelbar zur Lösung des Problems beitragen, für das Lernen dennoch wertvoll sein können). Im Rahmen des problemorientierten Lernens werden Gruppen entweder innerhalb der Lehreinrichtung von Tutoren zusammengestellt oder von gleichgesinnten Kollegen, wenn dies nicht im Rahmen eines Lernprogramms geschieht. Die Entwickler des problemorientierten Lernansatzes weisen darauf hin, dass die Gruppenmitglieder nicht unbedingt Experten auf einem bestimmten Gebiet sind. Es ist meistens so, dass sie alle Wissensdefizite in bestimmten Praxisbereichen haben und sich zusammentun, um sich durch gemeinsames Lernen Fachwissen anzueignen (Solomon u. Crowe, 2001). Es gibt in der Gruppe keine vorher festgelegten Aufgaben, aber die Gruppenmitglieder einigen sich oft darauf, dass alle sich an der Informationssammlung oder Datenauswertung beteiligen. Dies bedeutet, dass jeder in der Gruppe bereit sein muss bzw. aufgefordert werden kann, bestimmte Informationen zu beschaffen, die von der Gruppe beim nächsten Meeting gemeinsam ausgewertet werden.

In der Praxis hat es sich als sinnvoll erwiesen, vor der ersten Untersuchung zwei Dinge zu tun. Als Erstes müssen Richtlinien für die Meetings und Regeln für die Kommunikation innerhalb der Gruppe festgelegt werden. Wenn Sie zum ersten Mal mit problemorientiertem Lernen in Berührung kommen, ist es ganz natürlich, dass Sie etwas Angst davor haben, was es mit der Gruppenarbeit auf sich hat und wie Sie sich damit arrangieren werden (Adejumo u. Brysiewicz, 1998). Vielleicht sind Sie in puncto Kommunikation eher still und zurückhaltend, vielleicht aber auch extrovertiert und impulsiv. Deshalb ist es sinnvoll, Regeln für die Kommunikation festzulegen, bevor Sie mit der eigentlichen Arbeit beginnen (s. **Kasten 2-3**).

---

### Kasten 2-3: Richtlinien für die Arbeitsgruppe.

1. Die Leitung der Gruppe und die Rolle des Schriftführers wechseln. Gewechselt wird jeweils nach Abschluss eines Untersuchungsprojekts. Der Leiter berichtet (mit der Hilfe des Lernbegleiters) über den aktuellen Stand der Untersuchung, nimmt Beiträge aus der Gruppe entgegen, fasst die Lernergebnisse zusammen und erläutert, was bei den nächsten Meetings noch zu untersuchen sein wird. Der Schriftführer macht sich Notizen über das Meeting. Hierzu benutzt er die Stichwörter «Fakten», «Lernaufgaben» und «neue Untersuchungen». Er hält außerdem fest, wer für die jeweiligen Untersuchungsansätze verantwortlich ist.

2. Die Meetings werden im Voraus geplant. Die Gruppenmitglieder informieren den Schriftführer über alle Probleme, die die Teilnahme betreffen.
3. Die im Rahmen der Untersuchung anfallende Arbeit wird aufgeteilt. Die Gruppe sorgt dafür, dass alle Gruppenmitglieder entweder allein oder gemeinsam mit anderen Mitgliedern mindestens einen Aspekt des Problems bearbeiten, relevante Informationen sammeln und zusammenfassen, wie diese ihrer Ansicht nach zur Analyse des Problems beitragen.
4. Die Gruppenmitglieder verfolgen, ohne zu unterbrechen, den Bericht über die Informationssammlung und die erste Einschätzung der Daten. Anschließend stellen die Gruppenmitglieder zu den neuen Informationen Fragen und machen Vorschläge.
5. Die Diskussion soll konstruktiv sein. Gegenstand der laufenden Problemanalyse sind die neuen Informationen, nicht die Gruppenmitglieder.
6. Die Gruppe sorgt für regelmäßige kurze Berichte über die Problemanalyse, die durch den Lernbegleiter begutachtet werden. Dabei können Fragen gestellt oder Vorschläge zur weiteren Vorgehensweise unterbreitet werden. Der Lernbegleiter wird nicht nach eleganten oder schnellen Lösungen gefragt. Seine Anweisungen werden befolgt, wenn der Untersuchungsprozess in eine «Sackgasse» oder an einen toten Punkt führt.

Problemorientiertes Lernen erfordert in vielerlei Hinsicht größere Aktivitäten und Anstrengungen als die herkömmliche Methode, einfach nur das mitzuschreiben, was in Vorlesungen oder sonstigen Veranstaltungen präsentiert wird (Price, B., 1998a; Gibbon, 2000). Problemorientiertes Lernen ist dagegen von großem Nutzen. Es kann sehr spannend sein, Dinge zu erforschen oder eine Arbeitsgruppe zu leiten, weil Sie dabei Fähigkeiten entwickeln, die Ihnen auch in anderen Bereichen Ihrer Arbeit zugute kommen. Die Studenten berichten von einem «Hochgefühl», das sich einstellt, wenn Ihre Untersuchungen gut laufen und dass sie spüren, etwas geschafft zu haben, wenn es ihnen gelungen ist, ein Problem während der Durchführung der Untersuchung zu lösen. Wichtig ist jedoch, dass jedes Gruppenmitglied sich respektiert fühlt und weiß, wie wichtig es ist, sich aktiv in den Prozess der laufenden Untersuchung einzubringen.

Ihre zweite Aufgabe besteht darin, Ihre Kollegen einzuladen, damit sie sich kennen lernen können. Wie die einzelnen Mitglieder der Arbeitsgruppe die Pflege sehen, zeigt sich während der Untersuchung des Problems. Es ist jedoch von Vorteil, die einzelnen Gruppenmitglieder am Anfang kurz berichten zu lassen, welche Hoffnungen, Erwartungen und Befürchtungen sie haben und was jeder zu dem Projekt beitragen kann. Hierzu eignet sich diese einfache Strategie: Sie bitten die Gruppenmitglieder sich vorzustellen, sie befänden sich auf einer Suche. Die Gruppe bildet eine «Gemeinschaft», etwa in der Art wie Tolkien sie in seinem berühmten Fantasieroman *Der Herr der Ringe* beschreibt. Wie bei jeder heroischen Suche haben die Gruppenmitglieder natürlich Hoffnungen (jeder nennt eine oder zwei), was das anstehende Projekt und/oder den damit verbundenen Lernprozess betrifft. Sie haben aber auch Befürchtungen oder Bedenken, die sie ebenfalls äußern sollen. Wenn Ihre Kollegen Ihre Befürchtungen zu diesem Zeitpunkt äußern, kann Ihr Lernbegleiter Probleme erkennen, die durch seine Unterstützung später gelöst werden können. Zu guter Letzt wird jedes Gruppenmitglied gebeten, kurz darzustellen, über welche Fähigkeiten er/sie verfügt, von denen die Gruppe in den folgenden Wochen profitieren *könnte*. Dies können spezielle Kenntnisse (z. B. bei der Literatursichtung), aber auch ganz alltägliche Eigenschaften sein (z. B. Sinn für Humor oder eine nette Art, die es anderen leicht macht zu sagen, was sie auf dem Herzen haben).

## 2.3
## Unterstützung der Studenten

Die Studenten werden unterstützt durch die anderen Mitglieder der Arbeitsgruppe und durch einschlägige Literatur aus der Bibliothek. Darüber hinaus können sie auch Lernbegleiter, Berater/Experten oder Studienberater um Unterstützung bitten.

Die Bezeichnungen für Spezialisten sind von Studienprogramm zu Studienprogramm verschieden. Es gibt aber für die meisten Untersuchungen einen oder mehrere Praktiker, die über Spezialkenntnisse in den relevanten Bereichen verfügen, in dem betreffenden Gebiet Untersuchungen durchgeführt haben oder sich mit einem bestimmten Untersuchungsprozess besonders gut auskennen (z. B. mit der Untersuchung ethischer Aspekte). Solche Berater sind oft klinische Pflegespezialisten, Fachberater, Projekt- und Feldforscher, doch das bedeutet nicht unbedingt, dass sie alle im Bereich der Pflege arbeiten. Diese Berater lassen sich in zwei Gruppen einteilen.

### 2.3.1
### Pädagogisch geschulte Berater

Diese Berater sind auf ihrem Spezialgebiet nicht nur allgemein anerkannt, sondern sie haben mit Blick auf den problemorientierten Lernansatz und die Situationen der Fallstudien, die Sie und Ihre Kollegen untersuchen wollen, auch eine spezielle Unterweisung bekommen. Sie können das Ziel Ihrer Untersuchungen richtig einschätzen und haben sich durch die fortwährende Beschäftigung mit diesen Themen intensiv mit ihren eigenen Praxiserfahrungen auseinander gesetzt. Dies bedeutet aber nicht, dass sie gewillt sind, Ihnen direkte Wege oder schnelle Lösungen für das zu untersuchende Problem zu präsentieren. Ihre Antworten werden vielmehr Anregungen sein, die zeigen, dass sie sich mit dem Problem sehr gut auskennen, das Sie gerade untersuchen. In einigen Lehrprogrammen gibt es mehrere pädagogisch geschulte Berater oder Mentoren, die es gern übernehmen, Sie bei Ihren Untersuchungen zu beraten und die viel Erfahrung haben, wenn es darum geht, Fragen zu beantworten und Ihnen zu helfen, den Umfang oder die Dimensionen eines Problems auszuloten.

## 2.3.2
### Fachkundige Berater

Andere Spezialisten oder Berater, die ebenfalls bereit sind, Sie bei Ihren Untersuchungen zu unterstützen, haben mit Blick auf die problemorientierte Lernmethode keine spezielle Unterweisung bekommen. Sie können Ihnen Informationen geben, haben jedoch keinerlei Erfahrung, Ihnen bei der Formulierung von Fragen oder bei der Einschätzung von Informationen zu helfen, die sich aus der Diskussion ergeben. Da es beträchtliche Kosten verursacht, die Berater für den Einsatz in problemorientierten Lernprogrammen oder Lerninitiativen zu schulen, dürfte die Anzahl der fachkundigen Berater sehr viel größer sein als die der pädagogisch geschulten Berater.

Unterstützt wird Ihre Arbeitsgruppe jedoch im Wesentlichen von dem Lernbegleiter (Neville, 1999; Murray u. Savin-Baden, 2000). Wenn ein Tutor der Lehreinrichtung diese Rolle übernimmt, dann hat er oder sie in der Regel eine entsprechende Schulung absolviert, ist mit dem problemorientierten Lernansatz vertraut und hat möglicherweise sogar einen Teil des Materials für die Fallstudie, die Sie untersuchen, geschrieben oder aktualisiert. Wenn Sie Ihre Untersuchungen auf der Basis des problemorientierten Lernens nicht im Rahmen eines Programms oder Kurses durchführen, dann sollten Sie Ihren Lernbegleiter aus dem Kreis Ihrer erfahreneren Kollegen auswählen. Kollegen, die Erfahrung in der Unterstützung von Studenten in der Praxis haben, Kollegen, die Forschungs- und Praxisprojekte selbständig durchgeführt haben und Kollegen, die ihre Begeisterung für praxisorientiertes Lernen offen äußern, sind unter diesen Umständen wahrscheinlich die besseren Lernbegleiter. Sie sollten jedoch darauf achten, dass Ihr Lernbegleiter über bestimmte persönliche Eigenschaften verfügt (s. **Abb. 2-2** auf S. 40).

Es ist viel darüber diskutiert worden, ob ein Lernbegleiter ein fachkundiger Berater sein sollte (z. B. De Volder, 1982; Moust u. Schmidt, 1992; Zeitz u. Paul, 1993). Wer Experte auf einem Fachgebiet ist, tendiert vielleicht eher dazu, Sie zu «belehren» anstatt Sie bei Ihrer Untersuchung zu unterstützen. So angenehm dies für Sie und Ihre Kollegen auch sein mag, es hilft Ihnen nicht, die exploratorischen Fähigkeiten zu entwickeln, die Ihnen in der Gesundheitsversorgung gute Dienste leisten. Ein Lernbegleiter, der kein Experte ist und vielleicht sogar aus Ihrem Kollegenkreis stammt (z. B. jemand, der über das Fachgebiet nicht unbedingt viel weiß, Sie aber gerne bei Ihren Entdeckungen unterstützen möchte), verzögert Ihre Untersuchungen unter Umständen, weil er nicht klar erkennt, wenn die Gruppe mit ihrer Untersuchung in eine Sackgasse gerät.

Neville (1999) hat sich ausführlich mit der Rolle des Tutors (oder des Lernbegleiters) im Rahmen des problemorientierten Lernens auseinander gesetzt. Basie-

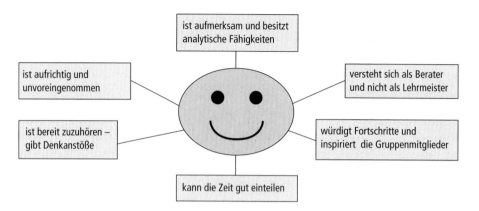

**Abbildung 2-2:** Persönliche Eigenschaften, die den Lernbegleiter einer Arbeitsgruppe auszeichnen.

rend auf der Arbeit von Knowles (1975) erörtert er die Aufgaben eines Lernbegleiters (s. **Kasten 2-4**). Im Kontext des problemorientierten Lernens erfüllt der Lernbegleiter im Wesentlichen zwei Aufgaben: Er lenkt die Arbeit der Gruppe und fördert Interaktionen (Wilkerson, 1992).

Ihr Lernbegleiter hilft Ihnen mit unterschiedlichen Methoden, Ihre Untersuchung zu strukturieren. Am Anfang steht eine Einschätzung der vor Ihnen liegenden

---

**Kasten 2-4: Die Aufgaben des Tutors (Lernbegleiters).**

1. Schaffung einer positiven Atmosphäre (den Gruppenmitgliedern helfen, sich kennen zu lernen und die Ziele der Gruppe einzuschätzen)
2. Planung der Unterstützung (der Gruppe bei der Planung der Vorgehensweise helfen)
3. Skizzierung der Lernziele (der Gruppe helfen zu entscheiden, was erfolgreich untersucht werden muss)
4. Festlegung der Ziele (die im Lehrplan vorgegeben sind oder die von den Lernenden mithilfe des Lernbegleiters darüber hinaus noch festgelegt werden)
5. Entwurf einer Lernstrategie (der Gruppe helfen, verschiedene Vorgehensweisen auszuloten sowie Arbeits- und Zeitpläne zu erstellen)
6. Eingreifen in Lernaktivitäten (Art und Umfang der Intervention festlegen, die Gruppe darüber informieren, was gesagt und wonach gefragt wird, wobei geholfen oder unterstützt wird)
7. Bewertung der Lernergebnisse (die Gruppe bei der Überprüfung ihrer Fortschritte unterstützen).

Quelle: adaptiert nach Knowles (1975)

Aufgabe. Es muss geklärt werden, ob Sie wissen, worin die Herausforderung besteht. Kommt es hier schon am Anfang zu Missverständnissen, vergeuden Sie Zeit und erzielen enttäuschende Ergebnisse. Erfahrene Lernbegleiter wissen genau, wann Sie Ihnen zuhören und wann sie über das Projekt oder die bisherige Arbeit der Gruppe sprechen müssen. Wenn Ihr Lernbegleiter mit Ihnen spricht, wird Ihnen auffallen, dass er/sie verschiedene Techniken einsetzt, um Sie beim Lernen zu unterstützen (s. **Abb. 2-3**).

Lernbegleiter wenden die Methode der Erkundung (sie stellen eine Reihe von Fragen) an, um zu verstehen, was Sie gerade denken, um herauszufinden, ob Sie hinsichtlich eines Themas einer Meinung sind und um mögliche Untersuchungsansätze zu veranschaulichen (MacHaffie, 1988). Ein Beispiel: Wenn Sie sich im Rahmen eines Projekts zum Thema Stillen überlegen sollen, warum Frauen sich gegen das Stillen entscheiden und anschließend die Vorzüge der Gesundheitserziehung zu diesem Thema benennen müssen, dann will der Lernbegleiter vermutlich die Meinung der einzelnen Gruppenmitglieder bezüglich des Stillens erkunden. Er tut dies nicht, um einen Keil zwischen die Gruppenmitglieder zu treiben, sondern um Sie zu animieren, die Gründe darzulegen, weshalb jemand sich für das Stillen oder für die Flaschennahrung entscheidet. Wenn Sie sich Ihre Einstellungen und Überzeugungen bewusst machen, können Sie nicht nur besser erkennen, wie Sie denken oder empfinden, sondern Sie entdecken vielleicht auch wichtiges Material, dass im Rahmen Ihrer Arbeit über Gesundheitserziehung in diesem Kontext der Untersuchung bedarf. Auf diese Art und Weise befragt zu werden, kann unangenehm sein, besonders dann, wenn Sie die Motive des Lernbegleiters nicht kennen oder ihnen nicht recht vertrauen. Deshalb sollten Sie kritisch prüfen, welche Hinweise solche Erkundungsfragen Ihnen geben können. Zeigen sie mögliche Untersuchungsansätze oder Betrachtungsweisen des Problems auf, an die Sie nicht gedacht haben? Wenn Ihr Lernbegleiter sich ernsthaft bemüht zu verstehen, was Sie denken (weil dies wichtig für ihn/sie ist), können Sie meistens in

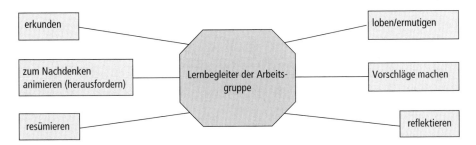

**Abbildung 2-3**: Wie der Lernbegleiter Ihren Lernprozess unterstützt.

irgendeiner Form davon profitieren. Wir werden in den folgenden Kapiteln auf die unterschiedlichen Möglichkeiten der Befragung zurückkommen, speziell im Zusammenhang mit der Datensammlung (Kapitel 4) und der Evaluation der Informationen (Kapitel 5).

Manchmal wollen Lernbegleiter Sie intellektuell herausfordern, indem sie den «Anwalt des Teufels» spielen (MacDougall u. Baum, 1997). Zum ersten Mal angewendet, löst die Methode nicht selten Verwirrung aus. Sie bewirkt nicht nur, dass die Gruppenmitglieder ihre Entwicklung, ihre aktuelle Sichtweise oder sogar ihre Überzeugungen infrage stellen, sondern sie zwingt sie auch, sich zu fragen, welche Rolle der Lernbegleiter eigentlich spielt. Ein Lehrer vermittelt in der Regel Informationen und Fakten, und wenn man von einer solchen Respektsperson auf diese Art und Weise befragt wird, dann kann der Eindruck entstehen, dass diese Person selbst nicht weiß, was das Beste oder das Richtige ist. Wenn der Lernbegleiter es nötig hat, Sie so zu befragen, bedeutet dies, dass er die Antwort nicht kennt? Es kann aber auch sein, dass der Lernbegleiter als voreingenommen oder dogmatisch erscheint, als jemand, der aus einer ideologisch gefärbten Haltung heraus verkündet, was sein *sollte*. Der Lernbegleiter setzt pädagogisch fundierte Herausforderungen dann ein, wenn er glaubt, dass Sie eine Möglichkeit ausgeschlossen und damit etwas als richtig oder eindeutig angenommen haben, noch bevor Sie alle Möglichkeiten geprüft haben. Die Methode wird auch eingesetzt, wenn Sie selbstzufrieden wirken oder wenn der Lernbegleiter merkt, dass die Gruppenmitglieder in verschiedene Richtungen auseinander driften. Paradoxerweise vergessen die Gruppenmitglieder dann oft ihre unterschiedlichen Ansichten und setzen sich gemeinsam damit auseinander, was der Lernbegleiter gesagt hat. Lernbegleiter haben meist viel Erfahrung in der Anwendung dieser Methode, doch sie setzen sie nicht leichtfertig ein. Im Laufe der Zeit werden auch Sie angehalten, sich selbst und andere zum Nachdenken zu animieren. Dies gehört ganz selbstverständlich zur Lösung eines Problems dazu.

Lernbegleiter loben und ermutigen auch. Es gibt bestimmte Phasen in einem Projekt, in denen Sie für Ihre Fortschritte, für die Art und Weise, wie Sie einen Teil der Untersuchung durchgeführt haben, ein Lob verdienen. Lob und Ermutigung sind besonders effektiv, wenn Sie erstens erfahren, was gut gelaufen ist und zweitens, warum dies Anerkennung verdient. Wenn Ihr Lernbegleiter Sie lobt, sollten Sie auf beides achten, denn aus dem zweiten Teil der Streicheleinheit können Sie am meisten Gewinn ziehen. Ein Lob wird oft dann ausgesprochen, wenn Sie eine Phase oder einen Abschnitt der Untersuchung abgeschlossen haben. Der Lernbegleiter wird dann Bilanz ziehen und sagen, was Sie bislang erreicht haben und welche Bedeutung der Abschluss dieser Phase für das Projekt insgesamt hat. Dabei zieht der Lernbegleiter ein «Resümee» – und hilft Ihnen so zu verfolgen, was Sie schon geschafft haben und welche Arbeit somit noch vor Ihnen liegt.

Vielleicht überrascht es Sie festzustellen, dass Lernbegleiter Vorschläge vorsichtig äußern, wenn es um potenzielle Untersuchungsansätze, andere Interpretationen, zusätzliche Fragen oder mögliche Erklärungen von Phänomenen geht. Dies liegt daran, dass Lernbegleiter dazu angehalten sind, die Problemanalyse nicht zu kontrollieren oder in eine bestimmte Richtung zu lenken. Angesichts der beschränkten Zeit ist es wichtiger für Sie, Probleme selbst zu untersuchen anstatt den Anweisungen des Lernbegleiters zu folgen. Lernbegleiter lassen sich Zeit, um herauszufinden, wie viel, wie oft und an welcher Stelle Sie der Gruppe Anregungen geben. Wie gute Supervisoren in der Forschung wollen sie Ihnen helfen, nützliche Informationen zu gewinnen, und Sie wollen verhindern, dass Sie Ihre Möglichkeiten zu sehr einschränken. Wenn die Gruppe sich jedoch festgefahren hat oder sich auf einem falschen Weg befindet, dann macht der Lernbegleiter einen oder zwei Vorschläge. Dies reicht oft aus, um die Untersuchung wieder in Gang zu bringen oder der Gruppe zu signalisieren, dass der derzeitige Untersuchungsansatz ins Leere läuft.

Reflektieren ist weniger richtunggebend als Vorschläge machen. Erfolgreiche Lernbegleiter denken manchmal laut über die Diskussion nach, die Sie gerade führen. Angenommen Sie untersuchen die ethischen Dimensionen klinischer Entscheidungen. Aus der einschlägigen Literatur wissen Sie, dass ethische Entscheidungen auf ethischen Prinzipien (deontologisch) oder auf antizipierten Konsequenzen des Handelns oder Nichthandelns (teleologisch) beruhen können (Burckhardt, 2002). Sie können Ihr Handeln am Prinzip der Wohltätigkeit ausrichten oder an der Überlegung, was dem betreffenden Patienten passieren könnte, wenn Sie nicht auf eine bestimmte Art und Weise handeln. Wenn es um ethische Belange geht, gibt es meistens keine eindeutige Lösung, aber es ist sinnvoll, die «Diskussion auf den Punkt zu bringen». An dieser Stelle hält der Lernbegleiter inne und beleuchtet das Für und Wider der verschiedenen Sichtweisen. Er lässt Sie an einem Denkprozess teilhaben, von dem Sie profitieren können, was das aktuelle Problem und was zukünftige Probleme angeht.

Lernbegleiter setzen Reflexion auch ein, um Meinungsverschiedenheiten innerhalb der Gruppe zu analysieren. Bei Untersuchungen im Kontext des problemorientierten Lernens ergeben sich immer wieder Fragen, die Ihnen bewusst machen, was Sie mit Leidenschaft vertreten und worin für Sie eine vernünftige/korrekte/moralische oder effektive Pflegepraxis besteht (Kapitel 1). In solchen Momenten wird Ihr Lernbegleiter die Untersuchung für kurze Zeit unterbrechen und die Gruppenmitglieder bitten, ihre eigenen Wertvorstellungen und Überzeugungen zu überprüfen. Diese gelenkte Reflexion kann privat, zu zweit oder im Rahmen einer Diskussion in der Kleingruppe durchgeführt werden. Worauf es hier ankommt ist, dass Reflexion Ihnen bei der Problemanalyse oder bei einem Prozess innerhalb der Arbeitsgruppe helfen kann!

## 2.4
# Der Prozess der Problemlösung

Die letzte Komponente des problemorientierten Lernens ist der Prozess der Problemlösung. Seit problemorientierte Lernansätze erstmalig in die Lehrpläne des Gesundheitswesens aufgenommen wurden, sind die Prozesse zur Lösung von Problemen stetig verbessert und verändert worden (Glen u. Wilkie, 2000). Der Prozess wird bestimmt von der Philosophie des problemorientierten Lernansatzes, vom Design der Fallstudie, von der Dynamik innerhalb der Arbeitsgruppe sowie von den Beschränkungen durch Zeit und Ressourcen. Für den Prozess gelten aber auch allgemeine Feststellungen, die nachfolgend aufgeführt sind:

1. Die Problemanalyse ist zunächst grob und wird zunehmend differenzierter. Dies liegt daran, dass Probleme auf den ersten Blick manchmal einfach erscheinen und sich erst bei näherer Betrachtung als vielschichtig und komplex erweisen. Wir müssen noch präzisere oder gezieltere Fragen stellen, um Aspekte des Verhaltens oder der Praxis besser zu verstehen.
2. Weil die Analyse zunehmend präziser wird, werden die Probleme immer größer oder komplexer, je mehr Sie sich der Lösung nähern. Es ist etwa so, als würden Sie einen Ballon aufblasen und hoffen, dass er nicht genau vor Ihrem Gesicht zerplatzt. Sie müssen die Problemanalyse bis zum optimalen Punkt ausdehnen und dann genau wissen, wann Sie die Dinge aus dem Zusammenhang lösen und sie so sehen müssen, wie sie sind.
3. Die Problemlösung läuft über mehrere Zyklen: Ersteinschätzung des Problems; Feststellung, worin es besteht, welche Schwierigkeiten es in sich birgt und was Sie schon darüber wissen. Danach geben die Gruppenmitglieder an, was sie nicht verstehen und was sie nicht wissen und überlegen, wo sie sich die notwendigen Informationen beschaffen können. Jetzt beginnt für die Gruppe die Phase der Datensammlung. Beim anschließenden Treffen der Gruppe berichten die Mitglieder, welche Informationen aus den verschiedenen Quellen zusammengetragen wurden und stellen fest, was diese über das Problem aussagen. Bei manchen Projekten können (falls die Zeit es erlaubt) die Datensammlung, die Datenanalyse und die Planung der Vorgehensweise über mehrere Zyklen laufen, bis Sie an einen Punkt kommen, an dem Sie sicher sind, dass Sie das Problem verstehen, Lösungen anbieten können und wissen, welches die eleganteste, sicherste oder effektivste Reaktion darstellt. In dieser Phase hat das problemorientierte Lernen viel mit der Aktionsforschung gemeinsam. (Coghlan u. Casey, 2001)

Da Untersuchungen im Kontext des problemorientierten Lernens eine Fülle verschiedenartiger Informationen generieren können und Sie entscheiden müssen, wie diese Informationen mit dem Problem zusammenhängen, ist es sinnvoll,

Informationen nach einem bestimmten System zu ordnen, damit Sie zu jeder Zeit über den Stand der Dinge informiert sind (s. **Abb. 2-4**). Hierfür benötigen Sie entweder einige Bogen Papier (am besten A3-Format) oder einen Computer. Nun stellen Sie das Problem dar mithilfe der Rubriken Fakten, Lernaufgaben, neue Untersuchungen und potenzielle Lösungen.

Als Mitglieder einer Gruppe müssen Sie sich einig sein, welche Informationen in die Rubrik «Fakten» gehören. Aus Informationen werden unter folgenden Voraussetzungen Fakten: Sie haben eine kritische Überprüfung vorgenommen; die Fakten erscheinen auch in anderen Quellen (sie werden auch dort als Fakten verwendet); sie sind erkennbar relevant für die Art des zu untersuchenden Problems. Informationen werden oft voreilig als Fakten deklariert mit der Folge, dass es zu keiner Einigung kommt, was den Fokus des Problems oder potenzielle Lösungen angeht. Um in dem oben verwendeten Bild mit dem Ballon zu bleiben: Sie müssen aufpassen, wie viel Luft Sie in den Ballon blasen. Zu viel heiße Luft bringt ihn schnell zum Platzen.

Die Rubrik «Lernaufgaben» enthält sämtliche Informationen, Debatten, Ideen und Argumente, mit denen Sie sich während Ihrer Analyse noch nicht befasst haben. Im Verlauf der Untersuchung werden sich Lernaufgaben ansammeln, und Sie werden in regelmäßigen Abständen prüfen müssen, ob Teile davon oder alle gesammelten Aufgaben für die aktuelle Untersuchung noch relevant sind. Manchmal ist es nötig, unterschiedliche Auffassungen in Einklang zu bringen, also zu entscheiden, welche Auffassung überzeugender ist als eine andere oder welche Konzepte oder Ideen unter den jeweiligen Umständen einfach hilfreicher sind. Wenn Sie schriftlich festhalten, was bei jeder Problemanalyse unerledigt geblieben ist, werden Sie schnell merken, wenn die unerledigte Arbeit immer mehr anwächst und somit der Zeitpunkt gekommen ist, die Sammlung weiterer Daten aufzuschieben und die Analyse in einem bestimmten Bereich abzuschließen.

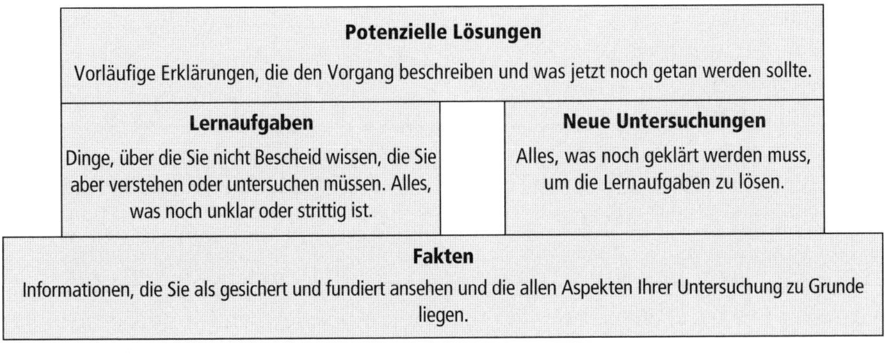

| Potenzielle Lösungen |   |
|---|---|
| Vorläufige Erklärungen, die den Vorgang beschreiben und was jetzt noch getan werden sollte. | |

| Lernaufgaben | Neue Untersuchungen |
|---|---|
| Dinge, über die Sie nicht Bescheid wissen, die Sie aber verstehen oder untersuchen müssen. Alles, was noch unklar oder strittig ist. | Alles, was noch geklärt werden muss, um die Lernaufgaben zu lösen. |

| Fakten |
|---|
| Informationen, die Sie als gesichert und fundiert ansehen und die allen Aspekten Ihrer Untersuchung zu Grunde liegen. |

**Abbildung 2-4:** Darstellung der Untersuchung eines Problems.

Die Rubrik «neue Untersuchungen» gibt Aufschluss darüber, wo die Gruppe nach neuen und nützlichen Informationen oder Expertenmeinungen suchen will, die ihr bei der Bearbeitung der Lernaufgaben helfen. Hier kann auch festgelegt werden, wer neue Informationen sammelt, wie die Daten zu beschaffen sind (z. B. durch einen Besuch in der Bibliothek oder durch Befragung anderer) und welches der Fokus der Untersuchung sein wird. Dies ist ein wichtiger Schritt im Untersuchungsprozess, denn wenn die Quellen und der Fokus der Untersuchung nicht exakt bestimmt werden, besteht die Möglichkeit, dass die Informationen unzulänglich oder unvollständig sind.

Wie in Abb. 2-4 zu sehen ist, ruhen die Rubriken «Lernaufgaben» und «neue Untersuchungen» auf der Rubrik «Fakten» und stützen die Rubrik «Arbeitslösungen». Die Studenten fragen sich oft, wie die Lösung eines Problems entwickelt wird, und manchmal glauben sie sogar, dass diese sich unmittelbar aus der Analyse ergibt (Price, B., 1998 a). Tatsächlich werden Lösungen oft nur angedacht und dann wieder verworfen. Die Gruppe «probiert Lösungen aus», um zu prüfen, ob sie zur Art der Aufgabe und zum Kontext des Problems passen und ob sie durch Fakten, Untersuchungen und Nachforschungen ausreichend gesichert sind. Deshalb generiert die Gruppe gegen Abschluss einer Untersuchung vorläufige Lösungen. Die Anzahl neuer Daten und Untersuchungsansätze nimmt ab, und die Gruppe konzentriert sich intensiver auf Analysen und Nachforschungen, um die Richtigkeit ihrer vorläufigen Lösungen zu überprüfen. Lernbegleiter von Arbeitsgruppen helfen Ihnen hauptsächlich zu erkennen, wann der geeignete Zeitpunkt gekommen ist, mit der Überprüfung potenzieller Lösungen zu beginnen. Lernbegleiter helfen Ihnen, die Problemanalyse zu überprüfen, damit Sie feststellen können, ob sie strukturell einwandfrei ist.

## 2.5
## Zusammenfassung

Problemorientiertes Lernen wurde im Kontext der Medizinerausbildung entwickelt und ist mittlerweile zu einer effektiven und weit verbreiteten Lehrmethode im Gesundheitswesen avanciert. In der Pflegeausbildung hat problemorientiertes Lernen seinen festen Platz. Zu prüfen ist jedoch, ob dieser Ansatz für die berufliche Weiterbildung und/oder Entwicklung der Praxis geeignet ist, unter anderem deshalb, weil problemorientiertes Lernen sehr vom Design des Fallstudienmaterials und vom Sachverstand der Lernbegleiter abhängig ist, die die Mitglieder der Arbeitsgruppen dabei unterstützen, Größe und Richtung der Untersuchung abzustecken. Wenn problemorientiertes Lernen auch außerhalb von Hochschul-Kursen mit Erfolg eingesetzt werden soll, dann müssen Arbeitsgruppen sich unbedingt einen fähigen Lernbegleiter suchen und für das zu lösende Problem realistische Ziele und Aufgaben auswählen.

Kennzeichnend für den Untersuchungsansatz im Kontext des problemorientierten Lernens ist, dass erst das Problem untersucht und dann das entsprechende theoretische Wissen vermittelt wird. Diese Methode ahmt in der klinischen Praxis übliche induktive und deduktive Untersuchungsansätze nach und fördert die Entwicklung von Fähigkeiten, die für die Gruppenarbeit wichtig und im Gesundheitswesen gefragt sind. Im Kontext des problemorientierten Lernens sollen Sie nicht nur herausfinden, was das Problem ist und welche Lösungen geeignet sind, sondern Sie müssen auch den Prozess untersuchen, der zu den Lösungen geführt hat. Erfolgreiches problemorientiertes Lernen hilft Ihnen also, metakognitive Fähigkeiten zu entwickeln und zu verstehen, wie Situationen in der Praxis analysiert werden.

In einer Arbeitsgruppe zu lernen ist natürlich auch mit anderen Lernmethoden möglich, doch problemorientiertes Lernen basiert auf einer speziellen Philosophie, die Sie verstehen und akzeptieren müssen. Die Akzeptanz der Philosophie heißt, überzeugt zu sein, dass Sie am meisten profitieren, wenn Sie in der Gruppe mit dem Lernbegleiter, mit den anderen Kollegen der Arbeitsgruppe und mit den Mentoren oder Beratern zusammenarbeiten, die Ihre Arbeit begleiten. Problemorientiertes Lernen ist wie eine Reise: Die fallspezifischen Informationen durchlaufen verschiedene Phasen, in denen das Problem identifiziert und seine Analyse in der Folge stetig verfeinert wird, bis Sie so weit sind, dass Sie über vorläufige Lösungen nachdenken können.

Nachdem Sie dieses Kapitel gelesen haben, sollten Sie über den Eindruck nachdenken, den Sie von diesem Lernansatz haben. Er fordert natürlich persönlichen Einsatz und setzt eine Vorliebe für Gruppenarbeit voraus. Es ist sowohl eine sehr aktive als auch eine sehr einträgliche Art zu lernen. Auch wenn die Untersuchungen zeitweilig Verwirrung stiften und Ängste aufkommen lassen, so ermöglichen sie auch Erkenntnisse, die höchst befriedigend und motivierend sind. Wenn Sie sich vor Augen führen, von welchen Lehrinhalten eines Kurses Sie ein Leben lang profitieren, dann wird Ihnen klar werden, dass es nicht die Fakten, Theorien oder Erkenntnisse sind, sondern die Methoden, die Sie befähigen, selbständig weiter zu lernen und Probleme souverän zu lösen.

## 3.
# Forschungsorientiertes Lernen

Während der Ursprung des problemorientierten Lernens eindeutig auf die Medizinerausbildung zurückzuführen ist, sind die Anfänge des forschungsorientierten Lernens nicht so klar auszumachen. Dies liegt zum einen daran, dass dieser Lernansatz als Variante des problemorientierten Lernens betrachtet wurde, die auf einer anderen Philosophie basiert. Diese besagt, dass die Praxis nicht in jedem Fall zur Heilung oder Lösung von Problemen führen könne. Dennoch sei es nötig, verschiedene Möglichkeiten und Bedeutungen von Problemen zu erkunden. Zum anderen liegt es daran, dass einige Autoren den Begriff forschungsorientiertes Lernen lieber verwenden als problemorientiertes Lernen, um semantisch anzudeuten, was das zentrale Anliegen kleiner Arbeitsgruppen ist. Diese Autoren bringen zum Ausdruck, dass das Forschen die Grundlage dieses Lernansatzes bildet. Einige erörtern anschließend, ob der Ansatz besser «enquiry-based learning» oder «inquiry-based learning» heißen sollte (Inouye u. Flannelly, 1998). [Anm. d. Übers.: Die englische Bezeichnung für forschungsorientiertes Lernen lässt beide Schreibweisen zu.] Wie bei vielen anderen innovativen Methoden in der Ausbildung und in der Pflege gilt auch hier: Je länger ein neuer Ansatz verschiedenen Interpretationen ausgesetzt und je weiter er verbreitet ist (sowohl geographisch als auch in den verschiedenen Disziplinen), desto mehr verflacht er. Einerseits ist dies enttäuschend, weil der zentrale Gedanke der Methode zu verwässern droht, andererseits offenbaren diese Abwandlungen aber auch das Bedürfnis, an Ort und Stelle zu lernen, im Kontext einer von der jeweiligen Kultur geprägten Ausbildung. Wie Sie dazu stehen, hängt davon ab, ob Sie solche Abwandlungen als Chance oder eher als Ärgernis empfinden, das es Ihnen schwerer macht zu verstehen, worauf Sie sich einlassen.

Daher werde ich in diesem Buch den Begriff forschungsorientiertes Lernen genau definieren und konsequent «enquiry-based learning» anstatt «inquiry-based learning» verwenden. Grundlage meiner Definition sind zum einen die Unterschiede zwischen dieser Form des Lernens und dem problemorientierten Lernen und zum anderen die Überzeugung, dass forschungsorientiertes Lernen für die berufliche Weiterbildung und die Entwicklung der Praxis von großer Bedeutung ist (z. B. Price u. Price, 2000; Price, B., 2001). Die Erfahrungen aus meiner Arbeit mit Pflegenden und anderen Gesundheitsfachleuten in der Praxis zeigen mir, dass forschungsorientiertes Lernen die spannende Möglichkeit bietet, die professionelle Weiterbildung und die Entwicklung der Praxis miteinander zu verknüpfen. Durch den forschungsorientierten Lernansatz ist ein weitaus aktiveres Lernen möglich als durch Studientage oder Konferenzen, weil Sie sich mit dieser Methode genau die exploratorischen, übertragbaren und für die Kooperation wichtigen Fähigkeiten aneignen, die Sie zur Entwicklung der Praxis brauchen. Darüber hinaus leisten Sie durch Projekte, die Sie zusammen mit anderen Gesundheitsfachleuten durchführen, einen wichtigen Beitrag zur Verbesserung der lokalen Gesundheitsdienste. Meiner Ansicht nach ist forschungsorientiertes Lernen, wenn es durch geeignete Unterstützung und Supervision begleitet wird, nicht nur eine hervorragende Möglichkeit, die für die berufliche Weiterbildung in Krankenhäusern und an anderen Orten genutzt werden kann, sondern auch eine Methode, die sich für den Arbeitgeber ebenso wie für Sie selbst in jedem Fall bezahlt macht.

## 3.1
## Die Unterschiede zwischen forschungsorientiertem und problemorientiertem Lernen

Am Anfang ist es wichtig klarzumachen, dass problem- und forschungsorientierte Lernansätze zum Teil auf gemeinsamen philosophischen Prämissen beruhen, die bereits in Kasten 2-1 (S. 32) aufgeführt wurden. Kurz gefasst besagen diese, dass Sie enorm von dieser aktiven Form des Lernens profitieren können, die Sie an induktives und deduktives Denken heranführt und von Ihnen verlangt, dass Sie mit anderen in kleinen Arbeitsgruppen eng zusammenarbeiten, um den Kontext der Praxis mit seinen Herausforderungen besser zu verstehen. Forschungsorientiertes Lernen ist eine Form des Lernens, die auch für die Praxissituation relevant ist und die es Ihnen ermöglicht, die für Praktiker so nützlichen übertragbaren Fähigkeiten zu entwickeln. Folglich geht es bei forschungsorientiertem Lernen nicht um bestimmte Unterrichtsthemen oder um traditionelle Unterrichtseinheiten, sondern um das bei Untersuchungen eingesetzte Instrumentarium und um die ethischen Prinzipien bei der Beschaffung von Informationen. Sie müssen «in der Praxis Theorien entwickeln», Interpretationen von Geschehnissen liefern und dann überprüfen, ob diese Ihnen bei der Arbeit in der Praxis weiterhelfen (Price, B., 1998a).

Forschungsorientiertes Lernen folgt den gleichen Regeln, die auch für problemorientiertes Lernen gelten. Das heißt, die Arbeitsgruppe erkennt an, dass Untersuchungsprozesse am besten gelingen, wenn sie unterstützend begleitet werden und wenn der Prozess der Informationssammlung und Informationsanalyse genau festgelegt ist. Projekte von Arbeitsgruppen, die ohne Supervision oder begleitende Unterstützung durchgeführt werden, scheitern nicht selten, entweder weil eine Strategie und klare Anleitungen fehlen, oder weil die Gruppe Projekte auswählt, die zu groß oder zu unübersichtlich sind, um die Motivation aufrechterhalten zu können. Bei beiden Lernansätzen spielen Diskussionen, die Methode des Herausforderns und die Unterstützung innerhalb der Arbeitsgruppe eine zentrale Rolle, und sie gehen davon aus, dass Projekte ein Ziel brauchen und zwangsläufig mit begrenzten Ressourcen auskommen müssen.

Neben diesen Gemeinsamkeiten gibt es aber auch einige subtile Unterschiede, die für Leser wichtig sind, die dieses Buch nach Abschluss ihres Ausbildungsprogramms lesen und für solche, die es parallel zu ihrem Ausbildungsprogramm im Kontext des problemorientierten Lernens oder zu ihrer traditionellen Pflegeausbildung lesen.

## 3.2
## Das Ziel des forschungsorientierten Lernens

Während das Ziel des problemorientierten Lernens darin besteht, Lösungen für ein Problem in der Praxis der Gesundheitsversorgung zu finden und zu bewerten, zielt forschungsorientiertes Lernen darauf ab, die Praxis der Gesundheitsversorgung besser zu verstehen. Ich unterstütze die These, dass es Aspekte der Praxis gibt, für die noch keine Lösungen gefunden wurden und die den Praktiker zwingen, Regeln für die Praxis zu entwickeln, die sich in der Zukunft als nützlich erweisen werden. Die Arbeit im Gesundheitswesen macht es manchmal notwendig, dass Patient und Praktiker die Bedeutung von Situationen ergründen und Strategien entwickeln, die dem Patienten helfen, mit Veränderungen fertig zu werden. Ebenso wie die Medizin nicht immer alle Krankheiten heilen oder körperliche bzw. geistige Gesundheitsprobleme korrigieren kann, so kann auch die Pflege den Patienten nicht immer von der Verpflichtung entbinden, sich mit Veränderungen zu arrangieren. Pflegende müssen praktisch denken und den Patienten helfen, ihre Situation zu deuten und in geeigneter Weise auf sie zu reagieren, so dass es ihnen möglich ist, so unabhängig und so zuversichtlich wie möglich zu leben (Price, B., 1998b). So gesehen bieten Pflegende weder eine Lösung für das Problem an, noch suggerieren Sie den Patienten eine Lösung, die von irgendwoher stammen könnte. Stattdessen hilft die Pflegeperson dem Patienten, neue Lebensperspektiven zu entwickeln und aus seiner Wahrnehmung von Gesundheit oder Krankheit zu lernen (Peplau, 1994).

Abgesehen von diesen philosophischen Anmerkungen über Sinn und Zweck einiger Aspekte der Pflege, ist es sicher so, dass Pflegende mit etlichen Ansätzen arbeiten, die im Laufe der Zeit schon bei anderen Patienten und in vielen anderen Situationen verwendet wurden. Kapitel 1 thematisiert die unterschiedlichen Auffassungen der Praktiker über die Ziele der Pflege. Dies soll zum Anlass genommen werden, einen tieferen Einblick in die Pflegearbeit zu bekommen. Zum einen könnte das zur Folge haben, dass die Pflegearbeit einfühlsamer wird, und zum anderen würden auch die Bedingungen aufgezeigt, die es nötig machen, Ansätze besonders aufmerksam zu überprüfen oder sie zu verändern. Tabelle 3-1 veranschaulicht dies am Beispiel von zwei Pflegeansätzen.

In beiden Beispielen geht es um Praxiskontexte, die nicht auf einzelne Patienten und Ereignisse zugeschnitten sind. Die Rehabilitationsmaßnahmen bei Körperbildstörungen werden auch bei neuen Patienten angewendet, sobald die «alten» entlassen sind. Tagtäglich wird eine Vielzahl von Patienten über ihre Krankengeschichte befragt, und es besteht durchaus die Möglichkeit, aus solchen Kontexten zu lernen, auch wenn wir es mit anderen Patienten und anderen Problemen zu tun haben (Price u. Price, 2000). Das Ziel des forschungsorientierten Lernens besteht also darin, die Praxis zu beeinflussen und die Praxisentwicklung voranzutreiben. Vielleicht reicht die Zeit nicht aus, um die Probleme eines einzelnen Patienten durch eine Problemanalyse zu lösen. Daher könnte es sinnvoll sein, die Prinzipien einer guten Praxis kennen zu lernen, auf die in verschiedenen Situationen zurückgegriffen werden kann.

Der zweite wichtige Punkt betrifft die Art der Pflegeansätze. Prüfen Sie, inwieweit diese Ansätze mit dem Stil, den Annahmen oder der Herangehensweise an die Praxis übereinstimmen. All dies kann etwas über die persönliche Pflegephilosophie, allgemeine Dienstvorschriften oder die Einstellung der Pflegeperson zu den Erwartungen der Öffentlichkeit aussagen. Es geht hier nicht unbedingt um Probleme, sondern um Dinge, die es erfordern, dass die Pflegeperson in entsprechenden Situationen ihre Einstellung offenbart oder auf eine bestimmte Art und Weise handelt. Das erste Beispiel benennt zwei potenzielle Pflegeansätze. Der eine versteht die Veränderung des Körperbildes als Problem, Makel oder Defizit, das auf eine Krankheit, ein Trauma oder eine Behandlung zurückzuführen ist und das

Tabelle 3-1: Verschiedene Pflegeansätze und forschungsorientiertes Lernen.

| Praxiskontext | Pflegeansatz | Grundsätzliche Überlegungen |
| --- | --- | --- |
| Rehabilitation bei Körperbildstörung | Patienten helfen, sich an ihr Körperbild anzupassen oder es zu korrigieren. | Soll das Körperbild als etwas gesehen werden, das abzulehnen/zu beseitigen ist oder als etwas, an das sich der Patient anpassen muss? |
| Aufnahme der Krankengeschichte | Entweder wird die Erkrankung (Zeichen oder Ereignisse) oder die Krankheit (Erfahrungen und Symptome) in den Vordergrund gestellt. | Die Zeit für die Aufnahme der Krankengeschichte ist begrenzt. Aber hier wird oft der Grundstein für die Beziehung gelegt. Wie wir hier vorgehen entscheidet, wie die Patienten uns sehen und unsere Rolle verstehen. |

der Patient vermutlich korrigiert haben möchte. Dieser Ansatz setzt die Einstellung des Patienten zu seinem veränderten Körperbild mit einer Kathexis gleich (d.h. mit einem Angriff auf seine Zufriedenheit mit den Funktionen oder dem Aussehen seines Körpers). Der andere Ansatz versteht die Körperbildstörung als Veränderungsprozess, wenngleich als einen, der sich unter dem Einfluss der Krankheit oder Verletzung beschleunigt. Dieser Pflegeansatz sieht die Rolle der Pflegeperson darin, dem Patienten zu helfen, sich auf die Veränderung einzustellen. Da Menschen sich auch an die alterungsbedingten Veränderungen ihres körperlichen Aussehens anpassen, kann man ihnen helfen, sich genauso an plötzliche Veränderungen anzupassen. Da die Patienten über dieses Thema ganz unterschiedlich denken und Pflegende mit durchaus verschiedenen Meinungen über die Vorgehensweise an die Praxis der Rehabilitation herangehen, bedarf die Praxis weiterer Beobachtung, wenn die Kollegen etwas von der Analyse lernen sollen (z. B. Newell, 1999).

Ein ähnliches und ziemlich grundlegendes Problem ist auch die Herangehensweise an die Aufnahme der Krankengeschichte. Die Lehrbücher heben den einen oder anderen Ansatz hervor, gehen auf bestimmte Daten mehr ein als auf andere, doch die Pflegeperson muss letztendlich darüber entscheiden, wie sie bei der Aufnahme der Krankengeschichte in verschiedenen Kontexten vorgeht (Morton, 1989). Die Aufnahme der Krankengeschichte kann auf verschiedene Art und Weise vor sich gehen. Ein Ansatz stellt die Erfahrung und Bedeutung der Krankheit in den Vordergrund, ein anderer empirische Daten und Risikomanagement. In der Praxis kombinieren die Pflegenden Fragen aus beiden Ansätzen und haben dann Erfolg oder Misserfolg mit den gesammelten Informationen oder mit der Beziehung, die sie anschließend zu dem Patienten aufbauen.

Forschungsorientierte Projekte, die für solche Kontexte vorgesehen sind, können so konzipiert werden, dass auf eine Reihe von Fragen eine Antwort gefunden wird:

- Warum gehen wir auf diese Art und Weise vor?
- Unter welchen Bedingungen oder Umständen verändern sich die Ansätze?
- Gibt es Situationen, in denen Ansätze überprüft werden sollten?
- Sollten verschiedene Ansätze kombiniert werden, wenn sich herausstellt, dass Praktiker auf verschiedene Art und Weise vorgehen? Wenn ja, mit welchem Ziel?
- Wie beurteilen andere unsere Pflegeansätze – gibt es Vorteile/Nachteile, Probleme oder Chancen?

Diese Fragen unterscheiden sich deutlich von denen, die im Kontext des problemorientierten Lernens formuliert werden. Bei diesem Ansatz steht manchmal ein Patient oder eine Situation im Mittelpunkt, und man geht von Anfang an davon aus, dass eine passende Lösung gefunden werden kann. Die Fragen, die im Kontext des forschungsorientierten Lernens gestellt werden, sind dadurch gekennzeichnet, dass sie auf eine Reise fokussiert sind – auf Entdeckungen, die nicht unbedingt zu einer bestimmten Antwort führen, sondern die Pflegenden für die Praxis sensibilisieren und sie befähigen zu erklären, was sie beabsichtigen oder andere bei ähnlichen Aufgaben zu unterstützen. Forschungsorientiertes Lernen zielt somit darauf ab, verborgene Denkprozesse und schweigendes Wissen explizit zu machen (nähere Ausführungen zu schweigendem Wissen s. Eraut, 1990). Es soll Kollegen helfen, aus Untersuchungen zu lernen und das, was zuvor als intuitives oder verborgenes Wissen vorhanden war, zu Tage zu fördern. Ist allgemeine Übereinstimmung hinsichtlich der Praktiken erreicht, können auf diesem Ansatz basierende Empfehlungen für eine effektive oder optimale Praxis auch anderen zugänglich gemacht werden.

## 3.3
## Forschungsorientiertes Lernen und der Zeitrahmen des Projekts

Da Arbeitsgruppen im Kontext forschungsorientierten Lernens nicht nach Lösungen für Probleme suchen, sondern die Praxis besser verstehen wollen, haben sie es schwerer zu erkennen, wann sie ein Projekt abschließen und sich mit anderen Dingen beschäftigen sollten. Die für ein Projekt angesetzte Zeit ist im Kontext des forschungsorientierten Lernens jedoch ein wichtiger Aspekt. Zieht sich die Untersuchung zu lange hin, besteht die Gefahr, dass die Arbeitsgruppe ihre Motivation verliert oder mit Bestürzung reagiert, während eine zeitliche Beschränkung ihren Arbeitseifer dämpfen kann. Deshalb ist es im Kontext des forschungsorientierten Lernens wichtig, die Zeit für ein Projekt realistisch zu planen, damit Sie intensiv lernen können, aber nicht zu sehr unter Druck geraten. **Tabelle 3-2** zeigt, wie die richtige Zeit für ein Projekt ermittelt wird.

Im Kontext des forschungsorientierten Lernens spielen der Lernbegleiter, der Berater/Sponsor oder Projektberater eine entscheidende Rolle, wenn es um die Zeitplanung geht. Erfahrene Lernbegleiter helfen der Arbeitsgruppe, die Maximalzeit für das Projekt zu ermitteln und weisen innerhalb dieser Zeit im geeigneten Moment darauf hin, dass ein wichtiger Lernschritt vollzogen wurde und das Projekt entweder einen Ruhepunkt erreicht hat (von dem aus es später fortgesetzt werden kann) oder zum Abschluss gekommen ist. Falls Sie und die anderen Gruppenmitglieder neue Projekte in Angriff nehmen und auch zukünftig zusammenarbeiten wollen, ist es oft ebenso wichtig zu wissen, wann ein Projekt aufgegeben werden sollte, weil jede weitere Beschäftigung damit frustrierend wäre. Erfahrene Sponsoren oder Berater, wie z. B. beratende Pflegepersonen, klinische Pflegespezialisten oder die Pflegedienstleitung, setzen Zeitrahmen fest, die ca. 10 bis 20 % großzügiger kalkuliert sind als die Zeit, die sie für angemessen halten, um eine neue Richtung oder einen besseren Ansatz für die Praxis zu finden. So können die Gruppenmitglieder es sich leisten, falsche Ansätze zu verfolgen oder individuellen

**Tabelle 3-2:** Der Zeitrahmen im Kontext des forschungsorientierten Lernens.

| Kontrolle des Zeitrahmens | Herkunft | Erläuterungen |
|---|---|---|
| Lernbegleiterin | innerhalb der Gruppe | Eine sorgfältig ausgewählte Lernbegleiterin ergründet zusammen mit Ihnen Ihre Interessen und Erwartungen. Sie verfolgt das Projekt, seine Richtung und seine Fortschritte und achtet darauf, dass das Projekt im richtigen Moment zu einem zufriedenstellenden Abschluss gebracht wird. |
| Berater oder Sponsor | außerhalb der Gruppe | Einige Projekte im Kontext des forschungsorientierten Lernens werden gesponsert und haben einen vorgegebenen Zeitrahmen. |
| externe Berater, die Empfehlungen zur Größe des Projekts geben | außerhalb der Gruppe | Wie bei anderen Projekten im Bereich der Gesundheitsfürsorge muss auch hier die Größe des Projekts festgelegt werden. Das heißt, die Gruppe muss entscheiden, wie viele und welche Ziele innerhalb einer bestimmten Zeit verfolgt werden sollen. Als Berater kommen Experten für die verschiedenen gesundheitlichen Themen infrage. |

Lernbedürfnissen nachzugehen, und zudem hat jeder die Chance, sich interpersonelle und übertragbare Fähigkeiten anzueignen. Das Management eines geförderten Projekts erfordert einiges Geschick, und manchmal muss der Berater oder Sponsor sich mit dem Lernbegleiter beraten, um zu entscheiden, ob ein Projekt beendet oder die Zeit verlängert werden muss. Externe Berater sind oft auf Grund ihrer Erfahrung mit Untersuchungen auf einem bestimmten Gebiet geeignet, einen Zeitrahmen vorzuschlagen. In jedem Fall ist es am Anfang eines Projekts wichtig zu bedenken, dass die Zeitplanung ein ganz wesentlicher Bestandteil Ihrer Untersuchung ist.

## 3.4
# Unterstützung im Kontext des forschungsorientierten Lernens

Wenn Sie sich mit problemorientierten Lernansätzen im Rahmen eines Kursprogramms beschäftigen, werden Vorkehrungen für die Unterstützung Ihrer Arbeitsgruppe getroffen. Akademische und klinische Gesundheitsfachleute aus unterschiedlichen Bereichen werden auf diese Rolle vorbereitet (Drummond-Young, 1998). Die Art der Unterstützung, die der Lernbegleiter leisten soll, wird weitgehend vom Lehrplan sowie von der Art der Fallstudien und der Erkundungsfragen bestimmt. Im Kontext des forschungsorientierten Lernens muss der Lernbegleiter einiges mehr tun, um eine Arbeitsgruppe zu unterstützen (s. **Abb. 3-1**).

Unterstützung wird zum ersten Mal nötig sein, wenn es um die Dimensionierung und Fokussierung des Projekts geht. Bei der Dimensionierung wird festgelegt, welchen Umfang das Projekt haben soll und wie viele Ziele in welcher Zeit verfolgt werden sollen. Die Gruppe bestimmt, wie viele Aspekte der Praxis sie untersuchen will. Dabei müssen in der Regel Kompromisse geschlossen werden, wenn das Interesse der Gruppenmitglieder nicht nachlassen und das Projekt innerhalb der vorgegebenen Zeit nicht seinen Reiz verlieren soll. Zuvor jedoch muss der Lernbegleiter bei der Auswahl eines geeigneten Fokus behilflich sein. Dies gilt besonders dann, wenn die Mitglieder der Arbeitsgruppe zwar entschlossen sind, ein bestimmtes Thema zu untersuchen, aber nicht genau wissen, unter

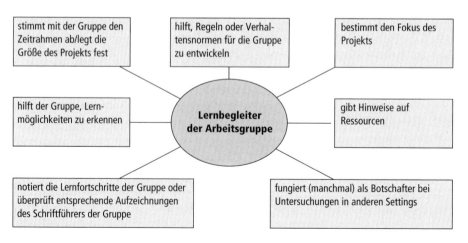

**Abbildung 3-1:** Die Aufgaben des Lernbegleiters einer Arbeitsgruppe (forschungsorientiertes Lernen).

welchem Aspekt, **Kasten 3-1** veranschaulicht diesen Prozess. Die Darstellung beinhaltet einerseits die Sicht eines Gruppenmitgliedes und andererseits die des Lernbegleiters.

In einem Text über praxisorientiertes Lernen dieser Art weisen Price und Price (2000) darauf hin, wie wichtig es ist, dass der Lernbegleiter einer Arbeitsgruppe Lernmöglichkeiten ausfindig macht, die der Gruppe helfen, den Fokus zu finden und neue Aspekte in die Untersuchung einzubringen. Ein erfolgreicher Lernbegleiter zeichnet sich häufig durch seine unorthodoxe Denkweise aus und ist in der Lage, die Ähnlichkeiten zu entdecken, die in verschiedenen Situationen auftreten können. Wenn Ihre Gruppe sich mit einem abstrakten Konzept befasst (z. B. einfühlsame Erteilung von Informationen), dann gibt es für die Gruppenmitglieder sicher viele Ereignisse und Situationen, aus denen sie durch Beobachtung der Praxis Schlussfolgerungen ableiten können. In solchen Momenten ist es wichtig, dass der Lernbegleiter Sie auf alle Möglichkeiten aufmerksam macht, aus denen Sie lernen können. Wenn Sie beispielsweise Ihren Kollegen Informationen erteilen, *können* Sie methodisch etwas über das Erteilen von Informationen in anderen Situationen lernen. Ebenfalls *könnte* das, was Sie über kulturell geprägte Kommunikation in anderen Kontexten gelernt haben, mit Blick auf den Kontext des aktuellen Projekts interessante Aspekte enthalten.

---

**Kasten 3-1: Die Auswahl eines Fokus'.**

*Gruppenmitglied (Supervisorin)*
Eigentlich hatten wir keine Probleme damit, dass wir auf Wehen im Endstadium der Geburt unterschiedlich reagierten, doch einige von uns fanden, dass die Ansätze der Hebammen sehr weit auseinander gingen. Wir konnten den Fokus nicht genau bestimmen, aber wir wollten uns über dieses Thema Gedanken machen, ohne jemanden durch den Prozess zu sehr unter Druck zu setzen. Mir war es zu plump, das Thema während der Supervision anzusprechen.

*Lernbegleiter der Gruppe*
Zuerst dachte ich, das Thema der Gruppe sei die Einschätzung der Wehen. Nach einem oder zwei Gesprächen war jedoch klar, dass dies lediglich der Kontext war. In Wirklichkeit ging es um etwas viel Wichtigeres, nämlich um die unterschiedlichen Auffassung über das Ausmaß der Interventionen. Hier standen sich die Befürworter einer natürlichen Geburt und die so genannten «Interventionisten» gegenüber. Diesen mutigen Hebammen ging es darum, die verschiedenen Sichtweisen kennen zu lernen, nicht etwa weil sie dachten, sie könnten sich mit ihrer Auffassung durchsetzen, sondern weil sie die Standpunkte ihrer Kolleginnen verstehen wollten und glaubten, anschließend besser mit ihnen zusammenarbeiten zu können.

Vielleicht sind Sie überrascht zu lesen, dass der Lernbegleiter einer Arbeitsgruppe manchmal in anderen Kontexten als Botschafter des Projekts auftreten muss. Dies ist oft der Fall, wenn Dritte das Gefühl haben, zu Zuschauern zu werden, wenn es um Reflexionen der Praxis geht, von denen sie selbst betroffen sein könnten. Projekte im Kontext des forschungsorientierten Lernens bringen für andere oft Veränderungen mit sich oder stellen sie zumindest in Aussicht. Veränderungen in der Praxis der Gesundheitsversorgung können bedrohlich wirken. Dies gilt besonders dann, wenn sie eine Herausforderung für die traditionellen Grenzen zwischen den Disziplinen sind oder die ethischen Aspekte eines bestimmten Praxisansatzes infrage stellen. Arbeitgeber und Manager können es als Angriff empfinden, wenn die Praxis gewissermaßen auf der untersten Ebene und ohne entsprechende Anweisung durch ihr Büro untersucht wird. Innerhalb des Gesundheitsdienstes ist dies überall dort Realität, wo die Hierarchie innerhalb der Führung immer mehr verflacht und wo Grenzen zwischen den Zielen der Manager und des klinischen Personals verschwimmen (Rippon u. Monaghan, 2001). Auch wenn forschungsorientiertes Lernen nicht den Anspruch erhebt, Probleme zu lösen oder eindeutig festzustellen, was getan werden *muss*, ist es trotzdem nötig, anderen das Projekt auf eine glaubwürdige und konstruktive Art nahe zu bringen. In gleicher Weise müssen auch die anderen Beteiligten (falls sie nicht überzeugt werden konnten, sich der Gruppe anzuschließen) ihre Vorstellungen überprüfen lassen. Der Lernbegleiter einer Arbeitsgruppe ist in der besseren Position als die Gruppenmitglieder, wenn es darum geht, die Untersuchung darzustellen. Nicht nur weil er sie in ihrer Gesamtheit überblickt, sondern auch weil er nicht direkt in die Sammlung und Analyse der Daten involviert ist (was denjenigen, die die Untersuchung durchführen, zeitweilig den Blick für das Gesamtbild verstellen kann).

### 3.5
# Die Auswahl eines Lernbegleiters für die Arbeitsgruppe

Sobald Sie gleichgesinnte Gesundheitsfachleute mit Forschergeist aus verschiedenen Disziplinen gefunden haben, die mit Ihnen in einer Gruppe zusammenarbeiten wollen, müssen Sie gemeinsam versuchen, einen Lernbegleiter zu finden. Doch wen sollen Sie wählen und welche Eigenschaften soll dieser Kollege oder diese Kollegin haben? Er sollte viele Fähigkeiten haben, die auch ein Lernbegleiter im Kontext des problemorientierten Lernens braucht (s. **Kasten 3-2**), und er muss bestimmte persönliche Eigenschaften besitzen. Doch weil es, außer in Büchern über problem- und forschungsorientiertes Lernen, keine systematische Vorbereitung auf diese Aufgabe gibt, ist es wichtig, nach Kollegen Ausschau zu halten, die in anderen Bereichen ähnliche Fähigkeiten entwickelt haben.

### Kasten 3-2: Der Lernbegleiter im Kontext des forschungsorientierten Lernens – persönliche Eigenschaften und Hintergrund.

*Persönliche Eigenschaften*

- Integrität – eine Person, die willens ist, die Gruppenmitglieder offen und fair, ehrlich und gerecht zu behandeln.
- Analytische Fähigkeiten – behält die Übersicht und ist in der Lage, Fortschritte, Sackgassen und nützliche Möglichkeiten zu erkennen
- Reflektive Fähigkeiten – kann über Ideen laut nachdenken, über eigene und die der Gruppenmitglieder. Ist die Person Ihrer Wahl in der Lage, «laut zu denken» wie ein fortgeschrittener Autofahrer, der seine Gedanken und Absichten während der Prüfung laut ausdrücken muss?
- Humor – ist immer dann gefragt, wenn alle das Bedürfnis haben, über ihre missliche Lage zu lachen.
- Positive Einstellung – jemand, der auf die Erfolge schaut und das Lernen in den Vordergrund stellt.
- Wissbegierig und interessiert – egal wie das Ergebnis aussieht, diese Person ist daran interessiert, was Sie lernen und was diese Erfahrung für Sie bedeutet.

*Berufliche Hintergründe (einer oder mehrere sind eine gute Voraussetzung)*

- Der klinische Supervisor – hat Erfahrung in Reflektion und in der Unterstützung anderer auf ihrer exploratorischen Reise durch die Praxis.
- Der Forscher – hat viele Erfahrung, wenn es um die Strukturierung von Untersuchungen und um den Umgang mit Zeit und Ressourcen geht.
- Der Berater – ist es gewohnt, mit der Agenda anderer zu arbeiten und ihnen zu helfen, ihre Ziele zu erreichen.
- Der Fachgebietsexperte/die beratende Pflegeperson – hat eine Fülle von Ressourcen anzubieten oder vermittelt Kontakte zwischen Gruppenmitgliedern und anderen Experten.
- Der Projektmanager – ist versiert im Umgang mit der Nahtstelle Praxis/Organisation, ein Taktiker, der den Gesundheitsdienst ebenso gut kennt wie die Praktiker.

Es ist nicht so, dass ein bestimmter Hintergrund für alle Untersuchungen im Kontext des forschungsorientierten Lernens besonders geeignet ist. Ganz im Gegenteil. Wenn die Frage nach dem Fokus Ihrer Untersuchung schon geklärt ist, dann ist es sogar von Vorteil, den Lernbegleiter danach auszuwählen. Ein Beispiel: Für ein Projekt, das Ihrer Ansicht nach eine umfangreiche Datensammlung und viele Vorkehrungen für deren Zugang erfordert, könnten Sie sich an eine beratende Pflegeperson oder an einen Projektmanager wenden, wenn Ihre Arbeitsgruppe sich stark genug fühlt, sich gegen übereifrige Führungsversuche des Experten zu behaupten. Solche Experten haben immense Fähigkeiten, wenn es darum geht, Kontakte zu anderen herzustellen oder Sie auf bereits veröffentlichte Forschungserkenntnisse aufmerksam zu machen. Wollen Sie mit Ihrem Projekt dagegen Einstellungen gegenüber der Praxis und Praxisansätze erforschen und glauben, die Diskussion könnte emotional werden, dann wäre es sinnvoll, sich an einen Berater oder klinischen Supervisor aus einer anderen Abteilung des Krankenhauses zu wenden. Sie suchen keine Person, die Privatinteressen verfolgt, sondern jemanden mit exzellenten Fähigkeiten und Erfahrungen mit Arbeitsgruppen, der ernsthaft daran interessiert ist, Ihnen bei der Entwicklung Ihrer Ideen zu helfen.

Alles in allem bleibt festzustellen, dass persönliche Qualitäten außerordentlich wichtig sind. Ihr Lernbegleiter sollte über gute interpersonelle Fähigkeiten verfügen und erfahren im Umgang mit Arbeitsgruppen in verschiedenen Settings sein. Der Lernbegleiter braucht Disziplin, um sich selbst zurückzunehmen und Ihnen bei der Durchführung Ihrer Untersuchung zu helfen. Weiterhin braucht er geistige Fähigkeiten, um zu wissen, wann er eingreifen muss. Stellen Sie sich bitte folgende Frage: Würden wir diese Person bei Meinungsverschiedenheiten innerhalb der Gruppe so sehr respektieren, dass wir ihr zutrauen, über die weitere Vorgehensweise zu entscheiden?

## 3.6
## Der Untersuchungsprozess

Problemorientiertes Lernen lässt sich als Prozess mit verschiedenen Phasen beschreiben: Formulierung des Problems; Analyse des Problems; Entwicklung der Lösung; Abschluss des Prozesses. Forschungsorientiertes Lernen weist ebenfalls eine bestimmte Struktur auf (Price, B., 2001) (s. **Abb. 3-2**).
Es wurde bereits darauf hingewiesen, dass der Lernbegleiter die Aufgabe hat, die Arbeitsgruppe bei ihrer Suche nach einem Fokus für ihre Untersuchung zu unterstützen. Dazu müssen wir wissen, wie dies praktisch vonstatten geht. Eine Möglichkeit, einen Fokus zu finden, besteht darin zu prüfen, ob es einen oder mehrere

**Abbildung 3-2:** Der Prozess des forschungsorientierten Lernens. Quelle: Price, B., 2001

Aspekte der Praxis gibt, die für die Gruppe von besonderem Interesse sind (z. B. Einschätzung, Entscheidungsfindung, Wissensvermittlung, Beratung). Zu diesem Zweck können Sie eine Tafel oder ein großes Blatt Papier in ebenso viele Felder unterteilen wie es Aspekte gibt und in diese Feldern Fragen, spezielle Interessen oder Ziele schreiben. Bei manchen Projekten besteht wenig oder gar kein Interesse an bestimmten Aspekten. Wie die Erfahrung mit dem Management von Projekten zeigt, ist es jedoch oft so, dass eine Gruppe ihre Untersuchungen ohne einen speziellen Aspekt beginnt, an irgendeinem Punkt dann aber doch auf andere Aspekte stößt, weil in Diskussionen Annahmen oder Wertvorstellungen thematisiert wurden, die in diesem Zusammenhang wichtig sind.

Das folgende Beispiel macht deutlich, wie die Auswahl eines Fokus vonstatten geht: Pflegende und andere Gesundheitsfachleute arbeiten mit klinisch adipösen Patienten. Diese Gesundheitsfachleute, die aus verschiedenen Fachgebieten stammen (z. B. Diabetesbehandlung, periphere Gefäßchirurgie, psychologischer Bereich), haben ein gemeinsames Interesse am Wohlergehen der Patienten und sind sich bewusst, dass mit schwerwiegenden Folgen zu rechnen ist, wenn das Problem nicht behandelt wird (Brownell, 1998). Sie prüfen die Überzeugungen, die der Herangehensweise an diese Patienten zu Grunde liegen und sind sich einig, dass adipöse Menschen ihr Übergewicht reduzieren und ihre Lebensweise ändern *müssen*, um ihr Körpergewicht besser unter Kontrolle zu halten. Folglich haben die Praktiker die Aufgabe zu unterstützen und zu unterweisen und die Patienten darin zu bestärken, alle diätetischen und damit zusammenhängenden Empfehlungen zu befolgen. Als Nächstes prüfen die Gesundheitsfachleute die Wissensgrundlage, auf die sich die Praktiker zur Förderung einer gesünderen Lebensweise beziehen und stellen fest, dass hier die Physiologie und Pathologie eine größere Rolle spielen als die Psychologie und Erkenntnisse über den Lebensstil. Sie wissen außerdem, dass sie kaum Möglichkeiten haben, die geeignet sind, den Lebensstil einzuschätzen und Lernen zu fördern. Der Lernbegleiter fragt: «Sind Sie daran interessiert, die Kooperation der Patienten bei der Gesundheitsförderung leichter einfordern zu können – wollen Sie bloßes Theoretisieren über die richtige Vorgehensweise hinter sich lassen und wirklich verstehen, was Sie wissen oder tun müssen, um die Klienten bei der Verwirklichung ihrer Ziele zu unterstützen?» Die Gruppe ist sich einig – es gibt eine Kluft zwischen Theorie und Realität, zwischen Philosophie und Praxis.

Bei den meisten Projekten geht der Prozess des Fokussierens schnell in die Strukturierung der Untersuchung über. Flannelly und Inouye (1998) beispielsweise sprechen hier von Konzeptualisierung der Situation. Wir wollen uns bei der Strukturierung der Untersuchung wieder auf unser Beispiel beziehen und einige Konzepte diskutieren, damit die Gruppenmitglieder verstehen, womit sie es zu tun haben. Es kann eine Diskrepanz bestehen zwischen dem, was im klinischen Sinn entsprechend dem Body Mass Index als adipös gilt und dem, was Patienten und Praktiker lediglich als «übergewichtig» bezeichnen. Die Arbeitsgruppe muss sich darauf einigen, was sie meint – was das Ziel der Untersuchungen sein soll: den Patienten helfen, das klinisch erwünschte oder das für sie akzeptable Körpergewicht zu erreichen. Hier kann es zu Meinungsverschiedenheiten kommen, und diese müssen ausgeräumt werden, bevor die Gruppe ihre Untersuchungen im Einzelnen plant (Milligan, 1999).

Der Prozess des Sammelns und Sichtens von Informationen deckt sich weitgehend mit der in Kapitel 2 beschriebenen Vorgehensweise beim problemorientierten Lernen. Im Kontext des forschungsorientierten Lernens geht der Prozess über mehrere Runden, wobei immer mehr Informationen zusammengetragen und dann im Lichte der bereits gesammelten Daten gesichtet werden. Wie dies praktisch vonstatten geht, wird in den Kapiteln 5 und 6 erläutert. Zwischen dem problemorientierten und dem forschungsorientierten Lernen gibt es jedoch gewisse Unterschiede, was die Auswertung der gesammelten Informationen betrifft. Im Kontext des problemorientierten Lernens prüft die Gruppe, ob die Informationen Fakten darstellen, die im weiteren Verlauf der Untersuchung als solche behandelt werden können, während die Gruppe im Kontext des forschungsorientierten Lernens nicht immer feststellen kann, ob die Informationen solide sind. Ganz im Gegenteil, die Gruppe kann im Verlauf der Untersuchung zu der Erkenntnis gelangen, dass ein Element der Praxis immer komplexer wird und bestenfalls einzelne Informationen als «signifikant» gelten können. Es muss eine bislang noch ausstehende Diskussion darüber geführt werden, wie die Informationen mit anderen Informationen zusammenpassen oder das Denken bestimmen. Daher enthält forschungsorientiertes Lernen häufig mehr potenziell signifikante Informationen und zwingt die Gruppe, sich Gedanken darüber zu machen, wie die Daten zusammenpassen. Bezogen auf unser Beispiel kann signifikant sein, dass für Erwachsene in der westlichen Welt, bedingt durch ihre berufliche Tätigkeit, eine eher sitzende Lebensweise typisch ist. Die Büroarbeit, das Pendeln zwischen Arbeitsplatz und Wohnort und der Computer – all dies trägt dazu bei, dass die körperliche Arbeit stetig abnimmt. Es stellt sich jedoch die Frage, ob hier etwas verändert werden kann oder ob die Praktiker sich auf die marginalen Freizeitaktivitäten (negative oder positive) konzentrieren sollten.

Wie beim problemorientierten Lernen gewinnt die Gruppe (mit der Zeit) mehr Erkenntnisse über die Situation, die im Kontext des forschungsorientierten Lernens jedoch nicht anzeigen, was einer Lösung bedarf, sondern was wichtig ist oder Einfluss hat, wo die Möglichkeit gegeben ist, etwas zu verändern oder weiter zu untersuchen. Der Prozess des forschungsorientierten Lernens offenbart, wo die Praxis effektiv ist, wo es Möglichkeiten der Einflussnahme gibt und wo entscheidende Defizite liegen, was die Ausbildung oder die Ressourcen angeht. In gewisser Hinsicht bringt forschungsorientiertes Lernen es mit sich, dass wir unsere Erkenntnisse über die Situation verfeinern. Ein Student erklärte dies mit einer Analogie: «Du hast nicht die Absicht, alle Bäume zu fällen, weil du nicht sicher bist, ob du das tun solltest. Aber du erkennst das Holz der Bäume und verstehst, was da draußen ist.»

Im Kontext des forschungsorientierten Lernens geht es nicht darum, eine Lösung vorzuschlagen, sondern den Prozess zu einem Abschluss zu bringen. Price stellt fest:

> Jede Untersuchung erreicht einen Punkt, an dem die Gruppe entscheiden muss, ob sie die Untersuchung fortsetzen oder aus den bereits gewonnenen Erkenntnissen Schlussfolgerungen ziehen sollen. Geht es um eine Untersuchung im Kontext des forschungsorientierten Lernens, stellt sich eine andere Frage: Haben wir genug Informationen, die uns helfen, die Situation besser zu verstehen und neue Ansätze zu entwickeln? (Price, B., 2001, S. 51)

Price warnt davor, eine Untersuchung frühzeitig abzuschließen, wenn diese sich nur auf wenige (relevante) Informationsquellen stützt. Studien sind in der Regel überzeugender, wenn verschiedene Quellen und Informationen unterschiedlicher Art und mit unterschiedlichem Format herangezogen wurden (Price, B., 2001). Die abschließenden Ausführungen zum Projekt können aus verschiedenen Blickwinkeln formuliert werden (s. **Kasten 3-3**).

In Kapitel 11 können Sie anhand eines Beispiels eine Untersuchung aus dem Kontext des forschungsorientierten Lernens und deren Abschluss verfolgen. An

---

**Kasten 3-3: Abschließende Ausführungen – forschungsorientiertes Lernen.**

*Beschreibung*
Die Gruppe geht ausführlich auf den Ansatz oder das Thema ein, wobei seine Komplexität und Bedeutung in den Vordergrund gestellt werden. Sie zeigt damit, dass ihr Wissen über den «gesunden Menschenverstand» oder die «Volksweisheit» hinausreicht.

*Ziele*
Die Ziele der Untersuchung werden noch einmal dargelegt. In diesem Zusammenhang wird erläutert, was nicht erreicht werden konnte. So haben andere die Möglichkeit, die Fortschritte der Gruppe nachzuvollziehen.

*Befunde*
Die Gruppe stellt die Befunde nicht als Fakten dar, aber sie kann über verschiedene Ergebnisse/Erkenntnisse/Entscheidungen/Ansätze berichten, die sie für relevant hält. So wird die Aufmerksamkeit der Leser auf Bereiche der Praxis gelenkt, die von genauer Beobachtung profitieren. Die Befunde zeigen an, welche Elemente der Praxis einen wesentlichen Einfluss auf den Praxisansatz oder den Untersuchungsgegenstand haben.

*Anmerkungen*
Die Gruppe geht auf alles ein, was nicht thematisiert, verstanden oder ausführlich diskutiert wurde.

*Implikationen*
Diese sind zu benennen, bevor erläutert wird, warum die Untersuchung für die aktuelle Praxis wichtig ist.

Quelle: Price, B. (2001)

dieser Stelle muss jedoch darauf hingewiesen werden, dass die Befunde und Implikationen nicht mit Forschungsbefunden gleichzusetzen sind. Die Befunde sind vorläufig und machen auf interessante Bereiche aufmerksam, in denen Ergebnisse in der Praxis starken Einflüssen ausgesetzt sind. Die Implikationen schreiben nicht vor, wie vorgegangen werden *muss*. Sie sollen die Leser zu der Frage animieren, was sie für ihre Praxis bedeuten oder auch was sie für ihre persönliche Einstellung zu diesen Themen bedeuten.

## 3.7
## Zusammenfassung

Wir sind nun am Ende einer zugegebenermaßen eklektischen Darstellung des forschungsorientierten Lernens und seiner Unterschiede zum problemorientierten Lernen angelangt. Die Unterschiede sind auf der einen Seite rein akademischer Natur, insofern als dass das Ziel beider Lernansätze darin besteht, neue Erkenntnisse zu gewinnen und neu über die Praxis nachzudenken. Wichtig werden die Unterschiede jedoch immer dann, wenn behauptet wird, dass es in der Pflege und in verwandten Disziplinen Aspekte der Praxis gibt, in denen es nicht um Problemlösung geht. Die Gesundheitsversorgung wird immer der Interpretation bedürfen und den Praktiker vor die Frage stellen, wie er vorgehen *könnte*. Es gilt zu beurteilen, welche Vorgehensweise hilfreicher in dieser Situation wäre, nicht weil sie das Problem *an sich* löst, sondern weil sie eleganter und einfühlsamer ist und uns veranlasst, in Zukunft besser zusammenzuarbeiten. Wie wir im nächsten Kapitel sehen werden, gibt es verschiedene Dinge, die Praktiker berücksichtigen müssen, z. B. die Art und Weise wie wir Ereignisse gestalten und wie wir Entscheidungen treffen. Oft haben wir nicht genügend Informationen, um eine wissenschaftlich fundierte Entscheidung zu treffen. Dann müssen wir eine professionelle Entscheidung treffen. Diese wiederum basiert manchmal auf vorhandenen Informationen und auf einem Wissen über Pflegeansätze, das wir vergangenen Erfahrungen und in der Gruppe gewonnenen Erkenntnissen verdanken.

Je nachdem, welche Erwartungen Sie mit der Berufsausbildung verbinden, wird forschungsorientiertes Lernen Ihnen weniger erstrebenswert erscheinen als problemorientiertes Lernen. Es erbringt nicht so bestechende Ergebnisse, selbst wenn man bedenkt, dass es Ihnen auch ermöglicht, sich für die Gruppenarbeit wichtige Fähigkeiten anzueignen und verschiedene Untersuchungsansätze kennen zu lernen. Vielleicht finden Sie diese Methode für die Pflege und die Pflegeausbildung aber auch authentischer, weil sie ästhetische Phänomene ebenso berücksichtigt wie die Herangehensweise an die Pflege. Solche Reaktionen sind zum einen auf unterschiedliche Praktiken in der Gesundheitsversorgung und zum anderen auf Ihren Lernstil und Ihre Weltsicht zurückzuführen. Sie mögen nicht der Meinung sein, dass die Welt immer nur mit Fakten zu erklären ist, oder Sie mögen es für reichlich unprofessionell halten, sich immer nur auf Eindrücke zu verlassen. Wie auch immer. Die Beschäftigung mit forschungsorientiertem Lernen wird es Ihnen ermöglichen, Ihre Auffassungen besser zu analysieren und Erkenntnisse zu gewinnen, die Ihnen helfen, Ihre Praxis neu zu überdenken. Am Ende dieses Kapitels möchte ich noch darauf hinweisen, dass nicht alles in der Gesundheitsversorgung geeignet ist, erforscht zu werden, doch ein großer Teil davon kommt für problemorientiertes oder forschungsorientiertes Lernen durchaus in Betracht. Man kann davon ausgehen, dass alles, was Sie sich durch forschungsorientiertes Lernen aneignen, besser ist als eigene Überlegungen, weil es von Kollegen kritisch geprüft und in einer Arbeitsgruppe diskutiert wurde.

# 4.
# Die Durchführung von Untersuchungen mit einer Matrix

Da der erste Teil dieses Buches sich dem Ende nähert, ist es an der Zeit, die Arbeit mit einer Matrix vorzustellen. Diese Vorgehensweise ist sowohl für problemorientiertes als auch für forschungsorientiertes Lernen geeignet. In diesem Zusammenhang immer wieder auftretende Ängste betreffen die Art des Problems (problemorientiertes Lernen) und den Fokus der Untersuchung (forschungsorientiertes Lernen). Bei den ersten Modulen der Lernprogramme im Kontext des problemorientierten Lernens ist das Problem meistens in den Aufgaben oder Anweisungen des Tutors enthalten. Der Lernbegleiter gibt genau an, was wichtig ist. Bei den darauf folgenden Modulen, wenn Sie mit Untersuchungen im Kontext des problemorientierten Lernens schon vertrauter sind, werden die gezielten Informationen dann spärlicher. Jetzt wird von den Gruppenmitgliedern erwartet, dass sie die Untersuchung selbständig strukturieren, die Art des Problems selbst feststellen und die ersten Untersuchungen selbständig durchführen. Im Kontext des forschungsorientierten Lernens hat die Dimensionierung der Untersuchung zwangsläufig zur Folge, dass Sie herausfinden müssen, welche Art von Informationen relevant sein könnten und wo Sie diese finden.

In Anbetracht dessen ist es sinnvoll, mit einer Matrix zu arbeiten, zumindest in Situationen, wenn es schwierig ist, den Einstieg in eine Untersuchung zu finden. Die Matrix erleichtert es, Fragen zu formulieren und zu spekulieren, was wichtig sein könnte. Sie stellt verschiedene Möglichkeiten dar, über ein Problem oder eine Untersuchung nachzudenken und deren verschiedene Dimensionen wahrzunehmen. Eine Matrix ist einfach nur ein Hilfsmittel (Spouse, 1998). Sie hat keinen Wert an sich, sondern fungiert nur als ein Instrument, das Ihnen den Einstieg in Ihre Untersuchung erleichtert. Eine gute Matrix animiert Sie, ein Problem auf unorthodoxe Weise zu betrachten. Sie darf Ihr Denken bezüglich der Untersuchung keinesfalls einengen. Genauso wie der Künstler eine Inspiration braucht, um den ersten Pinselstrich auf eine leere Leinwand zu malen, so benötigt auch der Forscher, der ein Problem lösen oder eine Untersuchung durchführen will, eine kleine Starthilfe.

Pflegende benutzen traditionell Pflegemodelle als Matrix, um über die Pflege nachzudenken (Griffiths, 1998; Tierney, 1998). Leider schreiben viele dieser Modelle vor, wie die Pflege auszulegen ist und engen so das Denken ein. Praktiker entwickeln häufig eine Vorliebe für bestimmte Theoretiker und machen sich gern zum Fürsprecher einer speziellen Pflegeauffassung. Deshalb hat die hier vorgestellte Matrix nichts mit einem Pflegemodell zu tun. Sie stützt sich auf bestimmte Grundpfeiler der Pflege, die nützliche Untersuchungsansätzen aufzeigen und kritisches Denken in Ihrer Arbeitsgruppe fördern. Sowohl Chenoweth (1998) als auch Brookfield (1987) betonen die Bedeutung des kritischen Denkens im täglichen Leben und den Wert von Übungen und Aktivitäten, die dieses gleich zu Beginn des Lernprozesses fördern.

Grundlage für Entwicklung dieser einfachen Matrix ist ein Modul aus einem Fernstudiengang über die Erforschung der Pflegepraxis mit der Methode des problemorientierten Lernens (Price, B.; 1998 a) und nachfolgenden Untersuchungen der Praxis, die mit Hebammen durchgeführt wurden (Price u. Price, 2000). Die Matrix ist mit verschiedenen Philosophien und Ansätzen vereinbar und bietet Praktikern die Möglichkeit, über Bereiche nachzudenken, in denen ein Problem liegen könnte, oder über Fragen, die helfen, mehr über Pflegeansätze zu erfahren (forschungsorientiertes Lernen). Die Matrix stellt die folgenden vier Fragen:

1. Was ist die Wissensgrundlage der Praxis?
2. Welche Bezugsrahmen bestimmen, wie wir an Praxissituationen herangehen?
3. Welche Schritte sind in den klinischen Settings für die Entscheidungsfindung üblich?
5. Welchen Einfluss haben Forschungserkenntnisse oder Theorien auf die Praxis?

Wie **Abbildung 4-1** zeigt, basiert jedes der vier Felder der Matrix auf einem exploratorischen Ansatz. Wir werden jedes Feld der Reihe nach vorstellen und aufzeigen, worin seine Möglichkeiten bestehen. Da sich in Ihren Untersuchungen wahrscheinlich verschiedene Felder überlappen, sind die Erläuterungen zwangsläufig eklektisch, doch die Beispiele werden hoffentlich für eine Reihe von Lesern interessant sein. Im Zusammenhang mit der Erläuterung der Matrix muss darauf hingewiesen werden, dass Sie nicht sämtliche Aspekte Ihrer Untersuchung daran ausrichten sollten. Ganz im Gegenteil, wenn die Untersuchung erst einmal läuft, ist es oft wichtiger, ohne Matrix zu arbeiten und den Dingen nachzugehen, die der Arbeitsgruppe am vielversprechendsten erscheinen.

## 4. Die Durchführung von Untersuchungen mit einer Matrix

| Die Wissensgrundlage der Praxis | Die Bezugsrahmen |
|---|---|
| In den verschiedenen Praxissituationen werden jeweils andere Formen des Wissens verwendet. Überwiegt hier eine Form? Passen die verschiedenen Formen gut zueinander, oder ist unsere Wissensgrundlage lückenhaft oder diffus? | Bei der Arbeit begleiten uns Annahmen und bevorzugte Pflegeansätze. Diese können die Interpretation dessen, was wir sehen, prägen. Inwieweit wird die aktuelle Praxis von unseren Annahmen beeinflusst? |
| **Die Schritte der Entscheidungsfindung** | **Forschungserkenntnisse und Theorien** |
| Entscheidungen, die in der Gesundheitsfürsorge getroffen werden, basieren auf den besten verfügbaren Informationen und einer Reihe von Schritten, die oft die Ergebnisse und auch das Wissen an sich prägen. Wie werden die Entscheidungen hier getroffen? | Die evidenzbasierte Praxis ist wichtig. Doch welche Erkenntnisse sind verfügbar? Inwieweit bestimmen einzelne Theorien unsere Vorgehensweise in der Praxis? |

**Abbildung 4-1:** Eine Matrix für Untersuchungen im Kontext des problemorientierten und forschungsorientierten Lernens. Quelle: Price, B., (1998 a); Price u. Price (2000)

## 4.1
## Die Wissensgrundlage der Praxis

Lesen Sie bitte die folgenden Zitate von Pflegenden, die in verschiedenen Settings arbeiten. Die Zitate erlauben Rückschlüsse auf die Wissensgrundlage der Praxis, die für eine Problemanalyse oder Untersuchung der Praxis von Bedeutung sein könnten:

> Die Leute sind manchmal komisch. Aber wenn man Patienten und ihren Ehefrauen zum ersten Mal begegnet, dann muss man sich einen Eindruck davon verschaffen, wie sie sind. Man spürt, ob sie gereizt, ärgerlich, intelligent oder passiv sind. Ich glaube, dass solche Informationen für die Pflegearbeit wichtig sind – man muss damit arbeiten, wenn das, was man den Patienten erzählt und was man für sie tut, Erfolg haben soll.
> (Raymet zum Thema Befragung bei der Krankenhausaufnahme)

> Ich bin am glücklichsten, wenn ich den Angehörigen etwas Konkretes über den chirurgischen Eingriff und die anschließende Rehabilitation erzählen kann. Ich gehöre zu denen, die immer ein Notizbuch in der Tasche haben; das ziehe ich dann heraus und zeichne ihnen auf, was bei einer Stomaoperation passiert.
> (Jane, Spezialistin für Stomapflege)

> Manche Pflegende sind einfach unbezahlbar, weil sie ein besonderes Geschick haben, wenn es darum geht zu wissen, wie man etwas bekommt oder wie sie das Beste für ihre Patienten aus dem System herausholen können. Natürlich wissen sie auch, wie man Überweisungen ausstellt, aber sie wissen auch sehr genau, wie sie mit anderen umgehen müssen, um die erwünschte Reaktion zu erzielen.
> (Donald, zuständig für die Pflege älterer Menschen)

Nach Eraut (1990) verlassen Praktiker sich häufig auf schweigendes Wissen. Das heißt, sie nutzen ein umfangreiches Wissen, über das sie nicht sprechen, auf das sie aber immer wieder zurückgreifen, weil es sich als wertvoll erwiesen hat. Schweigendes Wissen ist Wissen, das den Tauglichkeitstest bestanden hat – es funktioniert in der Praxis und macht es Pflegenden und anderen möglich, Situationen, denen sie begegnen, umfassend wahrzunehmen. Ist dieses Wissen so fest verankert, dass es dauerhaft die Art und Weise bestimmt, wie Pflegende Patienten, Probleme und Bedürfnisse wahrnehmen, dann wird es als persönliches Konstrukt bezeichnet (Buckenham, 1998). Persönliche Konstrukte erlauben es, die Welt äußerst effektiv auf einen Blick zu erfassen. Sie sind deshalb so effektiv, weil ohne sie jede fremde Situation mühsam neu interpretiert werden müsste (Price, B., 1987). Praktiker im Gesundheitswesen nutzen diese Kurzinterpretationen von Situationen, um mit ihrer Hilfe die Informationsflut verarbeiten zu können, der sie täglich ausgesetzt sind.

Die obigen Zitate entsprechen dem, was Eraut (1990) als Menschenkenntnis, empirisches Wissen bzw. Prozesswissen bezeichnet. Sie sammeln Wissen über Menschen, über ihre Gefühle, ihre potenziellen Reaktionen und ihre Sorgen oder Bedürfnisse an. Dieses Wissen basiert zum einem auf Gedanken und Gefühlen, die Sie selbst aus solchen Situation kennen, und zum anderen auf den Erfahrungen, die Sie im Laufe der Zeit gemacht haben. Menschenkenntnis hat viel mit Intuition zu tun und sie spielt meist auch eine wichtige Rolle in der Pflegepraxis. Wir setzen auf unsere Menschenkenntnis, wenn es in den verschiedenen beruflichen Settings darauf ankommt, möglichst effektiv mit fremden Menschen umzugehen und mit Problemen fertig zu werden, für die es nicht die eine *richtige* Lösung gibt. Empirisches Wissen entspricht dem, was der Praktiker als «Fakten» bezeichnet. Es stammt oft aus Wissensgebieten, in denen Informationen über jeden Zweifel erhaben sind oder doch zumindest einen sehr hohen Stellenwert haben. Empirisches Wissen gilt mit Blick auf die Arbeit oft als überlegenes Wissen. In dem entsprechenden Beispiel geben Jane ihre Anatomie- und Physiologiekenntnisse und ihre Kenntnis chirurgischer Verfahrensweisen mehr Sicherheit bei der Unterstützung der Patienten. Das von Donald bewunderte Prozesswissen besteht zum einen aus dem Wissen über formale Prozesse, die man kennen und anwenden muss (z. B. das Ausstellen von Überweisungen innerhalb des Krankenhauses), und zum anderen aus dem Wissen über informelle Prozesse – d. h. Wissen, wie man im zwischenmenschlichen Bereich seine Ziele erreicht, andere überzeugt und einem Klienten Vorteile verschafft.

Wir müssen uns im Kontext des problem- oder forschungsorientierten Lernens Gedanken über die Wissensgrundlage der Praxis machen, weil es für uns oft wichtig ist zu verstehen, welches Wissen der Einschätzung einer Situation zu Grunde liegt. Das vermeintlich und das tatsächlich zu Grunde liegende Wissen müssen nicht identisch sein. Dem flüchtigen Beobachter bleibt verborgen, welches Wissen auf welche Art und Weise in der Praxis genutzt wird. Wenn Sie sich über die Wissensgrundlage der Praxis in relevanten Kontexten Klarheit verschaffen, werden Sie merken, ob Sie das richtige Wissen nutzen, ob Sie bestimmte Wissensformen bevorzugen und ob Ihnen bewusst ist, welches Ihre Art ist, Situationen einzuschätzen. Dazu ein Beispiel aus dem Bereich der Jugendfürsorge, in dem es um das Thema Kindesmisshandlung und elterliches Verhalten geht. Eine Pflegeperson hat notiert, wie ihre Kollegen ihr Wissen nutzen (s. **Kasten 4-1**).

In dieser Untersuchung entdeckt die Pflegeperson, dass die Pflegenden über ein taugliches Instrument verfügen, mit dem sie erkennen können, welche Eltern dazu tendieren, ihre Kinder zu misshandeln und das ihnen zeigt, ob Eltern «Verbündete» sind oder Besucher, die beobachtet werden müssen. Das Instrument stammt aus einer im Kontext des forschungsorientierten Lernens durchgeführten Untersuchung, deren Ziel es war herauszufinden, wie Pflegende mit Laienpflegern interagieren, um festzustellen, was sie von ihnen erwarten können. Man mag darüber streiten, ob die Wissensgrundlage fundiert oder angemessen ist, aber sie zeigt, welche Informationen dem Umgang mit Laienpflegern zu Grunde liegen. Wenn die Arbeitsgruppe versteht, welches verdeckte Wissen die Praktiker nutzen, dann kann sie auch eine allgemeine Beschreibung des Ansatzes liefern, auf dem (in bestimmten Situationen) die Interaktion zwischen professionellen Pflegenden und Laienpflegern basiert.

Die Wissensgrundlage der Praxis ist somit eine für Untersuchungen geeignete Matrix, da sie es ermöglicht, wichtige Fragen über die Denkweise der Pflegenden

---

**Kasten 4-1: Untersuchungsbericht: Eltern, die ihre Kinder misshandeln.**

Da Pflegende, die auf Pflegestationen arbeiten, Eltern schnell einschätzen müssen, beurteilen sie diese danach, wie sie sich kleiden, wie sie mit den Kindern umgehen und wie sie über ihre Erfahrungen als Eltern sprechen. So stellen die Pflegenden fest, welche Eltern besonders beobachtet werden müssen. Sie können die Eltern schlecht fragen, wie sie zu disziplinarischen Maßnahmen oder körperlicher Züchtigung stehen oder ob sie ihr Kind lieben, weil sie dann nur die üblichen Antworten erhalten würden. Also achten die Pflegenden auf schlampig gekleidete Eltern (diesen trauen sie weniger zu) und auf tadellos gekleidete Eltern (diese halten sie für zu beschäftigt, sich um ihre Kinder zu kümmern) und versuchen herauszufinden, wie wichtig diesen Eltern die Beziehung zu ihrem Kind ist. Besonders interessiert es sie, wie Eltern auf unerwartetes Verhalten von Kindern (ihrer eigenen oder fremder) auf der Station reagieren. Zügeln sie ihren Ärger oder ihre Überraschung oder reagieren sie plötzlich und unkontrolliert? Ein unterdrückter Klaps ist ebenso aufschlussreich wie ein verabreichter Klaps. Eltern, die ihr Kind nicht genug beachten und unter Hinweis auf dessen Eigenarten und Gewohnheiten verkünden: «Kinder sind nun einmal so», können ebenfalls unter Verdacht geraten. Alles, was auf einen Mangel an Rücksicht auf die Individualität des Kindes hindeutet, wird genau beobachtet.

und ihren Umgang mit Situationen zu stellen. Die folgende Liste ist nicht vollständig. Sie kann jedoch Ausgangspunkt für Diskussionen und neue Untersuchungsansätze sein:

- Verstehen wir, welche Wissensgrundlage hier genutzt wird?
- Denken die Praktiker darüber nach, wie sie ihre Wissensgrundlage nutzen (Annahmen)?
- Verstehen alle Parteien das Gleiche, was die Wissensgrundlage betrifft?
- Ändert sich die Wissensgrundlage in Abhängigkeit von der Situation? Wenn ja, inwiefern und an welchen Punkten?
- Sind einzelne Wissenselemente widersprüchlich, so dass die Pflegeperson im Zwiespalt befindet und nicht weiß, worum es eigentlich geht?
- Gibt es Probleme mit der Wissensgrundlage (mit Blick auf ethische oder professionelle Aspekte)?
- Woher stammt die Wissensgrundlage – gibt es eine Primärquelle?

Manches Problem in der Praxis hängt zusammen mit der Verfügbarkeit, der richtigen bzw. der falschen Nutzung von Wissen. Es kommt vor, dass einzelne Praktiker den Zugang zu bestimmten Bereichen des Wissens benutzen, um Macht zu erlangen oder zu festigen. In anderen Fällen gibt es kaum Zugang zu aktuellem und gut fundiertem Wissen, z. B. überall dort, wo die Praxis auf Traditionen und nicht auf kritischer Reflexion oder Forschung basiert.

## 4.2
## Der Bezugsrahmen

Vor einigen Jahren gab die britische Polizei ein Poster heraus, auf dem ein junger Mann afro-karibischer Abstammung in Hemd und Jeans abgebildet war, der vor einem jungen weißen Mann kaukasischer Abstammung in Polizeiuniform herrannte. Das Poster forderte den Betrachter auf, das Geschehen dieser Szene zu interpretieren und erklärte dann klein gedruckt weiter unten, dass beide Männer in Wirklichkeit Polizeibeamte waren, die einen anderen Mann (der nicht auf dem Bild zu sehen war) verfolgten. Dieses intelligent gemachte Poster veranschaulicht einige Dinge, die auch für Bezugsrahmen gelten, die von Menschen zur Interpretationen von Situationen benutzt werden. Erstens: Ein Bezugsrahmen kann falsch und von Vorurteilen oder Fehlern beeinflusst sein. Der junge Mann afro-karibischer Abstammung war kein Krimineller sondern auch ein Polizeibeamter. Ein Betrachter dieses Posters könnte annehmen, dass der uniformierte Beamte diesen Mann verfolgt, entweder weil der Betrachter Rassenvorurteile hat oder weil er nicht weiß, dass Männer afro-karibischer Abstammung bei der Polizei in Zivil ihren Dienst verrichten. Zweitens: Soziale Situationen (auch im Gesundheitswesen) sind oft konstruiert. Dies bedeutet, dass Menschen allem, was sie sehen, eine Bedeutung zuordnen. Unabhängig davon, ob ihre Wahrnehmungen korrekt sind, bestimmen diese ihr Verhalten und ihre künftigen Reaktionen auf ähnliche Situationen.

Diese kurze Abweichung vom Thema Gesundheitsversorgung ist deshalb wichtig, weil sie zeigt, dass Bezugsrahmen, ob von Individuen, Gruppen oder Organisationen, Teil des Problems oder der Praxis sein oder zu einer Lösung beitragen können. Michel Foucault, ein bedeutender Philosoph, wies darauf hin, wie wirksam solche zugeschriebenen Bedeutungen sind und dass sie die Macht haben, die Realität zu gestalten und andere dazu zu bringen, Situationen auf die gleiche Art zu sehen (Foucault, 1990). Dies veranschaulicht eine Studie von Parker et al. (1992), in der die Stationsübergabe in Krankenhäusern untersucht wurde. Parker und Wiltshire erforschten, inwieweit Berichte über Patienten und ihre Fortschritte, ihre Bedürfnisse und ihr Verhalten während der letzten Schicht die Pflegenden der nächsten Schicht beeinflussten. Patienten, die als unkooperativ, fordernd oder schwierig galten, wurden auch noch in der nächsten Schicht genauso beurteilt, wenn nicht eine radikale Veränderung ihres Zustandes eintrat. Die Folge könnte sein, dass Patienten über mehrere aufeinander folgende Schichten diese Etikettierungen behalten und somit bestimmte Pflegeansätze verstärkt werden.

Bezugsrahmen beeinflussen die Art und Weise, wie die Pflege durchgeführt wird. Dies geschieht bewusst oder unbewusst. In einigen Fällen wird der Bezugsrahmen von offizieller Seite explizit formuliert (z. B. als Pflegephilosophie), in anderen Fällen wird er implizit ausgedrückt (so wie bei der oben beschriebenen Stationsübergabe in der Studie von Parker et al.). Weil Bezugsrahmen zum Ausdruck bringen, was Praktiker als gegeben ansehen, als Gewohnheit und gängige Praxis, lohnt es sich oft, sie im Kontext von problemorientiertem oder forschungsorientiertem Lernen zu untersuchen. Bezugsrahmen spiegeln häufig Pflegeideologien (s. Kapitel 1), aber auch andere Überzeugungen (s. **Kasten 4-2**) wider.

---

**Kasten 4-2: Beobachtungen auf einer Unfallstation.**

Es ist Freitagabend. Ein Fußgänger starb nach einem Verkehrsunfall auf der Unfallstation. Die leitende Pflegeperson, die an der Reanimation beteiligt war, ist aufgewühlt und braucht eine Pause, bevor sie ihre Nachtschicht fortsetzt. Schwester X nimmt sich Zeit, um die Kollegin zu beruhigen und zu unterstützen. Sie benutzt den Personalraum, damit die Kollegin über ihre Gefühle sprechen kann, die mit den Ereignissen und Bemühungen bei der Rettung des unglücklichen Opfers eines alkoholisierten Autofahrers zusammenhängen. Danach erklärt Schwester X ausführlich, wie sie mit plötzlichen Todesfällen umgeht und wie ihr christlicher Glaube ihr dabei hilft, mit einem Schock fertig zu werden und das, was in der Praxis passiert, für sich zu bewerten. Sie ist eine tiefgläubige Christin und es hilft ihr, die pflegerische Arbeit unter diesem Aspekt zu sehen. Die leitende Pflegeperson, die keiner bestimmten Religion angehört, berichtet einige Stunden später, sie habe die Unterstützung durch Schwester X als unangenehm empfunden und sie bedaure es, ihr dies nicht gesagt zu haben.

In diesem Beispiel aus einer Untersuchung über geeignete Maßnahmen zur Unterstützung von Arbeitskollegen beginnt die Arbeitsgruppe mit neuen Untersuchungsansätzen über ethnische oder religiöse Normen und Ausdrucksweisen der Hilfe. Das Gruppenmitglied wusste, welche Bedeutung ihre Beobachtungen in der Praxis hatten, weil die Gruppe bereits darüber gesprochen hatte, welche Macht Individuen haben, Situationen zu definieren. Zu Anfang wurde argumentiert, dies sei einerseits gut (wenn andere nicht bereit oder willens sind, Verantwortung zu übernehmen) und andererseits problematisch (weil andere solche Definitionen als aufdringlich empfinden können). Während die Gruppenmitglieder Bezugsrahmen als eine Möglichkeit der Unterstützung von Kollegen untersuchten, wurden sie angeleitet, ihre Beobachtungen neu zu fokussieren. Statt zu prüfen, ob die Unterstützung der Pflegeperson, was den Raum, die Zeit und die körperliche Zuwendung betrifft, angemessen war, ging es nun um die Frage, ob das, was die Praktiker brauchen, immer genau das ist, was sie bekommen. Was die Schwester als «Unterstützung einer Kollegin» versteht, hat offenbar genau das verhindert, was sie hätte erreichen können. Dann wurde die Frage aufgeworfen, ob Schwester X sich dessen bewusst war und ob es Möglichkeiten gibt, ihr behutsam dabei zu helfen, auf andere Formen der Unterstützung auszuweichen.

Bezugsrahmen können in der Praxis zum Problem werden, d. h. sie können erklären, warum die Pflege auf unterschiedliche Art durchgeführt wird. Dies gilt für groß angelegte Initiativen ebenso wie für die tägliche Praxis. Denken Sie beispielsweise an Bestrebungen in einem bestimmten Unternehmen des Gesundheitswesens, Pflegepersonal mit Führungsqualitäten auszubilden. In dieser Organisation sind Führung und Management voneinander getrennt, wobei die Führung das Selbstvertrauen und die berufliche Weiterentwicklung aller Personalmitglieder, nicht nur der höheren Beamten, fördern soll. Folglich bedient sich das für diese Aufgabe zuständige Team eines bestimmten Bezugsrahmens, wenn es darum geht, Personalmitglieder für die entsprechenden Förderprogramme auszuwählen und die Leistungen der Praktiker auf spezifische Art und Weise zu bewerten. Auswahl, Ausbildung und Leistungsbewertung werden entscheidend davon bestimmt, was das Team unter Führungsqualitäten versteht. Falls solche Bestrebungen bei anderen Beteiligten, vielleicht bei Mitgliedern des höheren Managements oder bei anderen Ausbildungseinrichtungen, auf Ablehnung stößt, dann ist der Bezugsrahmen ein wichtiger Bestandteil der Problemanalyse. Dies bedeutet nicht, dass ein bestimmter Bezugsrahmen falsch oder richtig ist. Vielmehr kollidieren in solchen Situationen unterschiedliche Bezugsrahmen, und die Beteiligten müssen sich ihre eigenen Annahmen und die der anderen erst bewusst machen, bevor sie daran gehen können, eine Lösung zu finden.

## 4.3
# Die Schritte der Entscheidungsfindung

Die Entscheidungsfindung spielt in vielen Untersuchungen der Praxis und in vielen Problemanalysen eine zentrale Rolle. Sie ist deshalb besonders wichtig, weil die Folgen außerordentlich weit reichend sind (sie können über Leben oder Tod entscheiden) und die Praktiker ihre Entscheidungen in der Regel auf der Grundlage unvollständiger Informationen treffen müssen (Cioffi, 1998). Entscheidungen werden manchmal im Team und manchmal von einem Praktiker allein getroffen, aber in jedem Fall sind sie mit viel Stress für die Pflegenden verbunden. Der Zeitraum, in dem Entscheidungen getroffen werden, ist sehr unterschiedlich. Manche Entscheidungen werden im Verlauf von Jahren getroffen, z. B. wenn die Unterstützung chronisch Kranker angepasst werden soll. Andere Entscheidungen müssen innerhalb von Minuten getroffen werden, z. B. wenn die Gefahr der Selbsttötung besteht. Auch wenn Praktiker unter den gegebenen Umständen immer versuchen, optimale Entscheidungen zu treffen, können sie noch lange danach für die Folgen zur Verantwortung gezogen werden. Es kann passieren, dass die Entscheidung, die eine Hebamme während einer Entbindung trifft, viele Jahre später von einem Gericht kritisch geprüft wird, wenn sich herausstellen sollte, dass das Kind einen Hirnschaden hat. Es wird dann untersucht, ob die damals getroffenen Entscheidungen korrekt waren. Dabei orientiert sich das Gericht an Dienstanweisungen oder Krankenhausrichtlinien und daran, was ein verantwortungsbewusster, mit den neuesten Forschungserkenntnissen vertrauter Praktiker, dem das Wohl des Klienten am Herzen liegt, tun würde. Maßgebend für den Nachweis fahrlässigen Handelns ist die Wissensgrundlage der Disziplin und deren Nutzung durch die Praktiker bei der Planung ihrer Vorgehensweise (Green, 1999).

Die Art der Entscheidungsfindung und die Planung der Vorgehensweise stehen im Kontext des problem- und forschungsorientierten Lernens zu Recht im Mittelpunkt des Interesses. Der Grund dafür ist nicht etwa, dass Pflegende irgendetwas falsch gemacht hat (und deshalb zu tadeln sind). Die Auseinandersetzung damit kann gerade deshalb wichtig sein, weil die Pflege außergewöhnlich gut funktioniert und die Arbeitsgruppe verstehen muss, warum sie so erfolgreich ist. Erfolge führen leicht dazu, dass man selbstzufrieden wird und die Chance zur Verbesserung der Leistungen verpasst, weil einfach keine Probleme auftreten.

Es existiert eine Vielzahl an Literatur, die sich mit klinischer Entscheidungsfindung befasst (z. B. Winfield, 1998; Young, 2002). Eine hilfreiche Quelle ist das von Dowie und Elstein herausgegebene Buch *Professional Judgement: A Reader in Clinical Decision Making* (Dowie u. Elstein, 1988). Hier werden verschiedene Ansätze beleuchtet. Es werden induktive Prozesse (gekennzeichnet durch die Frage «Was geschieht hier?», um gezielt reagieren zu können) und deduktive Prozesse (gekennzeichnet durch Hypothesenbildung über die potenziellen Folgen bestimmter Handlungsweisen) gegenübergestellt. Elstein und Bordage (1988) liefern zudem eine gelungene Darstellung der einzelnen Schritte klinischer Entscheidungsfindung (s. **Abb. 4-2**).

Entscheidungen werden auf der Grundlage vorhandener Informationen getroffen. Aus diesem Grund sind sie zunächst vorläufig und werden bei Bedarf später korrigiert. Der Praktiker sammelt Hinweise, das heißt einzelne Informationen, die Auskunft darüber geben, was geschehen *könnte* und was wichtig sein *könnte*. Ob der Praktiker die richtigen oder ausreichend Hinweise wahrnimmt oder sammelt, ist wichtig, wenn es gilt festzustellen, ob eine klinische Entscheidung gut fundiert ist. Nachdem der Praktiker so viele Hinweise wie möglich gesammelt hat, muss er interpretieren, was sie bedeuten, was sie aussagen. Lazarus und Folkman (1984) beschreiben diesen Einschätzungsprozess am Beispiel von Menschen, die unter Stress stehen. Sie versuchen zu bewerten, ob ein Phänomen eine Bedrohung darstellt, und wenn ja, ob sie damit umgehen können. Klinische Gesundheitsfachleute interpretieren Hinweise, um die klinische Bedeutung eines Geschehens einzuschätzen und um feststellen zu können, ob dringender Handlungsbedarf besteht.

Auch wenn es eher unwahrscheinlich ist, dass Pflegende und andere Gesundheitsfachleute ihre Hypothesen immer streng nach wissenschaftlichem Vorbild formulieren, so entscheiden sie doch regelmäßig über die Bedeutung von Situationen und deren Folgen für die Auswahl der geeigneten Verfahrensweise. Die Planung der Handlungsweise ist meist provisorisch und wird korrigiert, sobald neue Informationen vorliegen. Doch auch dann ist es immer noch eine Arbeitshypothese, die sich darauf bezieht, was momentan und in dieser Situation nötig ist und helfen kann. In der Regel werden in diesem Zusammenhang die potenziellen Vor- und Nachteile des Handelns oder Nicht-Handelns geprüft. Manchmal wird dann auch diskutiert, welche Vorzüge die verschiedenen Handlungsmöglichkeiten haben und ob durch die Entscheidung für eine von ihnen andere Möglichkeiten zu einem späteren Zeitpunkt ausgeschlossen werden. Zum Schluss, wenn der Praktiker auf weitere Beobachtungen, Tests, Untersuchungen oder auf die Reaktion des Patienten zurückgreifen kann, prüft er, ob er die Hinweise richtig gedeutet hat und ob die Hypothesen korrekt waren.

Cioffi und Markham (1997) führten eine Studie über die Entscheidungsfindung

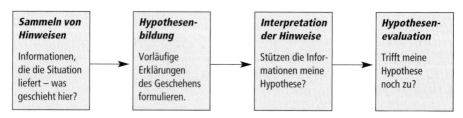

**Abbildung 4-2:** Die Schritte der Entscheidungsfindung. Quelle: adaptiert nach Elstein und Bordage (1988)

von Hebammen während der Wehentätigkeit der Gebärenden durch. Sie konzentrierten sich darauf, wie die einzelnen Hinweise gewichtet wurden, um das Risiko für die Frauen einschätzen zu können. Dies war ein wichtiger Aspekt angesichts des Gebots, nicht vorzeitig zu intervenieren (da die Frauen eine natürliche Geburt wünschten) und gleichzeitig die Risiken (für die Mutter und das Baby) zu minimieren. Eine Intervention kann Risiken reduzieren oder sogar ausschalten, wenn rechtzeitig und effektiv gehandelt wird. Studien wie diese zeigen, welchen Einfluss die Entscheidungsfindung darauf hat, ob Probleme entstehen oder nicht. Die Gewichtung der einzelnen Hinweise (physiologische Zeichen hatten ein größeres Gewicht) gab Aufschluss darüber, wie die Hebammen die Risiken während der Wehentätigkeit einschätzten.

Bei problem- oder forschungsorientierten Lernprojekten wäre es sinnvoll, zunächst zu untersuchen, wie Entscheidungen in der Praxis getroffen werden, da es gut möglich ist, dass die Entscheidungsfindung das zentrale Thema der Praxis oder der Fokus des Problems ist. In dem folgenden Beispiel, das aus einem problemorientierten Lernprojekt über das Risikomanagement auf einer Station für Brandverletzte stammt, hatten die Studenten die Aufgabe, die Risikofaktoren und deren Einschätzung zu untersuchen (**Kasten 4-3**). Die Gruppe informierte sich zuerst eingehend über den hypovolämischen Schock, die Art der Infektion und die Besonderheiten im Zusammenhang mit dem Schmerzmanagement. Sie fanden jedoch schnell heraus, dass das Management mehrerer Risiken und die Entscheidungen der Gesundheitsfachleute von entscheidender Bedeutung für die Umsetzung von Theorien in konkrete Handlungen waren.

Die Felder Entscheidungsfindung, Bezugsrahmen und Wissensgrundlage der Pra-

---

**Kasten 4-3: Reflexionen eines Studenten (die Risiken auf der Station für Brandverletzte).**

Ich glaube, unser Tutor hat zu Beginn der Untersuchung gar nicht von uns erwartet, dass wir uns so intensiv mit Entscheidungsfindung befassen. Wir hatten uns bemüht, die physiologischen Probleme zu verstehen und so weit auch alles ganz gut begriffen. Doch dann sagte Cheryl: «Ihr wollt also Schmerzen behandeln. Aber ihr müsst doch auch berücksichtigen, welche Wirkung Opiate auf die Vitalwerte, vor allem auf die Atmung der Patienten, haben. Wie schafft es das zuständige Team nur, die richtigen Entscheidungen zu treffen?» Das war's. Wir hatten eine Spur, fragten Ärzte und leitende Pflegepersonen und versuchten, ihre Entscheidungen zu verstehen. Ich glaube, wir wollten alle etwas sicherer werden, bevor wir selbst vor solche Entscheidungen gestellt werden. Wir gingen der Sache mithilfe von Fallstudien auf den Grund und setzten uns so mit bereits getroffenen Entscheidungen auseinander. Ich wünsche nur, das Thema Entscheidungsfindung wäre früher behandelt worden. Ich glaube, das hätte uns weiter gebracht.

xis weisen auf Punkte hin, die bei einer Untersuchung zu prüfen sind und führen zu Fragen, die in der Anfangsphase der Studie gestellt werden können. Mithilfe der Matrix könnten zum Thema Entscheidungsfindung etwa folgende Fragen gestellt werden:

- Welche Hinweise sind in diesem Entscheidungsfindungsprozess wichtig?
- Wie werden die Hinweise interpretiert und von wem?
- Inwieweit spielt Beratung im Zusammenhang mit dem Entscheidungsfindungsprozess eine Rolle?
- Wer ist verantwortlich für die verschiedenen Aspekte des Entscheidungsfindungsprozesses? Ist es ein und dieselbe Person? Wenn nicht, wie geht der Austausch vonstatten?
- Wie werden die Hypothesen gebildet? Worauf sind sie fokussiert?
- Woher wissen klinische Gesundheitsfachleute, dass es die richtige Pflege ist?
- Was veranlasst den Praktiker, eine neue Entscheidung zu treffen (die frühere vielleicht zu revidieren)?
- Inwieweit beruht die Entscheidungsfindung auf Intuition?

Wenn Sie solche Fragen stellen, wird nicht nur der Fokus der Untersuchung klarer, sondern Sie merken auch, welche Daten wichtig sein könnten und wo sie zu finden sind. Beispielsweise bei Fragen, in denen es um das Thema Beratung im Zusammenhang mit der Entscheidungsfindung geht, sind natürlich häufig Emotionen mit im Spiel. Praktiker fürchten das Urteil anderer über ihre Methode der Entscheidungsfindung. Informationen können von anderen Praktikern stammen (erbetene Beratung) oder durch Beobachtung gewonnen werden (die die Informationen der Praktiker bestätigen oder widerlegen). In einer Untersuchung kann es notwendig sein, beide Arten von Informationen zu sammeln, um zu entscheiden, ob die Entscheidungsfindung das Herz eines Problems trifft und so die damit verbundene kardiale Rehabilitation nach Umfang und Schnelligkeit beurteilt werden kann.

## 4.4
## Forschungserkenntnisse oder Theorien

Über die Nahtstelle zwischen Theorien oder Forschungserkenntnissen und der Praxis ist ausführlich diskutiert worden (Retsas, 2000). Hier finden sich auch die üblichen Einwände wieder, allen voran der, dass Praktiker mit Theorien oder Forschungserkenntnissen in der Praxis nicht kritisch und effektiv umgehen. Die Kluft zwischen Theorie und Praxis (zwischen dem, was die Theorie vorschreibt und was in der klinischen Praxis geschieht) war einer der Hauptgründe dafür, dass problem- und forschungsorientierte Lernansätze in die Pflegeausbildung eingeführt wurden. Den Praktikern wird oft vorgeworfen, dass sie vorhandene Forschungserkenntnisse nicht nutzen. Der Vorwurf beruht auf der relativ naiven Annahme, es sei leicht, Forschungserkenntnisse zu interpretieren und in verschiedenen Kontexten anzuwenden. Tatsächlich ist es jedoch so, dass es Forschungserkenntnisse unterschiedlicher Art gibt, für die jeweils andere Evaluationskriterien gelten (s. Tab. 4-1).

Tabelle 4-1 vermittelt einen Eindruck davon, wie schwierig die Evaluation von Forschungsarbeiten ist. Während die Pflegenden früher lernten, dass alle Forschungsarbeiten nach ihrer Validität und Reliabilität zu beurteilen sind, vermittelt man ihnen heute, dass diese Begriffe selbst eine Reihe von Annahmen über die Welt der Gesundheitsversorgung erkennen lassen. Es existieren unterschiedliche Paradigmen (Ansichten über das Wesen der Welt und darüber, welche Aspekte

**Tabelle 4-1:** Die verschiedenen Arten von Daten.

| Forschungsparadigma | Daten | Evaluationskriterien |
|---|---|---|
| Positivismus<br><br>(deskriptive Erhebungen/quasi-experimentelle Designs, randomisierte, kontrollierte klinische Versuche) | gewöhnlich quantitativ, mit Schwerpunkt auf der Theorie- oder Hypothesenüberprüfung<br><br>Untersuchung der Auswirkungen auf Ergebnisse oder Situationen/Zustände | Validität/Reliabilität von:<br><br>Umgebungsbedingungen, Variablen, Größe und repräsentativer Charakter der Stichprobe |
| Naturalismus<br><br>(Schwerpunkt: Interpretation oder Konstruktion)<br>einige Formen ethnographischer/phänomenologischer Studien, Grounded Theory/Fallstudien und ethnomethodologische Studien | gewöhnlich qualitative Daten, die die Realität und Phänomene in einem bestimmten Kontext erklären<br><br>Welt wird als komplex gesehen, besonders die Bedeutungen, die Individuen benutzen, um ihre Situation einzuschätzen und angemessen zu reagieren | Authentizität:<br><br>Entspricht die Interpretation den Angaben der Befragten (Beurteilungsgrundlage ist die Folgerichtigkeit des Berichts über die Sammlung und Analyse der Daten)?<br>Erscheint die Darstellung, gemessen an den eigenen Erfahrungen mit der Praxis, realistisch/vertraut? |
| Kritische Theorie<br><br>(marxistisch oder feministisch orientiert, behandelt politische/ideologische Aspekte des Wissens oder der Praxis). Das Design entspricht oft dem der Aktionsforschung. | qualitativ oder quantitativ, aber immer mit Hinweis auf die Notwendigkeit, die Situation der Benachteiligten, Recht und Unrecht, zu berücksichtigen oder Veränderungen in die Wege zu leiten | Authentizität und Folgerichtigkeit (wie oben)<br><br>Die Überprüfung der Validität erstreckt sich hier auch auf die philosophischen/ideologischen Werte, die in der Studie (als Tatsachen) angenommen werden. |

Quelle: Price (2000a)

unserer Erfahrungen als wahr anzusehen sind). Es wurde bereits darauf hingewiesen, dass wir heute in einer Welt praktizieren, die als «postmodern» bezeichnet wird (z. B. Robinson, 2000). Innerhalb dieser Welt gibt es konkurrierende Interpretationen der Realität.

Der Positivismus beispielsweise schätzt empirische Wahrheiten, die Möglichkeit, Ergebnisse vorauszusagen oder sogar zu kontrollieren, weil der Forscher oder Praktiker mit Fakten arbeitet. Für den Naturalismus spielen dagegen Bedeutungen eine große Rolle, die Art und Weise, wie Menschen durch Interpretationen eine Realität konstruieren, die genauso wirklich und wirksam ist wie empirische Fakten. Es heißt, dass Pflegende mit den Bedeutungen arbeiten, die Patienten und andere der Gesundheit und Krankheit zuschreiben – und damit definieren, was sie unter «Krankheit» verstehen (Thorsteinsson, 2002). Für Vertreter der kritischen Theorie kann Wissen in philosophischer Hinsicht niemals neutral sein. Allein die Art und Weise, wie Informationen in der Forschung und in der Praxis ausgewählt, gesammelt und genutzt werden, ist an sich schon politisch. Häufig gibt es keine objektive Wahrheit – nur eine Position, die es zu verteidigen gilt. Aus diesem Grunde sollten Forscher ihre Position offen legen, damit ihre Befunde vor diesem Hintergrund bewertet werden können.

Aus all dem ergeben sich wichtige Fragen, was die Stellung von Forschungserkenntnissen innerhalb der Praxis angeht:

- Welche Forschungserkenntnisse gibt es in diesem Bereich und woher stammen sie (die Quelle muss zugänglich und zuverlässig sein)? Einige Pflegende würden hinzufügen, sie sollten aus der Pflege stammen und nicht aus anderen Disziplinen entliehen sein.
- Stimmen die Forschungserkenntnisse mit dem Praxiskontext überein (möglicherweise lassen sie sich innerhalb des Gesundheitssystems nicht ohne weiteres in Kontexte mit anderem ethischen/geographischen Hintergrund übertragen)?
- Sind die vorhandenen Forschungserkenntnisse leicht zu verstehen?
  Entsprechen die Forschungserkenntnisse von ihrer Art her den Annahmen und Wertvorstellungen der Praktiker in dem Bereich, den sie untersuchen?
- Werden die Forschungserkenntnisse in einem größeren multidisziplinären Setting anerkannt? Ärzte beispielsweise lernen seit jeher in ihrer Ausbildung, dass positivistische Forschungserkenntnisse allen anderen vorzuziehen sind. Sie sind sehr viel misstrauischer, was den Wert «qualitativer» Forschung betrifft, die sich am Naturalismus oder an kritischen Theorien orientiert.
- Beinhalten die Forschungserkenntnisse klare Schlussfolgerungen? Geben sie Empfehlungen für die Praxis oder nützliche Hinweise für Praktiker, die sie beachten müssen, wenn sie Veränderungen herbeiführen wollen?

Es ist relativ leicht, für Probleme bei der Nutzung von Forschungserkenntnissen die Komplexität der Forschungsergebnisse, die Voreingenommenheit oder Ignoranz der Praktiker oder die mangelnde Unterstützung der Veränderungsversuche seitens der Führung einer Organisation verantwortlich zu machen. Bei Untersuchungen im Kontext des problem- oder forschungsorientierten Lernens müssen eventuell tiefer gehende Fragen gestellt werden. **Kasten 4-4** gibt einen Auszug aus einer Diskussion zwischen zwei Gesundheitsfachleuten wieder, die im Kontext des forschungsorientierten Lernens untersuchen wollen, wie die Qualität der Pflege von Krebspatienten verbessert werden kann. Beide sind sich einig, dass Forschungserkenntnisse die Qualität der Behandlung und Pflege von Krebspatienten verbessern können, dass jedoch zwischen Ärzten und Pflegenden Uneinigkeit darüber herrscht, welche Erkenntnisse für die Entwicklung der Praxis genutzt werden sollten und wie dies geschehen soll.

In diesem Auszug des Gespräches zwischen Carmel und Ben geht es um die For-

---

**Kasten 4-4: Fragen im Zusammenhang mit Forschungserkenntnissen.**

Carmel: Ich finde, dass man die Forschungserkenntnisse über die Nebenwirkungen der Chemotherapie und ihre Behandlung in zwei Kategorien einteilen kann. Bei der einen Kategorie geht es um Symptommanagement, um die Kontrolle des Problems, also wie man die Übelkeit eindämmt und den Haarausfall stoppt. Bei der anderen Kategorie geht es um Erschöpfung und Hoffnung und die Aufrechterhaltung einer Lebensqualität, die für die Patienten einen Wert hat. Bei der zweiten Kategorie scheint es keine Rolle zu spielen, was für den Patienten am besten ist.

Ben: Ich glaube, diese Forscher gehen nicht davon aus, dass wir die Probleme der Patienten lösen können. Alles, was wir im Zusammenhang mit der Erfahrung einer Krebserkrankung tun können ist, bestimmte Dinge ein wenig sensibler wahrzunehmen und den Patienten zu helfen, Antworten zu finden, mit denen sie leben können.

Carmel: Ich glaube, die beiden Forschungsansätze schließen sich nicht gegenseitig aus. Beide haben ihre Berechtigung, und die Patienten würden besser versorgt, wenn wir beide nutzen würden. Das Problem ist doch, dass einige Personalmitglieder nur solche Forschungsansätze positiv bewerten, die Problemlösungen anbieten und die anderen als «auch ganz nett» abtun. Offenbar haben die qualitativen Forschungsansätze keine klaren Handlungsanweisungen zu bieten.

Ben: Es gibt gewisse Vorurteile, da bin ich ganz deiner Meinung, aber wir haben eine Sache noch nicht gelöst – wie kann man die qualitativen Daten so nutzen, dass sie zu den Problemlösungsansätzen passen? Und wie willst du unsere Freunde dazu bringen, diese Veränderung vor den Patienten positiv darzustellen? Wenn sie die anderen Ansätze nicht anerkennen, dann sind die Patienten verunsichert, wenn sie unsere Hilfe in Anspruch nehmen.

Carmel: Wir brauchen so etwas wie die besten Ansätze für die Praxis, die auch die qualitative Forschung einbeziehen. Wir müssen entscheiden, ob sie hierher passt und inwieweit sie uns Anleitungen für unseren Umgang mit der Praxis geben kann.

Ben: Und wir müssen auch den Skeptikern unsere Vorstellungen plausibel machen.

schungskultur. In ihrem Praxisbereich gibt es zwei Kulturen – die eine ist streng positivistisch, die andere naturalistisch. Das Projekt im Kontext des forschungsorientierten Lernens orientiert sich offenbar an dem Ziel der kritischen Theorie, die Lage der Patienten durch einen umfassenderen Ansatz zu verbessern. Bei Untersuchungen im Kontext des problem- und forschungsorientierten Lernens ist es meist nötig, diese Kulturen zu analysieren und bewusst darauf zu verzichten, anderen vorzuwerfen, sie würden Forschungserkenntnisse zu wenig nutzen. Es ist wichtig, Forschungskulturen zu verstehen, und wenn Veränderungen durchgesetzt werden sollen, muss überlegt werden, wie dies strategisch gut vorbereitet werden kann. Die Kollegen, wie in unserem Beispiel, einfach nur mit ihren Denkfehlern zu konfrontieren, würde nicht funktionieren. Besser wäre es, sie zu bitten, die «besten Ansätze» auszuwählen, und zwar überall dort, wo wichtige Problemlösungen noch ausstehen. Wird die Nahtstelle zwischen Forschung und Praxis gründlicher analysiert, dann ist es leichter, Handlungsanweisungen zu geben, die in der Zukunft Veränderungen einleiten können.

### 4.5
## Theorie und Praxis

Bislang galt die Aufmerksamkeit der Nahtstelle zwischen Forschungserkenntnissen und Praxis. Aber auch die Nahtstelle zwischen Theorie und Praxis kann von einer ähnlich kritischen Einschätzung profitieren. Pflegende nutzen verschiedene Theorien (oder zumindest Elemente daraus), um ihre Entscheidungen in der Praxis zu untermauern und um das Gefühl zu haben, professionell zu arbeiten (Fealy, 1999). Die Entwicklung vieler dieser Theorien wird beeinflusst von einem Paradigma, einer bestimmten Sicht auf Gesundheit, Krankheit und die Praxis in der Gesundheitsversorgung. Lesen Sie dazu die folgenden Zitate von Pflegenden, die berichten, wie sie Theorien in der Praxis nutzen:

> Für meine Arbeit war die Theorie von Peplau immer wichtig. Wir müssen bedenken, dass wir Fremde für die Patienten sind, und egal, wie klug oder fähig man ist, die Beziehung, die man zu den Patienten aufbaut, ist das Mittel, mit dem man ihnen zeigt, was man für sie tun kann. Stimmt die Beziehung nicht, dann klappt auch alles andere nicht.
> (Phil, Mitarbeiter des psychiatrischen Dienstes der Gemeinde)
>
> Ich erinnere mich, über eine Theorie gelesen zu haben, nach der unser Körper selbst Endorphine produziert, ein Stoff, der bewirkt, dass wir uns gut fühlen und Schmerzen aushalten können. Wenn Menschen sterben, dann ist dieser natürliche Stoff völlig aufgebraucht, so dass wir mit Schmerzmitteln das ersetzen müssen, was sie sonst selbst zur Verfügung hätten. Dies hilft mir, mich von der Meinung der anderen zu distanzieren, die sagen, Opiate die Lebensqualität der Patienten mindern, weil sie müde machen.
> (Imogen, Pflegefachkraft auf einer onkologischen Station)
> Es gibt Theorien, die mich wirklich ärgerlich machen. Ich arbeite mit Dialysepatienten, und was Maslow über die Bedürfnishierarchie geschrieben hat, trifft auf chronisch kranke Men-

schen schlicht nicht zu. Sie geben Bedürfnissen nach, die ihrer Selbstachtung dienen, und essen und trinken dasselbe wie ihre Freunde, obwohl sie genau wissen, dass es ihnen danach schlecht geht. Die Patienten denken nicht rational, und sie kümmern sich nicht immer zuerst um physiologische Belange oder um ihre Sicherheit.
(Wesley, Dialysestation)

Phil orientiert sich an einem Pflegemodell, das vor einigen Jahrzehnten entwickelt wurde (Peplau, 1994). Die Arbeit von Peplau hat viele Praktiker beeinflusst. Für unsere Diskussion ist jedoch wichtig, dass Phils Pflegephilosophie sich mit der von Peplau deckt. Diese Philosophie lässt sich verkürzt so darstellen: Die Beziehung zwischen Pflegeperson und Patient als solche kann eine therapeutische Wirkung entfalten. Die interpersonelle Beziehung dient nicht nur dem Zweck, bestimmte Arbeiten zu erledigen (z. B. die Aufnahme der Vorgeschichte). Sie allein kann schon bewirken, dass die Patienten sich besser fühlen. Bei Untersuchungen sollte geprüft werden, ob bestimmte Theorien häufig verwendet werden und ob die Philosophie der Praktiker und die in der Theorie implizit enthaltene Philosophie übereinstimmen. Wenn verschiedene Theorien im Spiel sind, oder wenn Theorie und Praxis in puncto Philosophie nicht gut zusammenpassen, dann kann es schwierig werden, die Pflege einheitlich zu gestalten. Stimmt eine von Praktikern bevorzugte Theorie nicht mit den Entwicklungen in der Gesundheitsversorgung oder den erklärten Bedürfnissen des Konsumenten überein, dann kann sogar eine weithin anerkannte Theorie zu Problemen führen. Denken Sie beispielsweise an Theorien, die den Patienten in der Rehabilitation als gleichwertigen Partner sehen, der an Entscheidungen zu beteiligen ist. Diese Theorien sind dann problematisch, wenn die Patienten in solchen Situation lieber eine passive Rolle übernehmen und von den Gesundheitsfachleuten Anweisungen erwarten.

Imogen zeigt uns einen anderen Aspekt der Nahtstelle zwischen Theorie und Praxis. Sie berichtet von einer (aus der Physiologie) entliehenen Theorie, die sie nur vage wiedergeben kann. Viele Praktiker favorisieren bestimmte Elemente aus Theorien, die sie dann auch noch ohne den entsprechenden Kontext anwenden. In diesem Fall benutzt Imogen die Theorie, um ihre Haltung gegenüber dem Einsatz von Schmerzmitteln in der Palliativpflege zu untermauern. Theorien werden oft benutzt, um einen bestimmten Ansatz zu rechtfertigen, der in diesem Fall beinhaltet, dass Schmerzmittel nur körpereigene Substanzen ersetzen, die, korrekt verabreicht, die Lebensqualität des Patienten nicht unbedingt einschränken müssen. Es geht hier um die Tatsache, dass Theorien in der Praxis nicht immer vollständig übernommen werden. Praktiker oder Gruppen picken sich oft einzelne Elemente aus Theorien heraus, wenn diese zu einer konkreten Situation oder dem bevorzugten Pflegeansatz passen. Eine solch eklektische Auswahl von Konzepten kann von Fall zu Fall für Patienten und Praktiker Vorteile bringen, während in anderen Fällen eine unvollständig übernommene, falsch verstandene oder falsch angewendete Theorie zum Kern eines Problems werden kann.

Wesleys Erfahrungen mit der Theorie von Maslow, die eine Hierarchie der Bedürfnisse postuliert (Maslow, 1987), sind aus anderen Gründen aufschlussreich. In dem Beispiel äußert Wesley seine skeptische Haltung gegenüber Theorien. Die Theorie, die er aus dem College kennt, wird durch seine Erfahrungen in der Praxis ständig infrage gestellt. Maslow beschäftigte sich mit Motivation und postulierte, dass Bedürfnisse unterschiedlicher Ordnung die Motivation steuern, die das Verhalten von Individuen bestimmt. Wesley hat ganz richtig beobachtet, dass für Patienten Bedürfnisse höherer Ordnung (Selbstwertgefühl) manchmal wichtiger sind als Bedürfnisse niederer Ordnung (Sicherheit). Wichtig ist in diesem Zusammenhang, dass die Theorie vor ihrer Anwendung kritisch geprüft wird. Ähnlich wie bei Forschungsprojekten wird ihre Tauglichkeit auf die Probe gestellt – sie wird auf ihre Übereinstimmung mit der Praxis überprüft. Es ist wichtig, Situationen zu überprüfen, um zu sehen, ob Theorien verstanden werden und ob die Praktiker kritisch sind, was ihre Anwendung betrifft. Das eine Extrem hat zur Folge, dass durch die sklavische Übernahme einer Theorie Patienten und Praktiker gleichermaßen geschädigt werden können. Praxissituationen werden dann ohne Rücksicht auf Verluste der Theorie angepasst und die Pflege nach «Schema F» durchgeführt. Das andere Extrem hat zur Folge, dass der Praktiker ohne Normen oder Prinzipien arbeitet. Weil Theorien (oder Forschungserkenntnisse) nicht verfügbar oder unklar sind, ist sein Handeln immer nur auf eine bestimmte Situation abgestimmt, und er muss versuchen, den Stress so gut wie möglich zu verkraften.

Wir können nun geeignete Fragen für das entsprechende Feld der Matrix formulieren, die bei Untersuchungen herangezogen werden können. Diese Fragen sind, ebenso wie die vorhergegangenen (s. S. 80), lediglich als Beispiel und nicht als Vorschrift zu verstehen. Einige davon enthalten sicher nützliche Empfehlungen für zukünftige Untersuchungen:

- Wird der Einfluss von Theorien spürbar? Wenn ja, welche und wie werden sie umgesetzt?
- Spielen Theorien gar keine Rolle? Welche Folgen hat dies?
- Wird eine Theorie ganz angewendet oder nur einzelne Elemente daraus? Welche Folgen hat dies?
- Wie nutzen die Praktiker die Theorie – um ihre Praxis zu rechtfertigen oder um ihr Denken kritisch zu überprüfen?
- Woher stammt die Theorie? Ist sie heute immer noch aktuell und relevant?
- Decken sich die Theorien der Praktiker mit den Vorstellungen der Klienten? Ist dies ein Problem?
- Wissen die Praktiker, wie die Theorie in diesem Kontext anzuwenden ist, oder gibt es die besagte Kluft, was ihre Interpretation/Anwendung betrifft?

## 4.6
# Zusammenfassung

Im Gesundheitswesen ist eine gewisse Vorsicht geboten, wenn Sie mit einer Matrix arbeiten wollen, denn hier werden Bezugsrahmen allzu schnell zu einem Mantra. Dennoch ist die Verwendung einer Matrix sinnvoll, gerade bei Projekten im Kontext des problem- und forschungsorientierten Lernens, wo die zu untersuchenden Bereiche anfangs oft unklar erscheinen. Probleme in der Praxis sind häufig vielschichtig. Die Wissensgrundlage, die Bezugsrahmen, die Art der Entscheidungsfindung und der Einfluss von Forschungserkenntnissen oder Theorien spielen dabei eine Rolle. In der Praxis der Gesundheitsversorgung müssen Wissensgrundlage und Theorien oft in einer bestimmten Art und Weise verknüpft werden, um positive Ergebnisse zu erhalten. Auch wenn bei jeder Untersuchung die Bereiche Wissensgrundlage, Theorien (oder Forschungserkenntnisse), Entscheidungsfindung und Bezugsrahmen auf eine jeweils andere Art und Weise verknüpft sind, so werden wir sicher mit den meisten dieser Konzepte arbeiten müssen.

Einer der größten Vorzüge des problem- und forschungsorientierten Lernens liegt darin, dass es uns bewusst macht, wie wir die Praxis verstehen und warum wir uns so verhalten wie wir uns verhalten. Beide Lernansätze zwingen uns, uns Dinge bewusster zu machen, die wir sonst als selbstverständlich hinnehmen würden. Metakognition ist kennzeichnend für Praktiker, die sich mit ihrer Praxis auseinander setzen. Sie nehmen bewusster wahr, was sie tun, warum sie es tun und weshalb sie bestimmte Ressourcen oder Ansätze bevorzugen. Wenn Sie bei Ihren Untersuchungen mit einer Matrix arbeiten, dann wird Ihr Blick auf die Probleme in der Praxis umfassender sein. Sie werden gründlicher, kritischer und mit mehr Introspektion nachdenken. Die Fragen zu den Feldern der Matrix sind Anhaltspunkte für den Einstieg, doch darüber hinaus leisten sie auch gute Dienste, wenn Sie die Durchführung Ihrer Untersuchung überprüfen wollen. Wenn Sie mit solchen Fragen arbeiten, kommen Sie nicht umhin, sich mit Ihren Überzeugungen und Gefühlen, Wertvorstellungen und Bestrebungen auseinander zu setzen. Kurzum, wenn Sie so arbeiten, wird aus Ihnen ein achtsamer und planvoll handelnder Praktiker.

# Teil II
# Die Durchführung von Untersuchungen

# 5.
# Das Suchen und Sammeln von Informationen

Das Suchen und Sammeln von Informationen ist im Kontext des problem- und forschungsorientierten Lernens ein wesentlicher Bestandteil der Untersuchung. Es ist allerdings keine Arbeit, die «nebenher» erledigt werden kann. Die Gruppenmitglieder müssen den Prozess planen und sich überlegen, wo und wie sie die nützlichsten Informationen finden können. Die Zeit ist immer ein entscheidender Faktor. Der Lernbegleiter Ihrer Arbeitsgruppe wird darauf achten, dass Sie durch den Prozess des Suchens und Auffindens von Informationen etwas lernen. Wie in Teil I bereits erwähnt wurde, geht es bei problem- und forschungsorientierten Lernansätzen nicht nur darum, Antworten auf Fragen zu finden, sondern es sollen auch neue Möglichkeiten entdeckt werden zu lernen und zusammenzuarbeiten. Letztendlich sind es die Fähigkeiten, die Sie durch die Zusammenarbeit in der Gruppe erwerben, die Ihnen langfristig gute Dienste leisten werden. Lösungen für Probleme sind nichts Endgültiges, denn die Praxis entwickelt sich weiter. Von den Fähigkeiten, die Sie sich beim Untersuchen und Analysieren aneignen, können Sie dagegen Ihr Leben lang profitieren.

Nachdem Sie das Problem der Fallstudie kennen gelernt oder das Thema, das Ihre Arbeitsgruppe untersuchen wird, dimensioniert haben, beginnt das Sammeln der Informationen. Mithilfe Ihres Lernbegleiters sollten Sie geklärt haben, was genau Sie herausfinden wollen. Dabei kann Ihnen die in Kapitel 4 beschriebene Matrix (s. S. 67) ebenfalls helfen. Sie haben sich entweder selbst bereit erklärt oder zugestimmt, «bestimmte Untersuchungen» entweder allein oder zusammen mit einem anderen Gruppenmitglied zu übernehmen. Bei der gedanklichen Auseinandersetzung mit dieser Arbeit müssen bestimmte Dinge berücksichtigt werden (s. **Abb. 5-1** auf S. 90).

Wenn Sie effektiv vorgehen wollen, müssen Sie die Zeit ausnutzen, die Ihnen für diese Phase der Untersuchung zur Verfügung steht. In der Regel legt der Lernbegleiter oder Leiter der Arbeitsgruppe einen Zeitpunkt fest, an dem die Informationen der Gruppenmitglieder zusammengefasst werden. Wenn Sie nur zeitweise an der Durchführung des Projekts arbeiten können, sollten Sie klären, wie viel

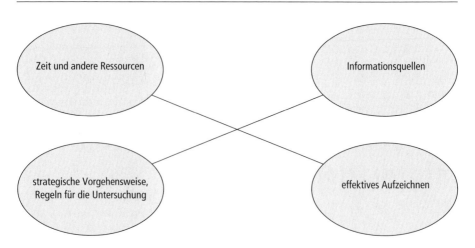

**Abbildung 5-1:** Die Planung der Informationssammlung.

Zeit Sie für die Untersuchung aufwenden können. Sie werden vorab einschätzen müssen, wie lange Sie brauchen, um Informationen aus verschiedenen Quellen zusammenzutragen. Es kann beispielsweise mehrere Wochen dauern, wenn Sie über die Bibliothek weniger bekannte Literatur per Fernleihe beziehen wollen. Daher ist es ratsam, mit anderen, leichter zugänglichen Materialien zu arbeiten. Sie sollten sich erst überlegen, wie viel Zeit Sie erübrigen können, welche persönlichen Leistungen Sie erbringen können und welche Informationsquellen Sie nutzen wollen, bevor Sie Ihren Lernbegleiter kontaktieren, um mit ihm/ihr zu klären, ob Sie die Aufgabe, die Sie sich ausgesucht haben, auch bewältigen können. Dies hat nichts mit Mogelei zu tun. Fähigkeiten wie das Projektmanagement werden oft durch Lernbegleiter in das problem- und forschungsorientierte Lernen eingeführt, und diese Fähigkeiten eignet man sich mit Sicherheit schneller (und weniger schmerzvoll) an, wenn man sich beraten lässt (Hilterbrand, 1997).

Die potenziellen Informationsquellen sind das Hauptthema dieses und des folgenden Kapitels. Die einzelnen Quellen haben allerdings ihre Vor- und Nachteile (s. **Tab. 5-1**). Sie müssen entscheiden, welche Ressourcen für die Art der von Ihnen benötigten Informationen am besten geeignet sind und welche innerhalb der vorgegebenen Zeit für Sie am leichtesten zugänglich oder zu bearbeiten sind. Vielleicht müssen Sie für eine Untersuchung mehrere Informationsquellen heranziehen. Doch Vorsicht! Bei einem Projekt, das gut dimensioniert und sorgfältig durchgeplant ist, sollten Sie angesichts der knapp bemessenen Zeit nicht auch noch verschiedene Quellen heranziehen müssen. Ist es wichtig, ein Problem oder eine Situation aus verschiedenen Blickwinkeln zu erfassen, ist es oft ratsam, die Gruppenmitglieder eine Informationsquelle gründlich ausschöpfen zu lassen. Anschließend kann die Gruppe die Untersuchungen der einzelnen Gruppenmitglieder zu diesem Thema zusammenlegen.

**Tabelle 5-1:** Die verschiedenen Informationsquellen und ihre Vor- und Nachteile.

| Quelle | Vorteile | Nachteile |
|---|---|---|
| Menschen | können an Ort und Stelle fundiertes Wissen anbieten | Menschen sind in Situationen involviert und können eine eklektische Sicht der Dinge vermitteln |
| | sind oft engagiert und können Hinweise auf weitere Quellen geben | Leitende Pflegepersonen haben wenig Zeit und sind schwer erreichbar |
| | können mit vorläufigen Interpretationen des Problems/der Situation weiterhelfen | Übermäßige Inanspruchnahme kann bewirken, dass weitere Hilfe für Sie oder Ihre Kollegen künftig abgelehnt wird |
| Dokumente | oft authentisch leicht zugänglich, wenn am Ort vorhanden | schwer zugänglich, wenn nicht am Ort erhältlich |
| | Richtlinien/Dienstvorschriften können wiederholt eingesehen oder ausgeliehen werden | Können Literatursichtung zur Folge haben (ist das Thema gut abgegrenzt?) |
| | | können technische oder statistische Daten enthalten, die weitere Analysen erfordern |
| Beobachtungen in der Praxis | vor Ort möglich und deshalb sehr leicht zugänglich | Es ist nötig, ethische Belange zu beachten und präzise Aufzeichnungen zu machen |
| | schärft Ihr Bewusstsein für die Belange der Praxis | |
| Exkursionen | Beobachtung an besonders geeigneten Orten | Die praktische Durchführung ist zeitaufwändig und teuer |
| | Möglichkeit, verschiedene Praktiken zu vergleichen und gegenüberzustellen (neue Eindrücke) | Die Informationen sind möglicherweise nicht gut auf andere Kontexte übertragbar |

Quelle: Price (2000 a)

Für das Sammeln von Informationen aus verschiedenen Quellen benötigt (und entwickelt) man bestimmte Fähigkeiten. Will man Informationen aus Texten zusammentragen, muss man sich in der Bibliothek zurechtfinden und wissen, wie man Informationen aus Texten kodiert, die nicht auf die eigenen Bedürfnisse zugeschnitten sind. Wollen Sie Informationen von Menschen einholen, sollten Sie sich mit Interviews auskennen, und wenn Sie Beobachtungen in der Praxis durchführen wollen, brauchen Sie Verhandlungsgeschick und präzise Aufzeichnungsmethoden. Führen Sie die Untersuchung zu zweit durch, sollten Sie feststellen, ob Ihre Kollegin Fähigkeiten in einem dieser Bereiche besitzt und diese nutzen.

Scheuen Sie sich nicht, Ihre Kollegin um Rat zu fragen oder im umgekehrten Fall, wenn Sie mehr Erfahrung haben, Ihre Vorstellungen zu äußern. Dazu die Gedanken eines Gruppenmitglieds:

> Mir wurde plötzlich klar, dass Jane noch nie vorher versucht hatte, an einer Sprechstundenhilfe vorbei zu kommen, um mit dem Arzt sprechen zu können. Ich hatte das als Handelsvertreterin schon häufig gemacht, und deshalb nahm ich die Sache selbst in die Hand, ließ Jane aber meine Telefonate mithören. Ärzte sind viel beschäftige Menschen und Sprechstundenhilfen wollen die Ärzte abschirmen. Da mir daran gelegen war, dass alle zum Schluss zufrieden waren, was die erbetene Hilfe anging, trug ich meine Bitte sehr höflich vor. (Pauline, Praxisschwester)

## 5.1
## Informationen von Menschen

Problem- und forschungsorientiertes Lernen kann klinische Experten überfordern und frustrieren, jedenfalls dann, wenn die Gruppenmitglieder ungeschickt vorgehen und bei der Befragung schlecht organisiert erscheinen. Allein die Tatsache, dass Sie eine bestimmte Person befragen wollen, bedeutet in der Regel, dass er oder sie entweder als Experte auf dem betreffenden Gebiet gilt oder über besonders authentische Informationen verfügt. Wie auch immer, diese Person ist wahrscheinlich sehr gefragt und ihre Zeit daher kostbar. Um an Informationen zu kommen, sollten Sie sich über folgende Punkte Gedanken machen:

- die Zeit (Wann und wie lange kann die Person mit Ihnen sprechen?)
- die Darstellung Ihres Anliegens (Versteht der Experte Ihre Untersuchung oder den Ansatz des problem-/forschungsorientierten Lernens nicht, dann müssen Sie eine kurze Erklärung abgeben.)
- die Vorstellungen oder Auffassungen Ihres Interviewpartners (Interviewpartner haben ihre eigenen Ansichten, weshalb Sie bei der Befragung mit Fingerspitzengefühl vorgehen sollten.)
- das «übliche Zeremoniell» (Vielleicht müssen Sie um Erlaubnis für das Interview bitten. Möglicherweise müssen Sie erst die medizinische Leitung/die Pflegedienstleitung kontaktieren, um den Zweck Ihres Anliegens vorzutragen.)
- was Sie unbedingt herausfinden müssen (Sie werden oft Zugeständnisse machen müssen, die Zeit wird häufig nur für die wichtigsten Informationen ausreichen.)
- welche Aufzeichnungsmethode geeignet ist und ob vereinbart wurde, dass Ihr Interviewpartner Ihre Aufzeichnungen/Ausführungen sehen wird (Einige Interviewpartner sind zurückhaltend bei Tonbandaufzeichnungen.).

Wenn Sie Termine mit Experten vereinbaren, sollten Sie den Zweck des Interviews exakt benennen und eine Absprache in Bezug auf Datum, Zeit und Ort treffen, die Sie sicher einhalten können. Interviewpartner reagieren schnell gereizt auf Bitten um Terminverlegung, obwohl einige im umgekehrten Fall von Ihnen Geduld erwarten, wenn sie selbst nicht pünktlich sein können. Deshalb tun Sie gut daran, einen Termin telefonisch oder per E-Mail zu vereinbaren, ihn schriftlich zu bestätigen und dabei alles, was vereinbart wurde, noch einmal detailliert aufzuführen. Wahrscheinlich bekommen Sie leichter einen Termin, wenn Sie zusichern, dass das Interview einen bestimmte Zeitraum (vielleicht 30–60 Minuten) nicht überschreiten wird. Danach sollten Sie mit der Planung Ihrer Fragen beginnen. Wenn das Interview sensible Bereiche berührt, schicken Sie Ihrem Interviewpartner vorab eine Kopie der Fragen, die Sie stellen wollen. Damit heben Sie noch einmal den Fokus Ihrer Untersuchungen hervor. Machen Sie sich vor dem Interview noch einmal Gedanken über die Interessen oder Auffassungen Ihres Interviewpartners. Auch wenn das Ergebnis eines Interviews, die Forschenden oft überrascht, sollten Sie besser vorher bedenken, welche Untersuchungsansätze für einen Interviewpartner unangenehm sein könnten. Im folgenden Beispiel geht es um entsprechende Überlegungen eines Projektteilnehmers, der vor Mitgliedern einer Patienten-Selbsthilfegruppe sprechen wollte. Das Projekt untersuchte die Interaktion zwischen professioneller Pflege und Laienpflege vor dem Hintergrund der Rehabilitation nach einem Schlaganfall.

> Bevor ich mit der Gruppe sprach, schrieb ich meine Vermutungen auf und alles, was heikel sein könnte. So stand auf meiner Liste, auf der ich Annahmen und Vorurteile notiert hatte, auch meine Auffassung, dass Selbsthilfegruppen nicht in jedem Fall eine Hilfe sind. Sie konnten Paaren nicht immer helfen, sich mit einer Situation zu arrangieren. Wahrscheinlich helfen sie Menschen auch nicht, ohne den stützenden Halt der Gruppe auszukommen. Ich wollte den Leuten diese Einstellung nicht vermitteln, aber ich musste unbedingt herausfinden, wie sie über ihre Unterstützung dachten. Deshalb änderte ich einige Fragen vor dem Interview ab.
> (Gregg, Pflegestudent)

Gregg geht hier sehr umsichtig vor und wird sicher umfassende Informationen bekommen, weil er sich vor dem Interview mit seinen Bedürfnissen und denen seiner Gesprächspartner auseinander gesetzt hat.

## 5.2
## Das Interview

Problem- und forschungsorientierte Lernansätze lassen verschiedene Interviewstile zu, allerdings dürfen Sie niemals in irgendeiner Weise aggressiv vorgehen. Sie führen schließlich kein politisches Interview im Fernsehen und sollten stets an den Eindruck denken, den Sie als Mitglied einer Arbeitsgruppe bei Ihrem Interviewpartner hinterlassen. In den meisten Fällen ist es das Ziel eines solchen Interviews, mehr Erkenntnisse über eine Situation zu gewinnen und anschließend damit zusammenhängende Aspekte zu klären. Interviews verlaufen vom Allgemeinen zum Einzelnen, von Fragen allgemeiner Art zu tiefer gehenden Fragen. Am Schluss des Interviews danken Sie dem Interviewpartner für die zur Verfügung gestellte Zeit und die Erlaubnis, Fragen zu stellen und die im Zusammenhang mit dem Interview wichtigen Themen anzusprechen.

In forschungsorientierten Lehrbüchern werden gewöhnlich Erkundungsfragen benutzt, um die Entwicklung eines Interviews zu erläutern. Diese Fragen sollen den Interviewpartner animieren, mehr zu erzählen oder einen Punkt genauer auszuführen. Die meisten Gruppenmitglieder finden es schwierig, solche Fragen einzubauen, zumal diese häufig aus den Standardfragen hervorgehen, die sie vor dem Interview aufgezeichnet haben. Es geht praktisch um die Notwendigkeit, behutsam in die Welt des Interviewpartners einzudringen und gleichzeitig wichtige Informationen zu sammeln. Es gilt also zu entscheiden, ob man ein Thema vertieft oder besser andere Fragen stellt, weil dem Interviewpartner die Antwort schwer fällt (Price,B., 2002 b). Zu beachten ist auch, inwieweit Sie (als Interviewer) bereit sind, Ihre Gedanken und Gefühle zu äußern. In der Regel ist es in menschlichen Beziehungen so, dass detaillierte Auskünfte nur der bekommt, der sie selbst gibt, denn in Gesprächen entwickelt sich dann eine Vertrauensbasis, wenn die Gesprächspartner Geheimnisse austauschen.

Eine Möglichkeit der Interviewführung besteht darin, die Fragen «zu staffeln» (Price, B., 2002 a). Dabei werden zunächst ethische Gesichtspunkte überprüft, d. h. es wird geklärt, wie weit das Interview in die Welt des Interviewpartners eindringt. Dieser Ansatz basiert auf einer Reihe von Annahmen. Die erste besagt, dass es Menschen leichter fällt, darüber zu sprechen, was sie in der Vergangenheit getan haben und womit sie sich zurzeit beschäftigen als darüber, was sie denken oder glauben. Man geht also davon aus, dass die Frage «Was haben Sie dann gemacht?» leichter zu beantworten ist als «Warum haben Sie das getan?» oder «Warum halten Sie dies für die richtige Vorgehensweise?» Bei der Untersuchung von Problemen kommt man jedoch nicht umhin, auch Fragen zu stellen, die das Wissen und die Überzeugungen betreffen. Solche Fragen wirken forschender als andere. Deshalb werden sie weiter hinten in ein Interview eingebaut und nur dann gestellt, wenn der Interviewpartner einen ruhigeren Eindruck macht. Dieser Ansatz lässt sich graphisch einfach darstellen (s. **Abb. 5-2**).

Abbildung 5-2 ist natürlich die vereinfachte Form eines Interviews, die aber durchaus als Modell für die zeitliche Planung tiefer gehender Fragen gelten kann. Zu Beginn des Interviews werden allgemeinere Informationen ausgetauscht. Es wird berichtet, womit man sich gerade beschäftigt (Ihr Interviewpartner erzählt vielleicht von seinen Plänen, während Sie darüber berichten, wie Ihre Untersuchung

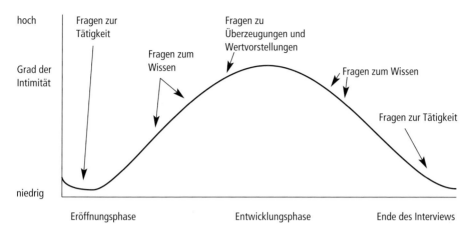

**Abbildung 5-2:** Die Strukturierung des Interviews (Staffelung der Fragen).

läuft). In der Anfangsphase des Interviews stellen Sie Fragen, die dem Interviewpartner helfen sollen, das Thema zu beschreiben und darzulegen, was er oder sie damit zu tun hat. Dabei sollten Sie darauf achten, ob der Gesichtsausdruck und die Körpersprache Anzeichen von Anspannung erkennen lassen (z. B. Stirnrunzeln, mit den Fingern auf dem Tisch trommeln, eine abwehrende Körperhaltung, wie das Verschränken der Arme u.a.). Vorausgesetzt, Sie bleiben beide entspannt, können Sie etwas tiefer gehende Fragen nach dem Wissen stellen, auf dessen Grundlage Ihr Interviewpartner arbeitet oder Probleme beurteilt. Dazu drei Beispiele:

«Woran haben Sie gemerkt, dass die Patientin Ihre Meinung über diese Form der Behandlung geändert hat?»

«Was genau macht die TENS-Behandlung so wertvoll für diese Patienten?»

«Wie entscheiden Sie, wann Sie etwas sagen müssen oder wann Sie eingreifen müssen?»

Diese Fragen haben gemeinsam, dass der Interviewpartner erklären muss, worauf er sein Handeln oder sein Urteil stützt. Er denkt über sein Wissen nach und darüber, wie er es nutzt. Solche Fragen gehen tiefer als Fragen nach der derzeitigen Beschäftigung, und deshalb sei noch einmal darauf hingewiesen, dass es wichtig ist, die Reaktionen Ihres Interviewpartners auf die Fragen zu beobachten. Vorausgesetzt, Sie haben sich gut überlegt, von welchen eigenen Erfahrungen oder Ansichten Sie berichten wollen, kann es sehr hilfreich sein, Ihre eigenen Gedanken zu äußern, nachdem Ihr Interviewpartner geantwortet hat (dazu das nachfolgende Beispiel, immer noch zum Thema Wissen):

«Ich glaube, die Patienten sprechen so gut auf die TENS-Behandlung an, weil sie gerne die Kontrolle behalten – sie können selbst die Stärke bestimmen. Ich schätze, persönliche Kontrolle ist wichtig, wenn es um chronische Schmerzen geht.».

Fragen zu Wertvorstellungen, Einstellungen und Überzeugungen werden so lange zurückgestellt, bis das Interview gut läuft und Ihr Interviewpartner die Fragen sicher und ruhig beantwortet. Solche Fragen sind nur dann nötig, wenn Sie meinen, dass philosophische Aspekte zum Verständnis des Problems beitragen können. Da Fragen nach Überzeugungen, Ansichten und Einschätzungen relativ intim sind, ist es wichtig, die Reaktionen des Interviewpartners auf jede Frage zu beobachten. Halten Sie sich bereit, auf unverfängliche Fragen «runterzuschalten» oder andere Themen anzusprechen, wenn die Methode der Fragestellung Ihrem Interviewpartner sichtlich unangenehm ist.

Unabhängig vom Ansatz, den Sie für Ihr Interview wählen, müssen Sie für eine einwandfreie Aufzeichnung sorgen. Zeichnen Sie mit einem Tonbandgerät auf, sollten Sie Ihr Gerät vor dem Interview überprüfen und Ersatzbatterien, Leerkassetten sowie Notizblock und Bleistift mitbringen. Wenn ich ein Interview auf Tonband aufzeichne, notiere ich die Punkte in den Antworten, auf die ich zurückkommen möchte, oder neue Fragen oder Punkte, die später nützlich sein können. Wählen Sie für das Interview einen Ort aus, wo Sie kaum oder gar nicht gestört werden, und fragen Sie Ihren Interviewpartner, ob er eventuelle Anrufe für eine kurze Zeit umleiten möchte. Stellen Sie das Tonbandgerät in gleicher Entfernung zwischen Ihnen und Ihrem Interviewpartner auf festem Untergrund und in Taillenhöhe oder darüber auf. Sitzen Sie sich während des Interviews nicht gegenüber, rücken Sie die Stühle so zurecht, dass sie problemlos ins Mikrophon sprechen können. Bedenken Sie, dass Ihre Fragen genauso wichtig sind wie die Antworten, wenn Sie Ihre Informationen später interpretieren.

Manchmal fragen Studenten, welche Vorteile vorformulierte Fragen gegenüber einem «offenen Interview» haben (Gordon, 1997). Vorformulierte Fragen erinnern Sie ständig an die Dinge, über die Sie sprechen wollen, ermöglichen aber auch einen flexiblen Umgang mit Inhalten. Es kommt vor, dass Interviewpartner bei der Beantwortung später gestellter Fragen unaufgefordert Antworten auf frühere Fragen liefern. Deshalb ist es wichtig, hier relativ flexibel zu sein und das Interview mit einer Auswahl von Fragen oder «Bereichen» zu steuern. Wenn Sie beispielsweise daran denken wollen, nach verschiedenen Möglichkeiten der Schmerzbekämpfung zu fragen und sich zu erkundigen, welche für die verschiedenen Schmerzarten infrage kommen, dann werden Sie für den entsprechenden Raum in Ihrem Interview sorgen. Dann ist immer noch Platz für interessante neue Informationen von Ihren Interviewpartnern, und Ihr Interview verläuft trotzdem nach Plan.

## 5.3
# Informationen aus Dokumenten

Es wäre unrealistisch, in einem Kapitel dieser Länge alle für eine bibliothekarische Literatursichtung relevanten Fähigkeiten diskutieren zu wollen, die Sie brauchen, wenn Sie Informationen aus schriftlichen Quellen zusammentragen wollen. Deshalb sollten Sie die in **Kasten 5-1** zusammengestellten Regeln lesen, bevor wir uns dann mit den schriftlichen Quellen befassen, die entweder in der Bibliothek oder in Ihrer lokalen Organisation des Gesundheitswesens erhältlich sind.

---

**Kasten 5-1: Regeln für die Suche nach Quellen in der Bibliothek.**

- Klären Sie die Suchbegriffe ab. Benennen Sie Schlüsselwörter, die Ihnen helfen, die Suche zu präzisieren und nur die wirklich relevanten Quellen schnell zu finden.
- Bitten Sie die Bibliothekarin, Ihnen alle vorhandenen Datenbanken zu zeigen. (Oft haben Bibliotheken mehrere, die nicht alle die gleichen Informationen enthalten. Psychlit beispielsweise ist eine Datenbank für Psychologie, die auch relevante Informationen über die Pflege enthalten kann.)
- Schätzen Sie ab, wie viel Zeit Sie für die Suche benötigen werden. So können Sie die Suche und damit auch die Menge an Informationen, die Sie sichten müssen, beschränken.
- Notieren Sie genau, wo und mit welchen Suchbegriffen Sie gesucht haben, damit Sie die Suche nicht zweimal durchführen.
- Schauen Sie sich die Inhaltsangaben von Zeitungsartikeln oder Büchern an und bestellen Sie nur Material, von dem Sie meinen, dass es genau das ist, was Sie brauchen. (Es ist teuer und zeitaufwändig, große Mengen an Fotokopien zu machen, die Sie «vielleicht» brauchen.)
- Informieren Sie sich bei der Bibliothekarin, woher die gewünschte Literatur kommt (wenn nicht aus der Bibliothek vor Ort). Prüfen Sie, ob es sich angesichts der für das Projekt angesetzten Zeit lohnt, auf das Material zu warten, und entscheiden Sie dann, ob Sie es bestellen.
- Ist Ihre Suche nicht sehr ergiebig, scheuen Sie sich nicht, die Bibliothekarin oder Ihren Lernbegleiter um Hilfe zu bitten. Es kann sein, dass dieser Schlüsselwörter kennt, die für die Suche besser geeignet sind oder dass er Ihnen andere Quellen nennt (z.B. Forschungsberichte), die Ihren Bedürfnissen entgegenkommen.
- Wenn Sie zu zweit arbeiten, klären Sie ab, wer wonach sucht. Achten Sie darauf, dass Sie nicht doppelt suchen oder etwas auslassen.
- Prüfen Sie, ob das Guthaben Ihrer Kopierkarte ausreicht, um Materialien zu kopieren, die Sie mehrmals lesen müssen.
- Wenn Sie in der Bibliothek Notizen zu bestimmten Texten machen, notieren Sie immer auch alle Angaben, die die Texte und die Quellen betreffen. (Vielleicht brauchen Sie sie später noch einmal.)
- Suchen Sie in der Bibliothek nur dann nach Material, wenn Sie ausgeruht sind und die Bibliothek von anderen nicht so stark frequentiert wird. Es kann ermüdend und frustrierend sein, vor dem Fotokopierer in einer langen Schlange warten zu müssen.
- Denken Sie daran, dass Bibliotheken auch andere Medien bereithalten, wie z.B. Ton- und Videobänder. Beziehen Sie auch solche Quellen mit ein.

Wenn Sie mit Unterlagen arbeiten, die nicht aus einer Bibliothek stammen und auch nicht Ihre eigenen sind, dann gehören sie einer Person (z. B. die Krankenakte eines Patienten), einer Organisation (z. B. krankenhauseigene Richtlinien zur Kontrolle von Kreuzinfektionen) oder der Regierung (z. B. vom Gesundheitsministerium herausgegebene Unterlagen zur Gesundheitspolitik). Für die Öffentlichkeit bestimmte Unterlagen sind in der Regel leicht zugänglich. Handelt es sich um Unterlagen aus dem nicht öffentlichen Bereich (d. h. solche, die nicht veröffentlicht werden sollen oder nur unter eingeschränkten Bedingungen von Praktikern benutzt werden dürfen), muss vor der Einsichtnahme erst die Erlaubnis eingeholt werden. Gerade Patienten haben das Recht zu bestimmen, wer ihre Krankenakte zu Zwecken einsehen darf, die nicht der Behandlung oder Pflege dienen (McEnvoy, 1999; Pennels, 2001). Haben Sie die Erlaubnis zur Einsichtnahme, sind Sie dazu verpflichtet, umsichtig und sorgsam mit den Informationen umzugehen. Dies bedeutet, Sie müssen die Identität der betreffenden Personen schützen und die Unterlagen an einem sicheren Ort aufbewahren, damit sie nicht von anderen und für andere Zwecke benutzt werden können. Damit der Eigentümer der Unterlagen seine informierte Zustimmung geben kann, sollten Sie Ihre Untersuchung und deren Ziele kurz und verständlich erläutern.

Es gibt eine Vielzahl von Unterlagen, die Ihnen gute Dienste leisten können. Dazu gehören Lehrbücher, Zeitschriftenartikel, Forschungsunterlagen oder -berichte, Erklärungen zur Gesundheitspolitik, Notizbücher, Sitzungsprotokolle sowie Zeitungen. In Ausnahmefällen können selbst Unterlagen aus dem künstlerischen Bereich (z. B. das Drehbuch eines Stücks) von Nutzen sein, falls Sie gerade die Behandlung eines bestimmten Themas untersuchen. Vorausgesetzt Sie haben ethische Aspekte berücksichtigt, können Schriftwechsel, Materialanforderungen, Haushaltspläne etc. Ihrer Einrichtung wertvolle Informationen liefern. Sollten Sie Zweifel haben, was den Zugang zu privaten Unterlagen angeht, wenden Sie sich an Ihren Lernbegleiter. Er oder sie wird Ihnen helfen zu klären, wie sensibel die Unterlagen sind, wer ihr Eigentümer ist und wie Sie am besten vorgehen, wenn Sie Einsicht nehmen wollen.

Damit die Unterlagen Ihrer Untersuchung zugute kommen, sollten Sie gezielt lesen. So interessant das Material auch sein mag, Sie dürfen nicht vergessen, dass es sich lediglich um eine Informationsquelle handelt, die Ihnen helfen soll, ein Problem zu lösen oder eine Situation darzustellen. Sie können Ihr Ziel leichter verfolgen, wenn Sie entweder wichtige Fragen oder Ziele auf dem Lesezeichen notieren, dass Sie bei der Lektüre der ausgewählten Unterlagen benutzen, oder wenn Sie Fotokopien (falls erlaubt) machen und mit einem Textmarker nur die Stellen hervorheben, die wirklich wichtig sind. Ein wertvoller Tipp, der Ihnen hilft, den Fokus nicht aus dem Auge zu verlieren: Achten Sie darauf, dass Sie auf einer Fotokopie nicht mehr als 20 % markieren.

Sie müssen die Inhalte der Texte, die Sie gelesen haben, so codieren, dass Sie den Mitgliedern der Arbeitsgruppe einen kurzen Bericht geben können. Es gibt verschiedene Möglichkeiten, Unterlagen zu codieren, aber eigentlich geht es immer nur darum, die wichtigsten Punkte aus einer Arbeit herauszusuchen und sie so darzustellen, dass sie für Ihr Problem relevant sind. Codes sind Zusammenfassungen komplexerer Sachverhalte des Originaltextes. Jeder Code ist eine Gedächtnisstütze für die Inhalte, über die Sie Ihre Kollegen informieren wollen. Auch der Code muss mit bestimmten Angaben, wie z. B. der Seitenzahl der Quelle, die dem Code entspricht, versehen sein. In **Tabelle 5-2** finden Sie ein Beispiel für die Codierung einer kurzen Textpassage. Es geht dabei um eine Untersuchung über den Zusammenhang zwischen Krebsbehandlung und Fertilität (Foster, 2002). Ein Artikel oder maschinengeschriebener Text kann durch mehrere Codes wiedergegeben werden, die alle durch Lesen der entsprechenden Textpassage überprüft werden können.

Achten Sie in diesem Beispiel darauf, wie der Code das Problem zusammenfasst: Ab welchem Punkt wird Infertilität irreversibel? Diese Frage ist wichtig, denn von ihr hängt ab, wie Pflegende auf die Fragen ihrer Patienten reagieren und auf welche Art und Weise die informierte Zustimmung zu der Behandlung eingeholt wird. Für das Gruppenmitglied ist damit die Arbeit jedoch noch nicht getan. Es werden für ein weiterführendes Textstudium noch zusätzliche Fragen notiert, die der Arbeitsgruppe später präsentiert werden können. Solche Fragen ermöglichen der Gruppe, ein Thema oder Problem besser zu verstehen und liefern eventuell Hinweise auf neue Untersuchungen, für die in diesem Fall vielleicht die Hilfe eines Beraters oder klinischen Pflegespezialisten aus der Onkologie in Anspruch genommen werden sollte. In dem obigen Beispiel ist der Originaltext in voller Länge abgedruckt. Dies ist zu empfehlen, wenn Sie im Hinblick auf die Codierung unsicher sind. Sind Sie dagegen überzeugt, dass Sie die Bedeutung des Textes verstehen, dann notieren Sie erst die Quelle mit den entsprechenden Seitenzahlen

**Tabelle 5-2:** Das Codieren von Texten aus Unterlagen oder Niederschriften von Interviews.

| Ausgangstext | Code |
|---|---|
| Die bei einer Chemotherapie eingesetzten Medikamente sind in ihrer Wirkung auf die männliche Samenproduktion in vielerlei Hinsicht vergleichbar mit den Auswirkungen einer Strahlentherapie. Die Chemotherapie schädigt die sich schnell teilenden, heranreifenden Samenzellen. Bei gravierender Schädigung sterben auch die Stammzellen (Mutterzellen) ab. Je höher die Dosis eines schädigenden chemotherapeutischen Medikaments insgesamt ist, desto langsamer normalisiert sich die Produktion der Samenzellen oder desto wahrscheinlicher ist es, dass nie wieder Samenzellen produziert werden. | irreversible Infertilität<br><br>Fragen:<br>Kennt man die kritischen chemotherapeutischen Dosierungen, die irreversible Infertilität zur Folge haben können und sind diese allgemein bekannt? Gibt es noch andere Faktoren, die einen Einfluss darauf haben?<br>Ist die Sicherheitsspanne zwischen temporärer und irreversibler Infertilität bei bestimmten zytotoxischen Medikamenten geringer? Wenn ja, bei welchen? |

Quelle: Foster, R. (2002) Fertility issues in patients with cancer, *Cancer Nursing Practice*, 1(1), pp. 26–30 (p. 27)

und formulieren dann die Codes und damit zusammenhängende Fragen oder Gedanken.

Codieren ist eng verbunden mit der Frage nach der Bedeutung des Textes. In dem einen oder anderen Fall wird es nötig sein, die Bedeutung zusammen mit einem Kollegen zu klären oder einige infrage kommende Interpretationen zu notieren und diese mit den anderen Gruppenmitgliedern zu besprechen. In diesem Stadium müssen Zweifel erlaubt sein, denn es ist wirklich nicht leicht, gesundheitsrelevante Unterlagen zu verstehen, und man macht schnell Fehler, wenn man beim Lesen etwas falsch versteht. Die Lernbegleiter von Arbeitsgruppen verwenden viel Zeit darauf, solche Missverständnisse aufzuklären. Es ist also keine Schande, andere nach ihrer Meinung über die Art oder Bedeutung von Informationen zu fragen. Wenn Sie offen bleiben und die Geschehnisse immer wieder bewusst wahrnehmen, wird es Ihnen gelingen, bessere Informationen zu bekommen und sie bei der späteren Analyse kompetenter zu nutzen.

## 5.4
## Informationen aus der Beobachtung der Praxis

Vielleicht erstaunt es Sie zu erfahren, dass wichtige Informationen durch Beobachtung der Praxis und während der Arbeit in der Praxis gewonnen werden können, d. h. Sie brauchen keine Exkursionen durchzuführen und sind kein außen stehender Beobachter. Wichtig sind in diesem Zusammenhang die folgenden Punkte:

- Berücksichtigen Sie bei Ihren Beobachtungen die ethischen Aspekte.
- Finden Sie Mittel und Wege, die gewährleisten, dass Sie alle Gelegenheiten zur Beobachtung wahrnehmen.
- Entwickeln Sie eine Methode, Ihre Beobachtungen aufzuzeichnen, sodass Sie anderen Ihre neuen Erkenntnisse vermitteln können.

Zunächst zu den ethischen Aspekten. Ihre Beobachtungen finden im Rahmen einer kleinen Untersuchung statt und werden in der Regel nicht veröffentlicht. Trotzdem haben Sie, ebenso wie Forscher, die Pflicht, Ihre Beobachtungen auf eine Art und Weise durchzuführen, die die Privatsphäre anderer Menschen nicht grundlos verletzt, die ihre Ängste und Sorgen respektiert und ihnen die Möglichkeit gibt mitzubestimmen, was davon später für die Gruppendiskussion im Rahmen des problem- oder forschungsorientierten Lernens benutzt wird (Kennedy, 1999). In vielen Fällen werden die Beobachtungen in Ihrer eigenen Praxis oder während Ihrer klinischen Ausbildungsphase stattfinden. Häufig ist es unnötig, verdeckt zu beobachten. Sie können zu Beginn der Untersuchung erklären, dass Ihre Arbeitsgruppe an einem bestimmten Aspekt der Praxis (z. B. dem Risikoassessment) interessiert ist und, dass Sie hoffen, daraus gewonnene Erkenntnisse in die Praxis umsetzen und so einen Beitrag zur Arbeit der Gruppe leisten zu können. Sie sollten

Ihre Kollegen (und auch Patienten oder deren Verwandte, falls es bei den Beobachtungen um Interaktionen geht, an denen sie beteiligt sind) um Ihre Meinung zu den Beobachtungen bitten. Dies ist ein wichtiger erster Schritt, dem eine kurze Information über die Ziele Ihrer Untersuchung folgen sollte. Nachdem die Kollegen bzw. Patienten sich mit der Durchführung und Aufzeichnungen der Beobachtungen einverstanden erklärt haben, können Sie mit der Durchführung beginnen und relevante Notizen machen, aus denen immer hervorgehen muss, wer die beteiligten Personen sind. So können Sie später überprüfen, wie diese zu den Beobachtungen stehen, die Sie in der Arbeitsgruppe diskutieren wollen.

Vermutlich werden Sie bei einigen Beobachtungen herausfinden wollen, wie Sie arbeiten und denken. Reflexion ist ein wichtiger Teil der pflegerischen Praxis, und je kritischer und gründlicher Sie sich während Ihrer Untersuchung damit auseinander setzen, desto besser (Bolton, 2001). Doch sollten Sie auch hier nicht vergessen, dass Ihr Handeln und Ihre Kommunikation auch andere einbezieht, deren Einverständnis Sie einholen müssen, bevor Sie Ihre Beobachtungen ohne Bedenken für die Diskussion benutzen können.

In **Kasten 5-2** sind drei Methoden aufgeführt, die bewirken, dass der Beobachter den Gegenstand der Untersuchung nie aus den Augen verliert. Alle Methoden sollen den Beobachter dazu bringen, Alltägliches als ungewöhnlich wahrzunehmen, als etwas, dass es wert ist, eingehender betrachtet zu werden.

---

**Kasten 5-2: Wie man für Informationen aus der Praxis wachsam bleibt.**

*Gezielte Fragen*
Bei dieser Methode wählt der Beobachter zwei oder drei Fragen aus, die er sich im Verlauf einer Schicht immer wieder stellt. Er kann sie notfalls auch aufschreiben. Am besten geeignet sind jedoch ganz einfache Fragen, wie z. B.: «Wie reagieren wir auf die Ängste der Patienten?» Fragen werden ausgewählt, weil sie im Mittelpunkt der Untersuchung stehen und weil die Praxis mit ihren verschiedenen Situationen Antworten liefern kann.

*Welches Denken steht dahinter?*
Der Beobachter konzentriert sich auf eine Reihe von Praktiken. Er bevorzugt dabei solche, die im Verlauf einer Schicht mehrmals und bei verschiedenen Klienten durchgeführt werden. Der Beobachter achtet jedes Mal bewusst auf die Handlungen des Praktikers und die Reaktionen des Patienten. Anschließend stellt der Beobachter dem Praktiker ausgewählte Fragen über den Zusammenhang zwischen der Wissensgrundlage, seinen Überzeugungen und Wertvorstellungen sowie seiner Arbeit.

*Der außerirdische Besucher*
Für den Beobachter ist es vielleicht amüsanter, wenn er sich vorstellt, die Praxis mit den Augen eines Außerirdischen zu betrachten. Gewohnheiten und Interaktionen erscheinen dann zwangsläufig als fremd. Der Beobachter versucht nun herauszufinden, wie die Interaktion aufrechterhalten wird, z. B. was bewirkt, dass der Patient dem Praktiker in diesem Setting vertraut?

Johns (2000) und Eraut (1990) haben verschiedene reflektive Bezugsrahmen entwickelt, die das verborgene, in der Praxis genutzte Wissen bewusst machen sollen. Diese Bezugsrahmen sind alle eine nähere Betrachtung wert, auch wenn die Pflegenden mal diese und mal jene Form der Aufzeichnung für nützlicher halten. Wichtig ist, dass in solchen reflektiven Bezugsrahmen nicht nur Berichte über Ereignisse während einer bestimmten klinischen Episode erfasst werden, sondern auch Aspekte wie die Folgenden:

- Aktionen und Reaktionen (In der Pflege findet Kommunikation statt. Verbale und nonverbale. Reaktionen auf pflegerische Maßnahmen können somit Hinweise darauf geben, wie effizient oder rücksichtsvoll diese Maßnahmen sind.)
- Motive (Was war Ihr Ziel? Haben Sie sich dies bewusst gemacht?)
- Gefühle (In der Pflege müssen viele Emotionen verarbeitet werden, z. B. der Stress bei der Pflege sterbender oder chronisch kranker Patienten. Auch die Interaktion mit anderen Gesundheitsfachleuten kann belastend sein. Natürlich gibt es auch Aspekte der Praxis, die viel Freude machen, und deshalb lohnt es sich herauszufinden, welche Aspekte der Pflegearbeit Ihnen am meisten Freude bereiten.)
- Kontexte (Pflegeepisoden sind in einen Kontext eingebettet. Deshalb muss genau geprüft werden, was einer Pflegeepisode vorausging und was die Beteiligten in die Situation eingebracht haben.)
- Zeit (Klinische Episoden können besser gedeutet werden, wenn zeitliche Aspekte beachtet werden. So kann die Tatsache, dass Klienten die Möglichkeit hatten, ihre Entscheidungen zu «überschlafen», ihre Reaktionen beeinflussen.)
- Ort (Der Kontext, in dem eine Pflegeepisode stattfindet, kann Äußerungen und Handlungen beeinflussen.)
- Konsequenzen (Eine klinische Episode hat oft Einfluss auf Ihre zukünftige praktische Arbeit, z. B. würden Sie beim nächsten Mal einen anderen Ansatz wählen?)

Falls Sie nicht in den Genuss kommen, die Praxis als Gast ohne spezielle Aufgabe zu beobachten, können Sie Ihre Beobachtungen meistens erst einige Zeit nach dem Ereignis aufzeichnen. Da Ihr Gedächtnis Ihre Eindrücke beeinflusst, ist es ratsam, sie so schnell wie möglich niederzuschreiben, entweder während einer Kaffeepause oder unmittelbar nach der Schicht. Auch wenn Sie vorhaben, Ihre Beobachtungen am Abend oder am nächsten Tag ausführlich zu schildern, sollten Sie Ihre Eindrücke dennoch so bald wie möglich skizzieren. Wenn Sie mit einer Gedächtnisstütze arbeiten, können Sie Ihre Beobachtungen auch noch später ausführlich und genau beschreiben (s. **Abb. 5-3**). Eine Gedächtnisstütze kann ganz unterschiedlich aussehen. Sie kann in ein Notizbuch geschrieben oder auch mit einem Diktaphon festgehalten werden. Sie soll einfach nur die Daten so lange speichern, bis Sie die Gelegenheit haben, sich eingehender damit auseinander zu setzen.

# 5. Das Suchen und Sammeln von Informationen 103

**Abbildung 5-3:** Beispiel für eine Gedächtnisstütze.

Einer der Vorteile dieser graphischen Darstellung einer Beobachtung besteht darin, dass Sie später darüber nachdenken können, wie die einzelnen Komponenten zusammenpassen. In diesem Beispiel wollte der Beobachter herausfinden, wie die Pflegenden auf der Unfallstation mit der Anwesenheit der Polizisten umgehen. Die Polizisten mussten ihre Untersuchungen durchführen, die Patienten befragen und waren darüber hinaus ein Schutz gegen potenzielle Aggressionen auf der Station. Viele Patienten waren dagegen der Meinung, die Polizisten würden allein durch die Art der Befragung Schuld zuweisen. Sie fühlten sich ausgeliefert und nicht in der Lage, klare Auskünfte zu geben oder zumindest solche, die in ihrem eigenen Interesse lagen. Um die Patienten nicht zu Aggressionen zu provozieren, die sich dann vielleicht auch gegen eine der Pflegepersonen gerichtet hätten, mussten die Pflegenden die Anwesenheit der Polizisten neutralisieren. Zu diesem Zweck wurden die Patienten zunächst einmal vorschriftsmäßig behandelt und versorgt. So wurde ihnen die Befragung so lange erspart, bis ihre unfallbedingten Verletzungen begutachtet wurden. Achten Sie darauf, wie der Beobachter Informationen notiert, die den Kontext und den Ort der Beobachtung betreffen. Außerdem hätte noch vermerkt werden können, ob viel Betrieb auf der Station war und wie viele Praktiker damit beschäftigt waren, die bedrohliche Situation in den Griff zu bekommen. Bei dieser Gedächtnisstütze steht der pflegerische Ansatz/Umgang mit der Situation im Vordergrund. Ebenso gut hätte der Beobachter sich auf die Abfolge der Ereignisse konzentrieren und sie chronologisch darstellen können (s. **Abb. 5-4** auf S. 104).

| Patient | andere Beteiligte |
|---|---|
| 21.17 Uhr Patient flucht und beschuldigt Fahrer B, betrunken und rücksichtslos zu sein. Ruft über die Wand der Kabine, B soll gut auf sich aufpassen. | 21.20 Uhr Ein in der Nähe stehender Polizist kommt herein und warnt den Patienten, nicht ausfallend zu werden. Der Polizist verlässt die Kabine. |
| 21.35 Uhr Patient beschuldigt die Pflegeperson, mit den anderen unter einer Decke zu stecken und zu glauben, dass er Schuld an dem Unfall hat. Patient schubst die Pflegeperson auf den Boden und tritt ihr ans Bein, als sie gehen will. | 21.30 Uhr Die Dienst habende Pflegeperson bringt zur Behandlung eines Risses in der Kopfhaut Nahtmaterial herein. Sie wird gefragt, warum sie die «verdammten Bullen» reingelassen hat. |
| 21.45 Uhr Patient sagt, er wolle gehen und entschuldigt sich, dass er über die Pflegeperson «gestolpert» ist. | 21.40 Uhr Pflegeperson stoppt den Patienten und versichert ihm, dass keiner so etwas glaubt und dass der Polizist gar nicht hereingekommen wäre, wenn er sich ruhig verhalten hätte. Der Polizist sei nur zufällig wegen eines anderen Unfalls da gewesen. |
| | 21.50 Uhr Pflegeperson sagt, seine Sicherheit habe Vorrang – er müsse seine Wunde versorgen lassen. Für den Augenblick beschließt sie, auf Hilfe zu verzichten (die Situation ist gerettet). |

**Abbildung 5-4:** Gedächtnisstütze (Chronologie der Ereignisse).

## 5.5
## Informationen aus Exkursionen

Die meisten von uns können sich noch an die Exkursionen ihrer Schulzeit erinnern. Dabei denkt man automatisch an den Zwang, sich gut zu benehmen und sich alles zu merken, und an die peinliche Situation, in die der Lehrer geriet, wenn keiner der Schüler hinterher in der Lage war, eine Frage zu stellen. Exkursionen, die anlässlich von Untersuchungen im Kontext des problem- und forschungsorientierten Lernens durchgeführt werden, müssen viel besser organisiert und vorbereitet werden. Die Ziele der Exkursion und die Fragen, auf die Sie Antworten finden wollen, müssen vorab festgelegt werden. Brauchen Sie für die Exkursion eine Erlaubnis, gebietet es die Höflichkeit, in einem Brief Ihre Erwartungen darzulegen und zu erklären, welche Fragen Sie während Ihres Besuches untersuchen möchten.

Es ist wichtig, dass Sie während Ihres Besuches gewisse Regeln beachten, wenn Ihnen daran gelegen ist, so viele Informationen wie möglich zu sammeln. Die folgenden Punkte sollten Sie daher beherzigen:

- Würdigen Sie die Arbeit/den pflegerischen Ansatz des Teams oder der Organisation, die Sie besuchen. (Vielleicht arbeitet man dort anders als Sie es tun, aber schließlich sind Sie da, um andere Arbeitsweisen kennen zu lernen.)

- Achten Sie auf Höflichkeit. (Ihre vorformulierten Fragen sind Ihre Agenda. Aber denken Sie auch daran, dass Ihr Gastgeber eine eigene Agenda hat. Vielleicht ist Ihr Besuch für Ihren Gastgeber eine willkommene Gelegenheit, die eigene Philosophie zu erläutern. Bei Exkursionen werden meist beide Agenden berücksichtigt.)
- Formulieren Sie Fragen mit Fingerspitzengefühl und zum richtigen Zeitpunkt. (Stellen Sie z. B. vor den Klienten keine Fragen, die sensible Bereiche berühren oder andere in Verlegenheit bringen können. Warten Sie mit Fragen, die die Philosophie oder den Ansatz betreffen, so lange, bis Sie mehr von der Arbeitsweise gesehen haben. Wenn Sie einfach weiter beobachten, beantworten sich Ihre Fragen wahrscheinlich von selbst.)
- Ergänzen Sie den Fokus Ihrer Frage immer durch einen Kontext oder eine Erklärung. (Je mehr Sie über Ihre Interessen oder Motive mitteilen, desto ausführlicher und differenzierter wird Ihr Gastgeber antworten.)
- Denken Sie daran, sich nach Abschluss Ihres Besuches zu bedanken. In der Regel geschieht dies in schriftlicher Form nach Rückkehr an Ihren Arbeitsplatz.

Exkursionen sind eine gute Möglichkeit, viele nützliche neue Informationen unter verschiedenen Bedingungen des problem- und forschungsorientierten Lernens zu sammeln. Dies zeigen die folgenden Zitate von Studenten, die von dieser Möglichkeit in verschiedenen Phasen einer Untersuchung Gebrauch machten:

> Wir befanden uns mit unserem Projekt in einer Phase, in der wir nach einem besseren Ansatz suchten. Wir schickten drei Leute aus unserem Team zu verschiedenen Stationen, auf denen Patienten behandelt wurden, die an irgendeiner Form der versteckten Depression litten. Wir waren nicht an Handlungsanweisungen interessiert, sondern wir wollten wissen, was bei den Patienten bis zu einem gewissen Grad und unter bestimmten Umständen funktioniert. Wir bekamen jede Menge Anregungen und schlugen drei Möglichkeiten vor, die unseren Patienten vielleicht schon im nächsten Jahr helfen könnten.
> (Eric, psychiatrische Station)

> Unser Besuch bei den Stoma-Pflegespezialisten im Bezirkskrankenhaus war nicht mit der Erwartung verbunden, dass sie aus uns über Nacht Spezialisten machen würden. Wir wollten einfach nur wissen, wo die Grenze ist und erfahren, in welchen Fällen es richtig ist, Patienten zu überweisen und wann wir selbst etwas tun können. Unser Ziel war, die Grenze abzustecken und die Leute dort kennen zu lernen. Was dies betrifft, war der Besuch erfolgreich, denn wir bekamen nicht nur mehr Informationen, sondern wir haben die Leute auch besucht und kennen gelernt.
> (Shona, Praxisschwester)

Im ersten Beispiel verfolgen Eric und seine Kollegen mit ihren Besuchen ein klares Ziel – die Erwartungen sind realistisch und werden erfüllt. Diese Besuche finden in einem relativ späten Stadium der Untersuchung statt, wenn das Problem schon analysiert ist. Die Untersuchung gehört zu der Kategorie, die eine Problemlösung anstrebt. Der Besuch von Shona und ihren Kollegen im zweiten Beispiel hat ebenfalls ein Ziel. Sie wollen von den Stoma-Pflegespezialisten erfahren, wann sie Patienten überweisen müssen und in welchen Fällen sie selbst helfen können. Der zusätzliche und unerwartete Nutzen ergibt sich aus der Tatsache, dass der Besuch und der damit verbundene Austausch Teil der Lösung ist: eine stärker an wissenschaftlichen Erkenntnissen orientierte Überweisungspraxis. Exkursionen sind dann sinnvoll, wenn Orte besucht werden, an denen der Umgang mit der Praxis ein völlig anderer ist und Sie im Zusammenhang mit der Pflege verschiedene Sichtweisen oder Beiträge kennen lernen.

Die Aufzeichnungen nach solchen Besuchen werden eher eklektisch sein. Doch auch hier gilt die goldene Regel: Schreiben Sie Ihre Beobachtungen so schnell wie möglich auf und benutzen Sie einen für Ihre Gruppe geeigneten Bezugsrahmen. Sie können Ihre Notizen als Antworten zu (kursiv gedruckten) Fragen aufzeichnen, oder Sie können die Materialien einer anderen Einheit verwenden und beispielsweise deren Pflegephilosophie kommentieren, oder Prospekte bzw. Literatur über Patientenedukation benutzen, um aufzuzeigen, wie man dort mit Problemen umgeht. Fügen Sie Ihren Aufzeichnungen eine Kopie mit allen wichtigen Informationen über die Person des Gastgebers (falls sich später noch Fragen ergeben) und eine Kopie des Dankschreibens hinzu, damit nachweisbar ist, dass diese Informationssammlung sowie die dazugehörigen Formalitäten abgeschlossen sind.

## 5.6
# Zusammenfassung

Die eindrucksvollsten und richtungsweisendsten Projekte im Kontext des problem- und forschungsorientierten Lernens sind solche, die auf einer gut organisierten und planvoll durchgeführten Informationssammlung basieren. Dies liegt nicht nur daran, dass Ihnen mehr Daten für die Analyse zur Verfügung stehen, sondern auch daran, dass Sie viele Kontakte knüpfen, Experten und andere Berater kennen lernen, die die Analyse Ihres Projektes kritisch begleiten können. Alle Fähigkeiten, die Sie sich aneignen, wenn Sie lernen, Informationen mit verschiedenen Methoden zu sammeln, intensiv zu überlegen, wie Sie Zugang zu Informationen bekommen, wie Sie Interviews strukturieren, Beobachtungen durchführen und Gedanken aufzeichnen müssen, bringen Ihnen Nutzen für das aktuelle Projekt und für alle, die noch folgen. Während Ihre Interviews, Beobachtungen und Reflexionen im Dienste eines bestimmten Projekts standen, können Sie von diesen Fähigkeiten auch in der klinischen Praxis profitieren. Je besser Sie über die Hintergründe der Fragen, Beobachtungen und Aufzeichnungen informiert sind, desto eher wird es Ihnen gelingen, die Arbeit in der Praxis mit einem hohen Maß an Bewusstheit und Effizienz durchzuführen.

Die Lektüre dieses Kapitels hat Ihnen hoffentlich neue Ideen für die Durchführung von Studien im Kontext des problem- oder forschungsorientierten Lernens vermittelt. Es enthält Hinweise und brauchbare Tipps, wie Sie Ihre Informationssammlung ergiebiger und interessanter machen können. Dies ist nicht unwichtig, denn je mehr Spaß Sie an der Informationssammlung haben, umso engagierter werden Sie Ihr Projekt vorantreiben. Nützliche Informationen beflügeln die Diskussion und animieren Sie, auf unkonventionelle Art und Weise über die Gesundheitsversorgung nachzudenken. Je mehr Möglichkeiten Sie haben, ein Problem oder eine Mangelsituation zu analysieren, umso flexibler werden Sie sein, wenn es darum geht, das Problem zu lösen oder die Praxis zu verstehen. Durch eine gut organisierte Informationssammlung im Kontext des problem- und forschungsorientierten Lernens lernen Sie das, was Sie wissen müssen, sehr viel schneller als in der klinischen Praxis, wo Sie sich dieses Wissen sehr viel langsamer aneignen würden.

Das Sammeln von Informationen kann jedoch auch anders vonstatten gehen, nämlich mithilfe der Technologie und des World Wide Web. Diese Quelle, die für Informationen und Nachforschungen genutzt werden kann, lernen Sie im nächsten Kapitel näher kennen. Bedenken Sie jedoch, dass keine Informationsquelle anderen prinzipiell vorzuziehen ist. Wichtig ist, dass Sie genau wissen, was eine Quelle bieten *kann* und wonach Sie suchen. Eine intelligente und kosteneffiziente Auswahl und Nutzung Ihrer Quellen ist ein wichtiger Beitrag zur Entwicklung der Praxis in der Gesundheitsversorgung.

## 6.
# Die Nutzung des Internets

Gegen Ende des zwanzigsten Jahrhundert erlebte die Pflegeausbildung eine technologische Revolution, welche die Möglichkeiten der Beschaffung und der Nutzung von Informationen grundlegend veränderte und mit Blick auf das problem- und forschungsorientierte Lernen immense Vorteile bietet (Bramley, 2001; Johnson, 2001; Ward, 2001). Im Mittelpunkt dieser Revolution stehen das Internet oder World Wide Web (ein riesiges, weltumspannendes, ständig wachsendes Netzwerk von Informationsquellen) und der Computer/die Kommunikationstechnologie, die den Benutzern, unabhängig vom Ort, den Zugang zu den einzelnen Websites ermöglichen. [Im allgemeinen Sprachgebrauch wird der Begriff Internet häufig synonym für World Wide Web verwendet. Die Nutzung des World Wide Web ist jedoch nur eine mögliche Funktion des Internet, welche das Aufrufen von Websites mittels Webbrowser, wie z. B. Firefox, Opera, Internet Explorer, Konquerer, Safari, ermöglicht. Das World Wide Web ist die Bezeichnung für die Gesamtheit aller auf Webservern lokalisierten Websites. Diese Websites sind durch Hyperlinks verknüpft. So ergibt sich ein globales Netz. Das Internet hingegen bietet zahlreiche weitere Funktionen, wie z. B. E-Mail, IRC und Telnet (vgl. www.wikipedia.org, Suchbegriff: World Wide Web, aufgesucht am 28.02.2005). In diesem Kapitel wird der Begriff Internet im allgemeinsprachlichen Sinne als Synonym für das World Wide Web verwendet. – Anm. d. Bearb.]

Die Studenten, die heutzutage per Fernstudium studieren, sind meistens erfahren im Umgang mit Computer und Internet (wenigstens wenn es um das Sammeln von Informationen geht), während die meisten Lernenden den Computer wohl eher benutzen, um Dokumente mithilfe von Textverarbeitungsprogrammen zu erstellen, via E-Mail zu kommunizieren und zu «surfen». In einer neueren Studie über Absolventen von Fernstudiengängen am RCN Institute gaben die meisten Studenten an, sie hätten Zugang zu einem Computer mit Internet-Anschluss (entweder am Arbeitsplatz oder zu Hause) und nutzen Kommunikation per E-Mail und Websites zur Informationsgewinnung (Recherche). Einige waren jedoch nicht sehr überzeugt, was die Auswertung von Informationen aus dem Internet und die Kommunikation via E-Mail betraf.

Dieses Kapitel macht Sie mit den Grundlagen der Beschaffung und Verbreitung von Informationen über das Internet vertraut, wobei elementare Kenntnisse im Umgang mit dem Computer vorausgesetzt werden. Es kann weder einen Kurs über Informationstechnologie ersetzen, noch wird es den praktischen Umgang mit dem Computer verbessern. Vielmehr befasst es sich mit den Grundregeln, die Sie beachten müssen, wenn Sie Websites aufsuchen, die dort gefundenen Informationen auswerten, sie herunterladen und Befunde und Ideen per E-Mail an Ihre Kollegen weiterleiten wollen.

## 6.1
## Was ist das World Wide Web?

Das World Wide Web lässt sich am einfachsten mithilfe einer Analogie beschreiben. Es besteht aus Informationsquellen, die in Servern lokalisiert sind und eine einzigartige Adresse haben (eine URL, Uniform Resource Locator). Ein Computer mit Internet-Anschluss, ein Modem und das Telefonnetz ermöglichen den Zugang zu diesen Adressen. Das World Wide Web gleicht einer Stadt mit riesigen Ausmaßen. Innerhalb dieser «Stadt» gibt es viele Adressen und natürlich viele verschiedene Möglichkeiten, sich zu orientieren (Wegweiser). Unsere Stadt liegt im «Wilden Westen». Dies bedeutet, obwohl die Technologie etabliert und die Mittel, um von A nach B zu gelangen, allgemein bekannt sind, sind die Geschehnisse in der Stadt nicht geregelt. Unsere Stadt erstreckt sich über internationale Grenzen und ist deshalb schwierig zu kontrollieren. Websites sind quasi die Firmen und Wohnhäuser in dieser Stadt.

Es gibt viele und ganz unterschiedliche Gründe für Menschen, in diese Stadt zu kommen. Doch eines ist sicher. Sie halten sich nicht nur deshalb dort auf, um Sie mit Informationen zu versorgen. Manchmal haben sie sich dort «eingemietet», um Ihnen ein Produkt oder eine Dienstleistung zu verkaufen (in dem Fall wird häufig an die Internet-Adresse oder URL .com angehängt, die Abkürzung für commercial). Die Internet-Adresse des Buchverlages lautet beispielsweise http://www.verlag.hanshuber.com, die eines Lieferanten für Stomapflegebedarf http://www.convatec.com. Solche Firmen bieten gelegentlich kostenlos Informationen an, die sehr nützlich sein können, z.B. Kataloge oder Hinweise für den Umgang mit ihren Produkten. Aber sowohl der Verlag als auch Convatec sind kommerzielle Unternehmen, deren Hauptanliegen der Verkauf ihrer Produkte ist. Den Betreibern anderer Websites geht es darum, eine bestimmte Sache zu unterstützen, und wieder andere wollen ganz einfach nur anderen helfen, indem sie ihnen kostenlos und diskret Informationen anbieten. Die Betreiber von Websites, die Ihre Dienste Pflegenden anbieten, insbesondere ihren Mitgliedern, hängen an ihre Internet-Adresse oft .org (Abkürzung für organization) an. So finden Sie beispielsweise unter http://www.rcn.org.uk das Royal College of Nursing und unter http://www.nursingworld.org die American Nurses Association, die beide hervorragende Ressourcen anbieten. Weitere interessante Adressen in diesem Zusammenhang sind z. B. http://www.ino.ie (Irish Nurses Organization), www.dbfk.de (Deutscher Berufsverband für Pflegeberufe), www.sbk.ch (Schweizer Berufsverband der Pflegefachfrauen und Pflegefachmänner), www.sbgrl.ch (Schweizer Berufs- und Fachverband der Geriatrie-, Rehabilitations- und Langzeitpflege) und http://www.oegkv.at (Österreichischer Gesundheits- und Krankenpflegeverband). Das letzte Suffix gibt Auskunft darüber, in welchem Land die Organisation ansässig ist. In diesem Fall sind es das United Kingdom (uk), die Republic of Ireland (ie), Deutschland (de), die Schweiz (ch) und Österreich (at). Die Betreiber von Websites, die an ihre Adresse .edu anhängen (Abkürzung für education) sind in der Regel Universitäten oder andere Institutionen aus dem Bereich der Wissensvermittlung. Dort finden Sie Informationen über Forschungsaktivitäten, Kurse oder Konferenzen. [Die meisten Endungen sind allerdings unabhängig von Standort und Organisationsform für jeden, der eine Website anmelden möchte, frei verfügbar. Aus diesem Grunde bietet eine entsprechende Endung keine Garantie für die Seriosität der auf der Website angebotenen Inhalte. – Anm. d. Bearb.]

Wie in fast allen anderen Städten können Sie sich leicht verirren oder an Orte gelangen, die Ihren Bedürfnissen nicht entsprechen. Was man Ihnen in dieser Stadt erzählt, muss nicht immer wahr sein. Deshalb ist es wichtig, die Informationsquelle zu überprüfen. Das World Wide Web entwickelt sich in rasantem Tempo. Websites erscheinen und verschwinden wieder. Sitten und Gebräuche ändern sich. In seinen Kommentaren zu dem Versuch der British Library, Websites zu katalogisieren, weist McCue (2002) darauf hin, dass die Lebensdauer einer Website im Durchschnitt nur sechs Wochen beträgt. Websites, die es im letzten Monat noch gab, existieren wahrscheinlich im nächsten schon nicht mehr. Tatsache ist jedoch, dass die Betreiber der kurzlebigen Websites meist Einzelpersonen oder kleine Gruppen und nicht große Organisationen sind. Für unseren Vergleich mit dem Wilden Westen bedeutet dies, dass Städte, die in diesem Tempo wachsen, nicht mit Weitblick geplant wurden. So nahe liegend es auch ist, das World Wide Web mit einer überdimensionalen Bibliothek zu vergleichen, es ist einfach nicht richtig. Das World Wide Web ist weder auf die gleiche Art und Weise organisiert noch sind die Informationen nach Kategorien geordnet. Wenn Sie diese Stadt betreten, dann müssen Sie sich selbst zurechtfinden, die Richtung erfragen und entscheiden, was Sie kaufen, mitteilen oder akzeptieren wollen.

Das World Wide Web lässt sich vereinfacht als Diagramm darstellen (s. **Abb. 6-1** auf S. 112).

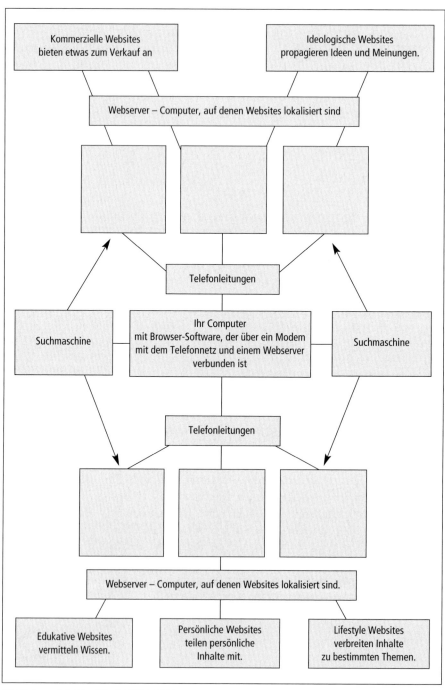

**Abbildung 6-1:** Das World Wide Web.

## 6.2
# Das Aufsuchen der Websites

Wie Sie das World Wide Web nutzen können, lässt sich gut am Beispiel einer Suche nach Informationen erklären. Angenommen Sie studieren an einer Hochschule mit eigenem Server. Dies bedeutet, die Universität verfügt über eine Zentraleinheit mit großer Speicherkapazität, in der zahlreiche Ressourcen lokalisiert sind. Sie finden dort beispielsweise elektronische Zeitschriften, deren Artikel Sie herunterladen können, eine Verbindung ehemaliger Studenten, wo Sie Informationen über andere Absolventen erhalten sowie eine vollständige Liste aller Professoren und Dozenten mit ihren jeweiligen Fachgebieten. Wenn Sie den entsprechenden Zugangscode eingeben und den Instruktionen auf dem Monitor folgen, erhalten Sie Zugang zu den verschiedenen Dienstleistungen. Sie nutzen dann das so genannte *Intracom* oder *Intranet*. Ihre Suche hat wahrscheinlich nie die Hochschule oder den Campus verlassen, aber Sie haben schnell Zugang zu Informationen bekommen, der im Normalfall mit umfangreicher praktischer wissenschaftlicher Arbeit verbunden gewesen wäre. Im Kontext des problem- und forschungsorientierten Lernens beispielsweise würde dies bedeuten, dass Sie Experten befragen, Artikel lesen und verschiedene Abteilungen innerhalb der Hochschule aufsuchen müssten.

Nehmen wir weiter an, die gesuchten Informationen (z. B. solche aus dem Bereich der sozialwissenschaftlichen Forschung) sind nicht in Ihrer Hochschule lokalisiert, weil diese Disziplin nicht zu den dort angebotenen Ressourcen gehört. Sie haben den Hinweis bekommen, dass Sie diese Informationen auf bestimmten Websites finden können und die entsprechende Adresse erhalten (z. B. http://www.secresonline.org.uk – eine an der Universität von Surrey produzierte Online-Zeitschrift über sozialwissenschaftliche Forschung). Falls Sie noch nicht mit dem Internet verbunden sind, stellen Sie eine Verbindung her. Nun öffnen Sie Ihren Browser und geben die URL der gewünschten Website in die Adressleiste ein. Ihre Anfrage wird vom Webserver Ihres Providers [Internetanbieter, wie z. B. arcor, t-online, freenet, bluewin – Anm. d. Bearb.] über die Telefonleitung zu der angeforderten Website in einem anderen Server weitergeleitet, der sich unter Umständen Tausende von Kilometern entfernt befindet. Während Sie arbeiten, sind Sie mit dem Server Ihres Providers über die Telefonleitung verbunden und müssen alle Kosten tragen, die mit der Inanspruchnahme der Dienste anfallen.

Auf der entsprechenden Website haben Sie vielleicht die Möglichkeit, innerhalb der Website durch mehrere Seiten zu surfen, wenn Sie die angebotenen Links mit der Maus anklicken. Viele Websites beinhalten auch eine Suchfunktion, die Sie für die Suche nach speziellen Inhalten dieser Website nutzen können. Auf unser Beispiel bezogen bedeutet dies, Sie können nach Schlüsselbegriffen, wie z. B. «ethnographische Studien» suchen, um relevante Artikel zu diesem Thema zu finden. In manchen Fällen werden Sie durch Anklicken nicht nur mit verschiedenen

Seiten innerhalb dieser Website verbunden, sondern auch noch mit anderen Websites, die weitere Informationen zu dem Thema enthalten. Jetzt suchen Sie im *Internet*. Da sich die URLs ändern (s. Adressleiste Ihres Browsers), während Sie dies tun, sollten Sie diese notieren. Zeichnen Sie die Adressen entweder per Hand oder mithilfe der Werkzeugleiste Ihres Browsers auf, indem Sie sie der Sammlung Ihrer «Favoriten» hinzufügen.

Angenommen, Sie haben ein Thema oder eine Frage, wollen aber keine bestimmten Websites aufsuchen, weil Sie in diesem Stadium der Untersuchung noch nicht wissen, welche die richtigen sind. Die Suche nach relevanten Websites wird durch Suchmaschinen und Kataloge (z. B. Yahoo, Google) erleichtert.

Verbinden Sie sich mit dem Internet und geben Sie die URL einer Suchmaschine (z. B. www.yahoo.com, www.google.de) in Ihren Browser ein. Hier wird Ihnen ein Eingabefeld (Suchmaske) zur Verfügung gestellt, in welches Sie Ihre gesuchten Schlüsselwörter eingeben können. Suchmaschinen dienen kommerziellen Zwecken und sind in großen Internet-Servern lokalisiert, die umfangreiche Datenbanken durchsuchen können. Die Suchmaschinen durchsuchen ihre Datenbanken nach dem eingegebenen Begriff und bieten eine Liste von Websites, die diesen Begriff beinhalten als Suchergebnisse an. Wenn Sie den gewünschten Titel (der selbst ein URL ist) anklicken, sind Sie automatisch mit der entsprechenden Website verbunden. Es gibt Suchmaschinen, die auf die Websites in einem bestimmten Land oder einer bestimmten Region (z. B. Europa) beschränkt sind, während andere global operieren. Eines haben sie jedoch gemeinsam: Sie sind nur so gut wie die Wörter, die Sie für die Suche eingeben. Die Suchmaschine sucht zu dem eingegebenen Begriff alle möglichen Wortverbindungen heraus, wie einige Pflegestudenten zu ihrer Überraschung feststellten, als sie in der Abschlussphase eines Projekts über Latexallergie «Gummi» eingaben und als Suchergebnisse Verweise auf Websites erhielten, die sich mit Dessous und Erotikartikeln, Kaugummis, Kunststoffen, Kondomen und Autoreifen befassten. Würden Sie einen Begriff wie z. B. «sozialwissenschaftliche Forschung» eingeben, dann bekämen Sie wahrscheinlich eine umfangreiche Trefferliste mit geeigneten Websites, darunter Universitäten und ihre Forschungsabteilungen, sozialwissenschaftliche Denkfabriken und/oder Institute, die Erhebungen über die öffentliche Meinung durchführen. Für die Sichtung von Bibliothekskatalogen mithilfe einer Suchmaschine müssen in der Regel sehr viel präzisere Begriffe eingegeben werden. Geben Sie z. B. «Obdachlosigkeit» oder Begriffe wie «Shelter» (der Name einer Wohltätigkeitsorganisation) ein, bekommen Sie wahrscheinlich Hinweise auf bestimmte Websites, von denen einige Forschungsaktivitäten, Richtlinien oder Schriften beinhalten, die mit dem von Ihnen gesuchten Thema in Zusammenhang stehen.

Websites sind nicht formal nach Kategorien geordnet, doch wie Abbildung 6-1 zeigt, können sie praktisch fünf Bereichen zugeordnet werden. Viele Websites, die Sie aufsuchen, werden Mischformen sein, d. h. sie werden einen bestimmten Anteil der Informationen (Zeitschriftenartikel als Muster) kostenlos zur Verfügung stellen, gleichzeitig aber andere Produkte (die Zeitschrift) zum Kauf anbieten, entweder online (via Internet) oder als Postsendung an Ihre Adresse (als gedrucktes Exemplar). Wenn Sie Informationen im Internet sammeln, sollten Sie wissen, um welche Art von Website es sich handelt und welche Einschränkungen damit verbunden sind.

### 6.2.1
### Kommerzielle Websites

Die Betreiber kommerzieller Websites verdienen ihr Geld damit, dass sie Ihnen den Blick auf die Inhalte ihrer Website in Rechnung stellen (Zahlung über Kreditkarte) oder Ihnen ein Produkt verkaufen, von dessen Vorzügen Sie sich durch Mustermaterial überzeugen können. Websites dieser Art werden beispielsweise von Zeitschriftenverlegern betrieben, von denen viele ihre Zeitschriften nicht mehr als gedruckte Exemplare, sondern online anbieten. Sie sollten nicht erwarten, dass kommerzielle Unternehmen umfangreiche Informationen kostenlos bereitstellen, damit Sie sie herunterladen können. Es kann allerdings sein, dass nützliche Informationen, nach denen Sie suchen (z. B. Zeitschriftenartikel oder ein Probeexemplar der Zeitschrift), zufällig als Muster angeboten werden. Suchen Sie dagegen eine umfassende Auswahl von Zeitschriftenartikeln, ist es besser, die Website einer Universitätsbibliothek aufzusuchen, wo Sie eine Auswahl elektronisch gespeicherter Zeitschriften und Studien in digitaler Form, z. B. als PDF-Datei, finden. Wenn Sie an einer Universität studieren, ist dieser Service oft in den Studiengebühren enthalten. [Spezielle Online-Datenbanken, wie z. B. Pubmed, Cinahl, bieten eine große Auswahl an Artikeln und Studien zu pflegerischen und medizinischen Themen an. Volltextartikel sind jedoch meist kostenpflichtig. Sie haben hier die Möglichkeit, Publikationen per E-Mail, als Download in Form von PDF-Dateien oder in gedruckter Form anzufordern. – Anm. d. Bearb.]

Geeigneter sind kommerzielle Websites unter Umständen, wenn Sie Informationen über medizinische Produkte und ihre Verwendung suchen. In diesem Fall bieten solche Websites oft neben umfassenden Informationen über Produkte ihres Unternehmens den Zugang zu einer Verbraucherberatung an, wo Sie Näheres über die Anwendung der Produkte erfahren, und geben eventuell Hinweise auf regionale Vertreter, die Ihnen mehr über die Ausführung des Produktes sagen können. Will ein Unternehmen den Kauf seines Produkts durch Werbung fördern, werden gelegentlich Forschungs- oder Produktevaluationsstudien veröffentlicht. Hier sollten Sie bedenken, dass gesponserte Forschungsarbeiten nicht immer objektiv sind.

## 6.2.2
## Ideologische Websites

Ideologien spielen im Leben der meisten Menschen eine Rolle, und es ist im Prinzip nicht falsch, solche Websites aufzusuchen. Hierher gehören beispielsweise Websites, die von politischen Parteien, Gewerkschaften oder Interessengruppen und manchmal auch von Vertretern der Medizin oder von Wohltätigkeitsorganisationen betrieben werden, die es als ihre Aufgabe ansehen, sich für eine bestimmte Sache zu engagieren. Berufsorganisationen aus dem Bereich der Pflege oder Medizin könnten ebenfalls ideologische Websites betreiben (die die Vorzüge ihrer Disziplin und die Vorteile bestimmter Handlungsweisen darstellen), doch hier könnte die «Botschaft» sehr viel subtiler sein. Von der Regierung betriebene Websites beinhalten ebenfalls eine Mischung aus Politik und Fakten, verbunden mit einer Erklärung zur Gesundheit und Gesundheitsversorgung, so wie sie sich aus Sicht der regierenden Partei darstellt.

Ideologische Websites vermitteln ein klares Bild von polemischen Positionen, Ansichten zur Gesundheitsversorgung sowie von den Bedürfnissen oder Rechten bestimmter Interessengruppen. Sie zeigen, wie verschieden die Auffassungen über ein und dasselbe Thema sein können. So wird z.B. der staatliche Gesundheitsdienst in Großbritannien von den einzelnen politischen Parteien ganz unterschiedlich beurteilt, auch wenn alle seine Verdienste grundsätzlich anerkennen. Wenn Sie die Website einer politischen Partei aufsuchen, lernen Sie lediglich eine Sichtweise des Themas kennen.

## 6.2.3
## Edukative Websites

Viele Betreiber von Websites geben vor, eine edukative Website anzubieten. Zu diesen gehören Wohltätigkeitsorganisationen aus dem Bereich der Gesundheitsversorgung (die die Öffentlichkeit aufklären wollen) sowie Berufsorganisationen. Websites, denen es einzig und allein um die Vermittlung von Wissen geht, sind im Internet seltener zu finden. Hierher gehören die Websites der Herausgeber von Internet-Enzyklopädien wie z.B. *Britannica, Encarta* oder *Wikipedia* [zu finden unter www.britannica.com, www.encarta.msn.com, www.wikipedia.org (Stand 07.03.2005) – Anm. d. Bearb.]. Für manche Websites müssen Sie sich die Zugangsberechtigung erkaufen – was sich für einzelne Personen und Familien oft lohnt, wenn sie diese Kosten mit denen vergleichen, die sie für den Kauf einer großen Anzahl von Büchern ausgeben müssten. Die Berufsorganisationen der Pflege gewähren häufig freien Zugang zu edukativen Inhalten (z.B. Informationen von Foren oder Anleitungen für die optimale Praxis) oder finanzieren diesen aus Mitgliedsbeiträgen.

### 6.2.4
### Persönliche Websites

Heute gibt es zahlreiche Software-Pakete, die es Einzelpersonen ermöglichen, mit wenig Aufwand relativ anspruchsvolle Websites einzurichten, die auf einem Web-Server lokalisiert sind und mit einer Suchmaschine ausfindig gemacht werden können. Meist beinhalten diese Seiten Informationen über die Familie. Sie geben sich einen heiteren Anstrich und wollen z. B. Menschen mit dem gleichen Namen helfen, ihren Stammbaum im Internet zu veröffentlichen oder ihn über das Internet zurückzuverfolgen. Andere Websites dieser Art zielen darauf ab, eine Person und ihr Geschäft oder ihre persönlichen Interessen darzustellen und vermitteln gelegentlich extreme Sichtweisen oder Überzeugungen. Websites dieser Art sind häufig nur für eine bestimmte Zeit im Internet verfügbar, entweder aus Kostengründen, oder weil ein Internet-Provider sich nach einer Beschwerde weigert, die Website weiter zur Verfügung zu stellen.

Für Untersuchungen im Kontext des problem- und forschungsorientierten Lernens sind solche Websites nur von sehr geringem Nutzen. Doch manchmal vermitteln sie persönliche Erfahrungen im Zusammenhang mit einem Problem aus dem Bereich der Gesundheitsversorgung. Einige Websites beispielsweise berichten über das Leben mit einer chronischen Krankheit, thematisieren die Bürokratie in der Gesundheitsversorgung oder empfehlen Bewältigungsstrategien, die sich im Einzelfall bewährt haben. Dies sind sehr eklektische Informationen, die aber doch bestimmte Aspekte eines Problems aufzeigen können, das vielleicht gerade Gegenstand einer Untersuchung ist. Diese Websites können Sie in der Regel mit einer Suchmaschine finden, wenn Sie einen Krankheitsbegriff eingeben, den die betreffende Person bei der Anmietung von Webspace (Speicherplatz auf einem Webserver) zusammen mit anderen Schlüsselbegriffen angegeben hat, um ihre Website vorzustellen.

### 6.2.5
### Lifestyle-Websites

Auf Lifestyle-Websites werden bestimmte Praktiken, Überzeugungen oder Wertvorstellungen propagiert, die ungewöhnlich, wenn nicht gar unmoralisch sind. Solche Websites sollten mit äußerster Vorsicht aufgesucht werden, zum einen weil die dort verbreiteten Ansichten manchmal ekelhaft sind, und zum anderen weil regelmäßiges Aufsuchen dazu führen kann, dass Sie ins Visier der Kriminalpolizei geraten, denn einige dieser Websites enthalten pornographisches oder sogar pädophiles Material. Wie bereits an früherer Stelle in diesem Kapitel erwähnt wurde, ist das Internet nicht so organisiert wie andere Informationsdienste. Im Internet gibt es extreme Positionen, mit denen man sich nur ungern beschäftigt.

Sie fragen sich vielleicht, weshalb jemand, der eine Untersuchung durchführt, den Wunsch haben sollte, solche Websites aufzusuchen. In der Tat ist es so, dass

Sie manchmal ganz zufällig auf diesen Seiten landen (beim Surfen im Internet), während Sie andere im Zuge einer echten Untersuchung vielleicht sogar gezielt aufsuchen müssen. Denken Sie zum Beispiel an Projekte, die Gesundheitsförderung und risikoreiches Verhalten im Zusammenhang mit Geschlechtskrankheiten untersuchen. Im Rahmen solcher Untersuchungen kann es wichtig sein zu erfahren, was andere als Risiko betrachten und wie sie diesem mit ihrer Lebensführung begegnen. Klienten leben völlig unterschiedlich und haben auch ganz verschiedene Wertvorstellungen. Vor diesem Hintergrund kann es bedeutsam sein, die in Websites veröffentlichen alternativen Wertvorstellungen und Praktiken kennen zu lernen (z. B. «swinging» – was den Tausch der Sexualpartner beinhaltet).

Wenn Sie brauchbare Websites mit relevanten Inhalten gefunden haben, sollten Sie die Quellenangaben notieren, damit Sie und die anderen Gruppenmitglieder die Ressource wieder finden können. Geben Sie auch das Datum an, an dem Sie die Website aufgesucht haben, als Hinweis für die anderen, dass das Material nachträglich verändert oder die Website komplett aus dem Internet entfernt worden sein könnte. Schreiben Sie die Quellenangaben genau ab, da die einzelnen Ziffern und Symbole für ihren Zweck relevant sein können und Einteilung und Stoppzeichen ebenso wichtig sind wie Buchstaben und Zahlen. Das folgende Beispiel zeigt, wie es richtig ist: *http://www.ino.ie, Website der Irish Nurses Organization, aufgesucht am 29. April 2004.* Diese sehr einfache Quellenangabe zeigt Ihren Kollegen, dass eine Website existiert und wer sie betreibt. Die Angabe ino alleine wäre kein direkter Hinweis darauf gewesen, dass die Irish Nurses Organization Betreiber dieser Website ist.

Wenn Sie eine bestimmte Ressource innerhalb einer Website gefunden haben, benötigen Sie noch mehr Details. Den für gedruckte Quellen üblichen Angaben folgen weitere Details, die dem Leser die Quelle anzeigen. Hier als Beispiel die Quellenangaben für einen Online-Artikel:

«Finlay, A. (1999) ‹Whatever you say say nothing› : An Ethnographic Encounter in Northern Ireland and its Sequels', *Sociological Research Online*, 4 (3), http://www.socresonline.org.uk/4/3/finlay.html (aufgesucht am 29. April 2004).»

Die Quellenangabe nennt zuerst den Autor und das Datum der Publikation. Danach folgt der Titel des Artikels und die Zeitschrift, in der er zu finden ist, und dann, wie üblich, die Nummer des Bandes und, in Klammern, die Nummer der Ausgabe. Anstelle der Seitenzahlen erscheint die Internet-Adresse. Beachten Sie die Zeichenfolge html am Ende. Sie gibt an, in welchem Dateiformat der Artikel vorliegt.

## 6.3
# Die Evaluation von Informationen aus dem Internet

Die Formen der Informationen aus dem Internet sind vielfältig, und es könnte sein, dass Sie für einige spezielle Programme brauchen, um sie öffnen zu können (z. B. Adobe Reader). Websites bestehen aus Texten und Bildern, sie können Video Clips oder Tonaufzeichnungen enthalten, so dass Sie mit einfachen Textverarbeitungsprogrammen nicht immer ans Ziel kommen. Deshalb können Sie die entsprechende Software meist aus dem Internet herunterladen. Innerhalb einer Website finden Sie häufig einen Hyperlink, den Sie zu genau diesem Zweck anklicken können.

Was immer Sie im Internet finden, Sie müssen in jedem Fall die Vor- und Nachteile des Materials einschätzen. Die obige Klassifizierung der Websites legt nahe, dass es wichtig ist zu wissen, um welche Art von Information es sich handelt und von wem sie stammt. In **Kasten 6-1** sind einige wichtige Punkte aufgeführt, die Sie in diesem Zusammenhang beachten sollten.

---

**Kasten 6-1: Punkte, die es beim Aufsuchen von Websites zu beachten gilt.**

- Um welche Art von Website handelt es sich? Bietet sie das, was ich erwartet habe? Will ich wirklich dort weiter suchen?
- Welche Organisation oder Person betreibt diese Website und ist infolgedessen für den Inhalt verantwortlich? Ist ein Impressum vorhanden? Wird der Inhalt einseitig dargestellt?
- Ist die Website gut aufgebaut und aufgemacht? Eine ansprechend präsentierte Website enthält nicht zwangsläufig auch nützliche Informationen. Man kann jedoch davon ausgehen, dass sie auch am nächsten Tag noch existiert. Es wäre möglich, dass die anderen Gruppenmitglieder sie später noch aufsuchen müssen.
- Wenn ich bestimmte Links anklicke, um nützliche Informationen zu bekommen, bleibe ich dann in dieser Website oder bekomme ich Zugang zu einer völlig anderen? In diesem Fall sollten Sie die Adresse der neuen Website erneut überprüfen und nochmals feststellen, zu welcher Kategorie sie gehört und wer sie betreibt. Wenn Sie im Internet surfen, kann es Ihnen relativ leicht passieren, dass Sie auf diese Art auf andere Websites geraten ohne zu merken, dass Sie es mit verschiedenen Organisationen zu tun haben.
- Wer hat die Informationen ins Internet gestellt und wann? Werden über das Internet Forschungsprojekte oder andere Schriften veröffentlicht, dann ist auf einer qualitativ einwandfreien Website in der Regel auch ein Datum vermerkt. Das Alter der Arbeit können Sie entweder an entsprechenden Angaben oben auf der Seite ablesen oder Sie erkennen es, weil das Material, wie gedruckte Zeitschriften, in Bänden nach Erscheinungsjahr und Nummer der Ausgabe geordnet ist.
- Wie beurteilen Sie die Authentizität des Materials? Gibt es beispielsweise Literaturverweise und eine Literaturliste/Bibliographie? Ist der Stil wissenschaftlich oder umgangssprachlich? Basiert das Material auf Forschungserkenntnissen, Berichten oder Produktevaluationen? Suchen Sie nach Hinweisen, die belegen, dass die Arbeit anerkannt und

richtungsweisend ist. Als positives Zeichen gilt, wenn Sie Kontakt mit dem Autor aufnehmen können, entweder per E-Mail oder indem Sie eine Nachricht in dem dafür vorgesehenen Bereich der Website hinterlassen können. Dann haben Sie die Möglichkeit, die Richtigkeit des Inhalts weiter zu überprüfen oder den Experten sogar in Ihre Untersuchung einzubeziehen.

- Welches ist der Kontext der Arbeit? Wird dieser nicht angegeben, sollten Sie nach Hinweisen suchen, dass die Arbeit einfach von einer früheren und möglicherweise gedruckten Publikation auf die Website übertragen wurde. Sie erkennen dies manchmal daran, dass keine in der Website vorhandenen Möglichkeiten zur Verbesserung der Arbeit genutzt werden. In den meisten Fällen wird die Übertragung von schriftlichem Material auf eine Website von dem Herausgeber vorgenommen, was völlig in Ordnung ist. Manchmal werden Arbeiten (sogar Romane) auch für die Verbreitung via Internet geschrieben. In einigen wenigen Fällen jedoch werden Arbeiten in krimineller Manier ohne Wissen des Autors plagiiert oder ins Internet gestellt. In diesen Fällen ist Zweifel an der Authentizität des Inhalts angebracht.

## 6.4
## Herunterladen von Informationen

Haben Sie eine ergiebige Ressource im Internet gefunden, stellt sich Frage, ob Sie das Material ausdrucken oder die einzelnen Dateien herunterladen und auf der Festplatte Ihres Computers abspeichern sollen. Sie sollten die Dateien aber erst dann herunterladen, nachdem Sie eine aktuelle Virenschutz-Software auf Ihren Computer installiert haben. Es ist möglich, dass sich in einer oder mehreren Dateien ein Virus befindet, das unter Umständen viele der bereits gesammelten Informationen sowie andere Dateien auf Ihrem Computer zerstört und auch auf die Computer der anderen Gruppenmitglieder gelangt. Nachdem Sie die Virenschutz-Software installiert haben, achten Sie darauf, dass Sie immer die jeweils aktualisierten Versionen verwenden, die vom Hersteller der Virencheck-Software als Dateien zum Herunterladen angeboten werden.

Einige über Internet zugängliche Dokumente sind ziemlich umfangreich, insbesondere Schriften oder Regelwerke der Regierung. Da es ziemlich ermüdend ist, diese auf dem Monitor zu lesen, ist es in solchen Fällen ratsam, die wichtigsten Textpassagen auszudrucken. Wenn Sie alle Unterlagen ausdrucken, sollten Sie sämtliche Textpassagen hervorheben, die Sie im Hinblick auf die Diskussion als wichtig erachten. Viele Unterlagen enthalten eine «authentische Zusammenfassung», die möglicherweise für Ihre Zwecke ausreicht und separat heruntergeladen oder ausgedruckt werden kann.

Viele Websites bieten die Möglichkeit, per Hyperlink eine oder mehrere Unterlagen herunterzuladen. Sie werden gefragt, wo Sie dieses Material speichern wollen (in welchem Verzeichnis Ihres Systems) und wie Sie die Datei benennen wollen. Nachdem das Material vollständig heruntergeladen wurde, erscheint die entsprechende Datei in dem Verzeichnis und zeigt bei Aufruf genau an, welche Daten sie enthält. Es braucht einige Zeit, um Material in größeren Mengen oder komplizierten Formaten herunterzuladen, deshalb sollten Sie das Herunterladen von Informationen planen, damit Sie den Vorgang überwachen und die möglicherweise entstehenden Kosten kontrollieren können.

## 6.5
## Kommunikation via Informationstechnologie

Nachdem die Informationstechnologie bereits als potenzielle Kommunikationsplattform genannt wurde, soll nun gezeigt werden, wie sie genutzt werden kann. Die Mitglieder von Arbeitsgruppen im Kontext des problem- oder forschungsorientierten Lernens müssen sich nicht unbedingt am gleichen Ort aufhalten, sondern können über ein Land, einen Kontinent oder sogar die ganze Welt verteilt sein. Die Studenten von Fernstudiengängen beispielsweise leben oft in verschiedenen Ländern und halten trotzdem Kontakt zu ihrem Tutor, der in Deutschland lebt. Die Gruppenmitglieder können auf unterschiedliche Art und Weise miteinander kommunizieren. **Kasten 6-2** listet diese Möglichkeiten auf.

Telekonferenzen sind von Vorteil, wenn eine Anreise der Gruppenmitglieder nicht infrage kommt. Um den größtmöglichen Nutzen aus dieser Methode zu zie-

---

**Kasten 6-2: Kommunikation via Informationstechnologie.**

- Telekonferenz (Eine Möglichkeit des Austauschs via Telefonschaltung über einen Telefondienstleistungsanbieter. Zeit, Datum, Dauer der Schaltung und die an der Konferenz teilnehmenden Telefonnummern stehen fest.)
- Videokonferenz (Hier wird ebenfalls das Telefonnetz genutzt, doch die Gruppenmitglieder müssen Zugang zu einer Videokonferenz-Software und eine Webcam besitzen, bevor ihr Bild übertragen werden kann. Die meisten Videokonferenzen finden zwischen institutionellen Studienzentren statt.)
- asynchrone Konferenz (Der Kontakt erfolgt über ein Forum auf einer Website. Hier können die Gruppenmitglieder Botschaften senden, zu denen sich die anderen Gruppenmitglieder äußern können. Bei dieser Methode loggen sich die Gruppenmitglieder in das Forum ein, wann immer sie Zeit und Gelegenheit haben.)
- Kommunikation via Chatroom (Die Methode ist die gleiche wie bei der asynchronen Konferenz, aber die Kommunikation ist synchron oder virtuell synchron. Die Gruppenmitglieder tippen ihre Botschaften ein und mithilfe der Software erscheinen diese sofort als dialogische Sequenzen auf dem Bildschirm.)

hen, sollten Sie sich vorher auf eine Tagesordnung einigen und einen Diskussionsleiter bestimmen. Ein guter Diskussionsleiter achtet darauf, dass alle Gruppenmitglieder zu Beginn der Sitzung begrüßt werden, schaltet sich ein, wenn spezielle Beiträge gewünscht werden und achtet darauf, dass kein an der Telekonferenz beteiligtes Gruppenmitglied längere Zeit nicht zu Wort kommt oder zu lange isoliert ist. Dies ist wichtig. Wenn die Diskussion erst einmal im Fluss ist, ist es schwer zu entscheiden, wann man sich am besten zu Wort melden soll. Schließlich sitzt man mit den Teilnehmern nicht an einem Tisch und kann daher auch nicht an ihren Gesichtern ablesen, wann der richtige Zeitpunkt ist, eine Idee oder einen Vorschlag zu präsentieren. Müssen die Teilnehmer vor der Telekonferenz noch Texte lesen, sollten sie diese lange vorher per Post oder E-Mail erhalten. Es ist für sie wichtig zu wissen, um welchen Text es geht, und aus dem gleichen Grund müssen auch alle Seiten und Abschnitte der Texte nummeriert sein. Die Gruppenmitglieder sollten sich darauf einigen, dass der Diskussionsleiter deutlich macht, wann ein Tagesordnungspunkt abgehandelt ist und was als Nächstes geschieht. Sinnvoll wäre es auch, am Ende der Telekonferenz festzulegen, wer in welchem Zeitrahmen was tun soll.

Videokonferenzen sind gut geeignet für größere Projekte, wenn verschiedene Gruppen, z. B. in der Forschung, miteinander in Kontakt treten, um den Ablauf eines Projekts oder seine Zwischenergebnisse zu diskutieren. Eine Videokonferenz ist jedoch eine relativ teure und komplizierte Angelegenheit, die im Rahmen des problem- oder forschungsorientierten Lernens nicht oft genutzt wird. Besser geeignet ist eine mit dem Computer verbundene Webcam, über die Gruppenmitglieder ihren Kollegen visuelle Informationen oder Objekte zeigen können, die sie gesammelt haben und die als gescannte Bilder nicht gut übertragen werden können. Webcams werden häufig in sozialen Kontexten eingesetzt, z. B. um Familien zu helfen, in Kontakt zu bleiben, doch es ist nicht einzusehen, warum sie nicht auch für eine Arbeitsgruppe im Kontext des problem- oder forschungsorientierten Lernen von Nutzen sein sollten, vorausgesetzt die Gruppenmitglieder akzeptieren die Einschränkungen der mit dieser Technologie übermittelten Bilder.

Asynchrone (Forum) und synchrone (Chat) Konferenzen, bei denen der Austausch über eine Website oder entsprechende Software, wie z. B. ICQ, stattfindet, sind mit einigen Problemen verbunden. Die Gruppenmitglieder geben ihre Beiträge ein, die auf dem Monitor erscheinen und anzeigen, von wem der Beitrag stammt und was er oder sie geäußert hat (Stratfold, 1998). Sie übermitteln Ihre Ideen, Kommentare, Gedanken und Antworten, indem Sie sie als Text eingeben und an die Website oder direkt an die entsprechende Software der anderen Teilnehmer weiterleiten. Der neue Beitrag erscheint augenblicklich unter der Überschrift zu einem bestimmten Thema auf dem Bildschirm, sodass die anderen ihn entweder sofort oder später, wenn sie Zeit haben, lesen können. Manchen fällt es schwer, so schnell zu tippen, wie sie denken und entspannt zu bleiben, während sie ihre Gedanken in Form eines Textes übermitteln. Wir assoziieren schriftliche

Texte oder Mitteilungen oft mit wissenschaftlichen Abhandlungen, die seriös oder auch von einiger Bedeutung sind. Kommentare, die auf dem Monitor erscheinen, sind, im Gegensatz zu einem Gespräch in der Cafeteria, immer präsent. Konferenzen werden eher mit Gesprächen und Diskussion in Verbindung gebracht, mit Menschen, die den Mut haben, zu äußern, was sie denken und, je nach Situation, Vorschläge zu machen oder ein Thema zu diskutieren (Vincent und Whalley, 1998). Bei jeder Diskussion über ein Problem oder eine Untersuchung können verschiedene Aspekte ins Spiel kommen. So kann es sein, dass z. B. in einer Diskussion über die Einschätzung psychisch kranker Menschen auch Dinge wie medizinische Begriffe, professionelle Macht, Takt, ethisches Verhalten und die Aufzeichnungspraxis zur Sprache kommen und durch verschiedene Beiträge der Gruppenmitglieder kommentiert werden. Daher müssen die Gruppenmitglieder sich diszipliniert verhalten und deutlich machen, worauf sie sich beziehen, wenn sie einen neuen Beitrag eingeben. Dies ist eine ziemlich komplizierte Angelegenheit, wenn der Austausch zwischen drei oder mehr Gruppenmitgliedern immer umfangreicher wird und sich zu einer Informationskette formiert.

Solche technologisch gestützten Kommunikationssysteme sind nützlich für Gruppen, deren Mitglieder sich an sehr weit voneinander entfernt liegenden Orten aufhalten (Eastmond, 1995; Jones, 1998). Man sollte dabei aber nicht vergessen, dass die einfachsten Formen der Kommunikation meist die bewährtesten sind. Ist ein Treffen nicht möglich, kann ein Informationsaustausch per E-Mail äußerst effektiv sein (Edwards and Hammond, 1998). Mit ein paar einfachen Regeln für die Praxis gelingt es den Gruppenmitgliedern in der Zeit zwischen den Treffen, in Kontakt zu bleiben (s. **Abb.** 6-2).

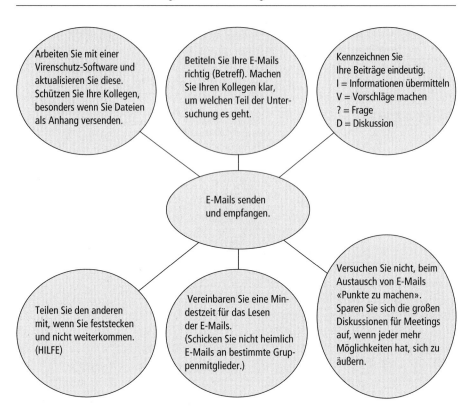

**Abbildung 6-2:** Nützliche Regeln für die Kommunikation per E-mail.

E-Mails sind für uns mittlerweile eine Kommunikationsform, die einen verknappten, ja sogar umgangssprachlichen Stil erlaubt. «Hi» ersetzt «Liebe Susan», und das funktioniert in einer Gruppe, die im Kontext des problem- und forschungsorientierten Lernens arbeitet, auch ganz gut. Sie sollten aber nicht vergessen, dass der Leser Ihrer E-Mails Ihren Gesichtsausdruck nicht sehen kann. Wenn Sie viel mitzuteilen haben, ist es sinnvoll, die Informationen zu codieren, damit die anderen wissen, wann Sie ihnen Entdeckungen mitteilen, um Hilfe bitten, diskutieren oder eine Frage stellen, die ein oder mehrere Gruppenmitglieder beantworten sollen. Es gibt hier keine feststehenden Abkürzungen, sodass jede Gruppe nach Belieben eigene entwickeln kann. Können Sie gut mit den Abkürzungen arbeiten, sollten Sie sie auch für andere Untersuchungen immer wieder benutzen, was die Arbeit vorantreibt und den Gruppenmitgliedern hilft, die Lösung des Problems weitgehend selbst zu bewältigen.

## 6.6
# Zusammenfassung

Das Internet und das World Wide Web bieten einer Arbeitsgruppe im Kontext des problem- und forschungsorientierten Lernens eine Fülle zusätzlicher Informationen und die Möglichkeit zum Meinungsaustausch über neue Entdeckungen. Die Weiterentwicklung der Informationstechnologie ist für Gruppenmitglieder vorteilhaft, weil sie zusammenarbeiten können, ohne sich am selben Ort aufzuhalten. Probleme können so in verschiedenen Krankenhäusern untersucht werden, die Tausende von Kilometern voneinander entfernt sind. Das Einzige, was sich hier hinderlich auswirken kann, sind mangelnde Vorstellungskraft und mangelnde technologische Fähigkeiten der Gruppenmitglieder.

Dennoch ist das World Wide Web nicht die Patentlösung. Die dort angebotenen Informationen sind in einigen Fällen nicht so authentisch wie die, die man auf ganz normalem Weg über die Bibliothek oder durch praktische wissenschaftliche Arbeit vor Ort erhält. Es ist wichtig, die verschiedenen Arten von Websites, von denen die Informationen stammen, unterscheiden zu können, die Informationen sorgfältig auszuwerten und dabei auf einseitige Darstellungen zu achten. Da die in Websites enthaltenen Informationen von vielen verschiedenen Organisationen und von Menschen mit ganz unterschiedlichen Motiven stammen, ist Vorsicht geboten, wenn solche Informationen für die Analyse von Problemen oder die Entwicklung von Untersuchungen benutzt werden sollen. So spannend sie auch sein mögen, sie entstammen einem etwas abenteuerlichen Bereich des Informationsspektrums (zumindest dann, wenn es sich nicht um elektronische Zeitschriften und die Websites von Bibliotheken handelt). Es mag sein, dass die Eigentümer der Web-Server den Inhalt der Website genau geprüft haben, doch diese Prüfung erstreckt sich nicht auf die Authentizität der Informationen. In der Regel wird lediglich darauf geachtet, dass die Informationen nicht diffamierend oder illegal sind. Man sollte stets bedenken, dass es im Internet keinen kompetenten Bibliothekar gibt, der die täglich neu eingehenden Informationen katalogisiert und kommentiert.

Dieses Kapitel setzt notwendigerweise Minimalkenntnisse voraus, was den Internetzugang via Computer und Modem betrifft. Ziel war es, Ihnen das Internet als eine Informationsquelle zu präsentieren, von der eine Arbeitsgruppe profitieren kann. Sollten Sie mit dem Surfen im Internet noch nicht vertraut sein, dann ist es hoffentlich gelungen (zumindest in informativer Hinsicht), Ihnen sein Potenzial und seine Grenzen aufzuzeigen. Wenn Sie im Kontext des problem- und forschungsorientierten Lernens arbeiten, sollten Sie sich unbedingt das für den Umgang mit dieser Technologie erforderliche Wissen aneignen. Ein Schnellkurs, der Sie in die Nutzung des Internet einführt, erweitert nicht nur die Anzahl Ihrer Ressourcen, sondern erspart Ihnen auch viel Zeit und Arbeit bei der Durchführung bestimmter Untersuchungen.

7.
# Die Analyse der Informationen

Nachdem Sie die verschiedenen Möglichkeiten der Informationssammlung kennen gelernt haben, ist es nun an der Zeit, das gesammelte Material zu analysieren. Der Analyseprozess bestimmt, ob die Rohinformationen benutzt werden, um ein Problem zu lösen (problemorientiertes Lernen) oder um die Praxis besser zu erklären (forschungsorientiertes Lernen). Auch wenn die Ziele des problem- und forschungsorientierten Lernens verschieden sind, so ähneln sich doch die Analysemethoden. Zunächst gilt es zu prüfen, welche Informationen vorhanden sind, festzustellen, ob sie vollständig, kohärent, klar oder diffus sind und zu überlegen, wie die einzelnen Informationen zusammenpassen. Wie bei einem Puzzle muss ausprobiert werden, ob die einzelnen Teile ins Bild passen. Leider ist es bei diesem Puzzle natürlich nicht möglich, sich zuerst an einem Bild zu orientieren. In Kapitel 2 (Abb. 2-4, S. 45) wurden die Komponenten der Problemanalyse benannt: Fakten, Lernaufgaben, neue Untersuchungen und Arbeitslösungen. Im Kontext des forschungsorientierten Lernens bleiben die Komponenten Fakten, Lernaufgaben und neue Untersuchungen erhalten, lediglich die Komponente Arbeitslösungen wird ersetzt durch vorläufige Erklärungen. Bei Analysen im Rahmen des forschungs- und problemorientierten Lernens ist der Kontext immer wichtig. Da sich die Anforderungen an die Praxis sich je nach Kontext verändern und Menschen ganz unterschiedliche Ansprüche haben, muss bei der Analyse der Kontext der Situation berücksichtigt werden (s. **Tab. 7-1** auf S. 128).

Die Analyse besteht aus zusammenhängenden Prozessen, die Ihre Arbeitsgruppe kennen sollte. Diese Prozesse helfen Ihnen zu entscheiden, wann Informationen, unter Berücksichtigung der Ziele Ihres Projekts, so authentisch sind, dass sie als Fakten gelten können; zu erklären, warum andere Informationen oder Interpretationen Lernaufgaben sind sowie zu erkennen, welche Untersuchungen zusätzlich noch durchzuführen sind. Wenn das Projekt sich dem Ende nähert, kann die Gruppe mithilfe der Prozesse herausfinden, wann der richtige Zeitpunkt gekommen ist, das Projekt erfolgreich abzuschließen, eine Problemlösung vorzuschlagen oder ein Untersuchungsbericht zu verfassen.

**Tabelle 7-1:** Kontext und Analyse.

| Studie im Kontext des problemorientierten Lernens | Studie im Kontext des forschungsorientierten Lernens | Kontextuelle Einflüsse |
|---|---|---|
| Suche nach überzeugenderen Möglichkeiten, das Stillen bei Erstgebärenden zu fördern | | halb-öffentliche Umgebung auf der Entbindungsstation, wo über Erfolg (oder Misserfolg) des Stillens entschieden wird |
| | Untersuchung des Entscheidungsfindungsprozesses vor dem Hintergrund der Ernährung während der letzten Stadien einer terminalen Krankheit | Gewinnung von Erkenntnissen über die zeitliche Dimension, wie lange der Mensch noch leben wird, wie nahe er dem Tod ist |
| | | Es gilt herauszufinden, in welchen Fällen die Ernährung dem körperlichen Wohlbefinden dient (z. B. wann sie das Risiko von Druckgeschwüren verringert, und wann sie in den letzten Stunden des Lebens zum unnötigen Störfaktor wird). |

## 7.1
## Die Identifizierung von «Fakten»

Die Entscheidung, was im Rahmen einer Untersuchung als Fakt anzusehen ist, kann relativ schwierig sein. Die Gruppenmitglieder können die Wahrheit an unterschiedlichen Kriterien messen und tun dies auch. Einige vertreten sehr rigorose Positionen. Für sie müssen sich Fakten in verschiedenen Situationen als Fakten bewähren. Sie müssen wie ein naturwissenschaftliches Gesetz sein, das verlässlich genug ist, zukünftige Ereignisse vorauszusagen. Andere dagegen lassen auch kontextuelle Fakten gelten, vorausgesetzt, ihre Verwendung in anderen Situationen wird ausgeschlossen. Fakten entstehen, wenn man Informationen sammelt, sie miteinander verknüpft und dann versucht herauszufinden, was sie in ihrer Gesamtheit bedeuten. Da bei einem Großteil der pflegerischen Arbeit schwierige soziale Verhältnisse im Vordergrund stehen und auf die Wahrnehmungen Beteiligter Rücksicht genommen werden muss, ist es wichtig, die verschiedenen Möglichkeiten der Wahrnehmung von Informationen zu bedenken und anzuerkennen (s. Kapitel 1 zur Darstellung der verschiedenen Arten von Problemen, S. 17).

In der Praxis müssen Arbeitsgruppen jedoch Mittel und Wege finden zu entscheiden, was als «Fakten» anzusehen ist. Sie werden Kriterien entwickeln müssen, auf deren Grundlage Sie entscheiden können, welche Informationen und Interpretationen Fakten sind, um sich dann einem anderen Teil der Analyse zuzuwenden. Dies ist wichtig, weil bei einigen Projekten der nächste Teil der Arbeit die

Einigkeit der Gruppe hinsichtlich der Fakten voraussetzt. So müsste sich die Gruppe in dem Beispiel in Tabelle 7-1, in dem es um das Stillen ging, darüber einig sein, dass die Vorzüge des Stillens für das Baby und die Mutter ein Fakt sind. Trotz einiger Unannehmlichkeiten und Probleme gibt es insgesamt mehr Gründe, die für das Stillen sprechen als dagegen. Nur wenn sich die Gruppe in puncto Fakten einig ist, hat sie den moralischen Rückhalt, um sich zu der Überlegung zuzuwenden, wie sie die Klientinnen davon überzeugen kann, ein bestimmtes Verhalten anzunehmen. Die Praxis muss auf dem Prinzip der Nützlichkeit basieren. Sie gibt uns auf, die Frage zu beantworten «Wer kennt die beste Antwort?» (Gillon, 1994).

Forscher und Lehrende, die wissenschaftliche Methoden vermitteln, haben sehr viel Zeit darauf verwendet festzulegen und zu diskutieren, was als Fakten oder authentische Forschungserkenntnisse anzusehen ist. Dabei wurden die Daten in der Regel auf Validität, Reliabilität und ethische Aspekte überprüft (Hek, 1996). In letzter Zeit sind die Autoren jedoch zu der Auffassung gelangt, dass solche Kriterien Ausdruck einer bestimmten Weltsicht sind, die darüber entscheidet, welche Erkenntnisse die wichtigsten sind und was als wissenschaftlich gilt. Die Positivisten schätzen Erkenntnisse, die in verschiedenen Kontexten replizierbar sind, Forschungsdesigns, die mehrfach verwendbar sind und Forscher, die rational an die Sammlung und Analyse von Daten herangehen. Faktisches Wissen setzt sich zusammen aus empirischen Daten (solchen, die beobachtbar und messbar sind) sowie konsistenten und exakten Analysemethoden (z. B. Messinstrumente, die Daten über genau definierte Phänomene liefern) (Lobiondo-Wood, 2002).

Die Forschung arbeitet jedoch auch mit anderen Evaluationskriterien, die sich an der Authentizität der Daten orientieren. Diese Kriterien werden von Forschern benutzt, deren Arbeiten in das Paradigma der naturalistischen oder kritischen Theorien passen und die im sozialen Bereich forschen, wo sie kaum die Möglichkeit haben, alle Variablen zu kontrollieren, die das Ergebnis beeinflussen können. Solche Forschungsarbeiten werden danach beurteilt, ob das Zustandekommen der Ergebnisse folgerichtig dargestellt ist und ob die daraus abgeleiteten Informationen sich mit den Erfahrungen decken, die man selbst mit dem untersuchten Phänomen gemacht hat (Koch, 1994). Wichtig in Zusammenhang mit diesem Ansatz ist, dass die Bewertung der Erkenntnisse sich nicht nur an den Daten orientiert, sondern auch an den erklärten Absichten der Forscher, an den ihrem Design zu Grunde liegenden Annahmen und philosophischen Prämissen. An dieser Stelle soll kurz zusammengefasst werden, welche Annahmen wir, die Konsumenten, haben, was die Wissenschaft und wissenschaftliche Erkenntnisse betrifft (s. **Abb.** 7-1 auf S. 130).

130  Teil II: Die Durchführung von Untersuchungen

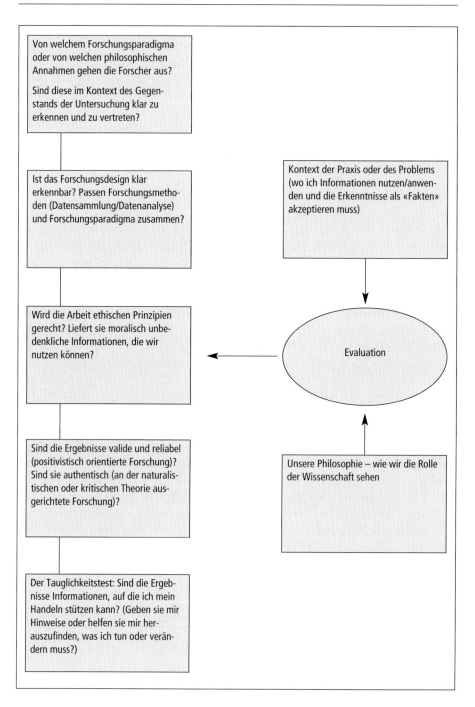

**Abbildung 7-1:** Die Evaluation der Forschungserkenntnisse.

Stellen Sie sich vor, Sie müssten im Rahmen Ihrer Analyse Forschungserkenntnisse einschätzen. Ob diese Erkenntnisse als Fakten gelten können, hängt davon ab, wie viele Fragen zu den in Abbildung 7-1 dargestellten Bereichen Sie in der Studie beantwortet finden. Ist das Forschungsparadigma oder die Philosophie nicht klar erkennbar, dann ist schwer auszumachen, was die Forscher als wahr anerkennen. Es gibt umfangreiche Lehrbücher zum Thema Forschungsdesign und Evaluation. Doch hier soll nur festgehalten werden, dass positivistische Ansätze die Forschungsarbeit verstehen als Suche nach einer Wahrheit, die beobachtbar und mittels Wiederholungsstudie replizierbar ist. Solche Studien stützen sich auf Beobachtungen und Messungen, wichtige Begriffe werden am Anfang der Studie definiert, und die Arbeit ist sorgfältig strukturiert, so dass nur die Phänomene untersucht werden, um die es geht. Aus diesem Grund versucht der Forscher auch, so wenig wie möglich Einfluss auf die Daten zu nehmen, damit die Ergebnisse möglichst objektiv sind (Weir et al., 1999). Solche Forschungsarbeiten sind typischerweise randomisierte kontrollierte Versuche, Experimente oder deskriptive Erhebungen mittels sorgfältig ausgearbeiteten Fragebogen. Arbeiten aus dem naturalistischen Forschungsparadigma geht es um die Suche nach Bedeutungen im Bereich des Gesundheitswesens. Sie gehen davon aus, dass es die Wahrheit eigentlich nicht gibt, sondern nur verschiedene Erfahrungen von Individuen oder Gruppen, aus denen dann Interpretationen oder Theorien abgeleitet werden (Smith u. Price, 1996). Diese Forscher stützen ihre Studien auf Interviews, Beobachtungen und Fallstudien und fragen die Teilnehmer nach ihren Erfahrungen und Sichtweisen. Die aus solchen Studien gewonnenen Daten sind qualitativ, nicht quantitativ. Wissenschaftler, deren Arbeiten dem Paradigma der kritischen Theorie zugerechnet werden, forschen auch in der natürlichen Umgebung, allerdings mit einem philosophischen Hintergrund (z. B. feministisch oder marxistisch). Diese Forscher bezweifeln, dass Wissenschaft losgelöst von politischen Gegebenheiten und von dem Anspruch, das Schicksal benachteiligter Gruppen zu verbessern, durchgeführt werden kann (Smith und Price, 1996).

Es gibt verschiedene Gründe, weshalb Forschungsarbeiten Ergebnisse liefern, die nicht überzeugend sind. Ein Grund könnte sein, dass ein Forscher erklärt, es sei das Ziel seines Projekts, uns die Erfahrungen anderer Menschen verständlich zu machen und dann Empfehlungen für die Praxis gibt. Solch eine Studie kann Erfahrungen bestenfalls erläutern und aufzeigen, was wir bei unserer Arbeit beachten müssen. Studien, in denen es um die Erfahrungen anderer Menschen geht, sind nicht geeignet, bestimmte Handlungsweisen zu unterstützen. Hier stimmen das Design der Arbeit (mit der ein bestimmtes Ziel verfolgt werden sollte) und das, was der Forscher aus den Daten ableitet, nicht überein. Forscher sollten ihre Aussagen über die Beweiskraft ihrer Erkenntnisse nicht übertreiben, oder anders ausgedrückt, sie sollten vermeiden, Forschungsdesigns zu wählen, die nicht die Art von Daten liefern, auf die sie ihre Empfehlungen stützen können.

Wenn Sie sich im Rahmen eines Kurses mit problemorientiertem Lernen befassen, dann sollten Sie sich die Lektionen über Forschung und Forschungsevaluation noch einmal anschauen, um Ihr Wissen über die Analyse aufzufrischen. Falls Sie sich bislang noch nicht mit dem Thema Forschung beschäftigt haben, sollten Sie Ihren Lernbegleiter bei der Bewertung von Informationen um Hilfe bitten. Wenn Sie im Kontext des forschungsorientierten Lernens ein Projekt unabhängig von einem Kurs durchführen, dann können Sie sich bei Ihrer Analyse auch von einem Forscher oder von einer Pflegeperson mit Lehrbefugnis beraten lassen. Wenn Sie Ihre Arbeit auf Forschungserkenntnisse stützen wollen, müssen Sie in jedem Fall die Evaluationskriterien kennen und sie sorgfältig auf die Forschungsarbeiten anwenden, die Sie benutzen wollen (s. **Abb. 7-2**). Lassen Sie sich bei der Bewertung der Forschungserkenntnisse nicht auf Vermutungen ein. Um es in der Sprache populärer TV-Quiz-Shows auszudrücken, «rufen Sie eine Freundin an» und/oder informieren Sie sich in einem entsprechenden Text, dann können Sie zusammen die Vorzüge der Arbeit einschätzen (Polit, 2001).

Es wäre ermutigend, wenn die meisten bei einer Analyse verwendeten Informationen sich auf Forschungserkenntnisse stützen würden. In der Praxis stammt ein Großteil der Informationen jedoch nicht aus der Forschung, sondern aus eigenen Beobachtungen, Interviews, Überlegungen, aus der Lektüre von Artikeln, aus Theorien oder Episoden aus der klinischen Praxis. Welche Kriterien könnten hier herangezogen werden, um zu entscheiden, was, zumindest für ein bestimmtes Projekt, als Fakt gelten kann? Solche Evaluationskriterien müssen naturgemäß weicher sein als die, die für die Bewertung von Forschungsarbeiten benutzt werden, und Gruppenmitglieder und Lernbegleiter müssen sich intensiv damit auseinander setzen («Rhetorik»). Lexika definieren Rhetorik als die Kunst, eloquent oder wirkungsvoll zu reden oder zu schreiben. Der Begriff Rhetorik wurde in der Epoche der ersten griechischen Demokratien der Antike geprägt; er bezeichnet einen Prozess, in dessen Verlauf Gleichrangige über das Wesen der Wahrheit und die Grundlagen moralischen Handelns diskutierten. Wenn Sie mehr über die Rhetorik dieser Zeit erfahren wollen, sollten Sie Platos *The Republic* lesen, wo die Argumentation von Philosophen wie Sokrates nachzulesen ist (Plato, 1974). Für unsere Zwecke bedeutet dies, dass Sie sich für die Analyse im Kontext des problem- und forschungsorientierten Lernens rhetorische Fähigkeiten aneignen müssen. Sie müssen also prüfen, ob die Informationen, die Sie erhalten, wahr sind, ob sie in den gegebenen Kontext passen und ob es Bedingungen oder Faktoren gibt, durch die sie infrage gestellt werden. Könnte es für das, was beobachtet oder berichtet wird, auch völlig andere Erklärungen geben? Gibt es im Zusammenhang mit dieser Analyse Informationen, die wichtiger oder vorrangiger sind? Ein guter Lernbegleiter wird Sie animieren, Ihren Kollegen Fragen zu stellen, andere Erklärungen oder Ideen vorzuschlagen und Ihre Wertvorstellungen und Überzeugungen zu prüfen. Denken Sie daran, das hat weder etwas mit Polemik zu

**Forschungsarbeiten mit dem Ansatz des Positivismus**

(z. B. Experimente, randomisierte kontrollierte Versuche, deskriptive Erhebungen mittels vorgegebener Fragen).

Validität: Sind die Daten valide, entsprechen sie dem, was beobachtet/gesammelt wurde? Sind sie repräsentativ für eine größere Population von Personen, aus der die Stichprobe gezogen wurde?

Reliabilität: Würden die Ergebnisse bei einer Wiederholung der Studie ähnlich ausfallen?

**Forschungsarbeiten mit dem Ansatz des Naturalismus**

(z. B. Grounded Theory, phänomenologische/ethnographische Studien, Fallstudien, Erhebungen in Form von Fragebogen mit offenen Fragen).

Authentizität: Entsprechen die Ergebnisse, gemessen an der Folgerichtigkeit des Berichts über die Sammlung und Analyse der Daten, den Angaben der Teilnehmer?

Übereinstimmung: Vorausgesetzt die Klienten/Patienten/Situationen, die ich kenne, sind den in der Studie beschriebenen sehr ähnlich, habe ich ähnliche Ergebnisse selbst schon einmal in der Praxis erlebt?

**Forschungsarbeiten mit dem Ansatz der kritischen Theorie**

(z. B. Aktionsforschung, feministische/phänomenologische/ethnographische Studien, bestimmte Arten von Fallstudien mit ausgewiesener «Ursache»).

Authentizität: Für die Anhänger der kritischen Theorie gilt in puncto Authentizität das Gleiche wie für die Forscher, die den Ansatz des Naturalismus vertreten (s. oben).

Gerechtigkeit: Befasst sich die Arbeit mit sozialer Ungerechtigkeit, mit einem Bedürfnis oder Problem und benennt sie Erkenntnisse oder Veränderungen, die dem Anspruch, das Schicksal anderer zu verbessern, gerecht werden?

**Vorgehensweise**

1. Stellen Sie fest, um welches Forschungsparadigma es sich handelt.
2. Wählen Sie die Evaluationskriterien aus.
3. Bewerten Sie die Daten.
4. Überprüfen Sie die ethischen Aspekte der Studie.
5. Prüfen Sie, inwieweit die Erkenntnisse mit dem Kontext Ihres Projekts übereinstimmen.

**Abbildung 7-2:** Kriterien für die Evaluation von Forschungserkenntnissen.

tun noch mit einem Versuch, Ihre Kollegen zu übertreffen. Die Diskussion dient einzig und allein dem Ziel, bessere Erklärungen und bessere Lösungen zu finden. Manchmal werden Sie sie liefern, doch meistens ist es so, dass sie sich aus verschiedenen Beiträgen ergeben, aus Ihren und denen der anderen! In den folgenden Abschnitten werden einige Evaluationskriterien vorgestellt und diskutiert.

### 7.1.1
### Wie lauten die Annahmen?

Es ist wichtig, genau abzuklären, was bei Ihrem Projekt als «Fakt» gilt. Lesen die folgenden Aussagen eines Gruppenmitglieds, das an einem Projekt (forschungsorientiertes Lernen) über die eigenverantwortliche Medikamenteneinnahme von Krankenhauspatienten beteiligt war. Die Gruppe untersuchte die Frage, welche Folgen es hätte, wenn die Patienten auf der Station ihre Medikamente eigenverantwortlich einnehmen würden:

> Wenn wir die Politik der eigenverantwortlichen Medikamenteneinnahme unterstützen wollen, dann müssen wir nicht nur dafür sorgen, dass die Medikamente in den Schränken der Patienten sicher gelagert werden können, sondern wir müssen auch prüfen, ob der Patient und die anderen so viel Verantwortungsgefühl haben, dass sie an einem Ort, an dem sich auch andere aufhalten, entsprechend mit den Medikamenten umgehen. Meine Interviews belegen, dass die Pflegenden diesbezüglich skeptisch sind, weil sie nicht glauben, dass die Patienten die Schränke verschlossen halten und dass andere Patienten der Versuchung widerstehen können, die Medikamente zu nehmen. So verlockend es auch klingt. Das Ganze hat mit Vertrauen zu tun, und einstweilen bleibt die Verantwortung beim Krankenhaus.

Obwohl dies nur ein kurzer Bericht über die Befunde ist, enthält er mehrere Annahmen. Erstens, dass Patienten vergesslich oder nachlässig sind, wenn es um die sichere Aufbewahrung der Medikamente geht; zweitens, dass andere Patienten die Medikamente skrupellos stehlen; drittens, dass das Personal Angst hat, ein solches System überwachen zu müssen. Ich finde, dass die Kollegin diese Annahmen deutlich zum Ausdruck bringt, und dass die Annahmen durch das Interview gestützt werden. Weniger klar ist dagegen, ob auch etwas über die Motive gesagt wird, die hinter der Politik der eigenverantwortlichen Medikamenteneinnahme stehen. Beachten Sie die Formulierung «so verlockend es auch klingt». Sie könnte bedeuten, dass die Kollegin wegen der Motive, die hinter dieser Politik stehen, beunruhigt ist. Haben die Motive etwas mit Kostensenkungsplänen zu tun – sollen sie die Zeit einsparen, die das ohnehin knapp bemessene Personal für die Medikamentenrunde aufwenden muss? Bevor diese Punkte als Fakten dieses Projekts akzeptiert werden können, müssten erst einmal Punkte wie diese geklärt werden: «Glauben Sie, dass hinter der Politik der eigenverantwortlichen Medikamenteneinnahme tatsächlich Kosteneinsparungspläne stehen? Ist dies klug mit Blick auf die berufsethischen Prinzipien des Personals?»

## 7.1.2
## Reichen die Daten aus, um die Annahmen zu bestätigen?

Manchmal wird durch eine überwältigend große Datenmenge eine Annahme als Fakt bestätigt. Wie von verschiedenen Personen berichtet wird, kommt dies immer wieder vor. Lesen Sie das folgende Beispiel, in dem der Leiter einer Arbeitsgruppe Informationen zusammengefasst hat, die mehrere Gruppenmitglieder zum Thema Elternängste und Impfungen zusammengetragen haben:

> Wir kennen verschiedene Meinungen zu dem Thema. Da sind die Eltern, mit denen Joyce in der Klinik gesprochen hat, dort die Berichte der Allgemeinmediziner, die wir in dem Video gesehen haben, und schließlich gibt es noch die Informationen aus der Literatur, die Steph für uns zusammengefasst hat. Die Eltern führen Probleme, die etwa zeitgleich mit der Impfung aufgetreten sind, auf die Impfung zurück. Sie glauben, dass es unbekannte Wechselwirkungen zwischen den einzelnen Komponenten der Mehrfachimpfstoffe gibt und dass die Wissenschaftler nicht die Wahrheit sagen. Sie vermuten ein «Vertuschungskomplott» und glauben, dass Impfungen gewisse Risiken haben, die die Eltern nach dem Willen der Regierungen jedoch in Kauf nehmen sollen, weil die Alternative noch schlimmer ist.

Nebenbei bemerkt ist dies ein gutes Beispiel für die Zusammenfassung von Informationen durch den Gruppenleiter (problemorientiertes Lernen). Aber bei diesem Beispiel muss auch gefragt werden, ob dies die ganze Geschichte ist. Wir wissen, wie die Eltern ihre Furcht begründen. Aber haben wir damit auch alle Meinungen vollständig erfasst? Hat Joyce Eltern, die für Impfungen sind, genauso befragt wie die, die dagegen sind? Falls nicht, hätten diese Eltern vielleicht noch andere Aspekte in die Diskussion um das Für und Wider von Impfungen einbringen können. Sie hätten vielleicht berichtet, wie sie ihre Furcht überwunden haben, aber es hätte auch sein können, dass sie noch andere Bedenken geäußert hätten, die der ersten Gruppe entgangen sind.

Man kann daraus leicht den Schluss ableiten, dass es nie genug Daten gibt, um eine Annahme als Fakt zu bestätigen und nie genug Zeit, um noch mehr Daten zu sammeln. Unter diesen Umständen wird danach entschieden, welche Daten überwiegen. Die Annahme gilt dann aller Wahrscheinlichkeit nach als wahr, wird jedoch mit einem Sternchen markiert, für den Fall, dass sie durch spätere Daten wieder infrage gestellt wird. In dem obigen Beispiel wurden die Befürchtungen der Patienten (wie berichtet) als wahrscheinlich richtig angesehen, doch es wurde eingeräumt, dass sie mit anderen persönlichen Faktoren, z. B. den Erfahrungen der Familie mit dem Impfen, in Zusammenhang stehen könnten. Die Überzeugungen der Familie können einen ebenso großen Einfluss ausüben wie die Frage, ob Eltern Regierungen und Wissenschaftlern trauen.

### 7.1.3
### Welche anderen Annahmen gibt es noch?

In vielen Fällen haben Sie es mit Informationen zu tun, die unterschiedliche und manchmal sogar widersprüchliche Annahmen enthalten. Dies kommt besonders im Kontext des problemorientierten Lernens und dann oft bei der Diagnose von Situationen, Zeichen oder Symptomen vor. In solchen Fällen muss jede Annahme daraufhin überprüft werden, ob sie durch die vorhandenen Daten ausreichend gestützt wird und ob sie plausibel ist. Dazu folgende Situation: Eine Arbeitsgruppe erhält Informationen über einen 12jährigen Jungen, der sich in der Schule auffällig benimmt. Er wirkt «geistesabwesend» und unaufmerksam. In dem dazugehörigen Szenario wurden ein zurückliegender Verkehrsunfall und eine Gehirnerschütterung erwähnt, aber es ist auch die Rede von einem Problem in der Schule, das mit «Klebstoffschnüffeln» in Zusammenhang steht. In dem folgenden Beispiel diskutieren zwei Pflegepersonen darüber, was bei der Bewertung konkurrierender Annahmen zu beachten ist:

> Sigrun: Wenn es sich um Epilepsie handelt, dann brauchen wir genaue Angaben darüber, wie lange sie besteht und ob sie nach dem Unfall zum ersten Mal aufgetreten ist. Ich bin mir nicht sicher, dass diese Formen der Epilepsie immer die Folge eines Traumas sind. Es könnte auch einen Tumor sein, vielleicht einer, der schon ziemlich lange existiert, und wir finden keine Ursache.
>
> Christian: Ich glaube, du hast Recht. Aber wir könnten zuerst die Klebstofftheorie mit ein paar einfacheren Nachforschungen ausschließen. Wir können seine Mutter fragen, ob ihr entzündete Stellen an seinem Mund oder seiner Nase aufgefallen sind. Es kann auch sein, dass Plastikbeutel oder Spraydosen mit diesem Zeug herumliegen. Vielleicht hat sie bemerkt, dass seine Probleme in schnell aufeinander folgenden Episoden auftreten, z. B. nachdem er sich eine Weile irgendwo allein aufgehalten hat.

Dies ist eine Übung in «Differentialdiagnostik», aber das wirklich Wichtige ist hier, dass die Gruppenmitglieder überlegen, unter welchen Bedingungen Annahmen als Fakten akzeptiert werden können. Sigrun erwähnt die Krankengeschichte, die aufgenommen werden muss, bevor das Problem als Epilepsie bezeichnet werden und mit einer bestimmten Ursache in Verbindung gebracht werden kann. Christian schlägt eine einfachere und schnellere Methode zum Ausschluss der anderen Diagnose vor – um die Annahme, die Probleme des Jungen könnten vom Missbrauch bestimmter Substanzen herrühren, ignorieren zu können. Die beiden Pflegenden haben sich nicht nur damit beschäftigt, welche Evaluationskriterien anzuwenden sind, sondern sie haben sich auch überlegt, was zuerst zu tun ist.

## 7.1.4
## Wäre die Annahme wahr, was wäre die Folge?

Manchmal gibt es Annahmen, für die es zwar zunächst noch keine ausreichenden Belege gibt, die die Gruppe aber für wahr hält, weil sie glaubt, dass die Beweise noch nicht in Erscheinung getreten sind. In solchen Situationen werden manchmal spekulative Tests geplant, um eine Entscheidung herbeizuführen. Im Gesundheitswesen dürfen keine Experimente an Klienten oder Kollegen durchgeführt werden, aber es ist erlaubt, Dinge zu beobachten, die ohnehin geschehen, sodass die Beziehung von Ursache und Wirkung oder signifikante Korrelationen im Verhalten untersucht werden können. Die Gruppenmitglieder versuchen dann, sich vorzustellen, was passieren würde, wenn die Annahme wahr wäre. In dem folgenden Beispiel geht es darum, wie die Kooperation von Krebspatienten bei der Behandlung gefördert werden kann. Achten Sie darauf, wie die Pflegenden darüber diskutieren, was als Beweis für die Annahme gelten soll:

> Gemma: Wenn ein Angehöriger, besonders der Partner, sie ermutigen würde, die Chemotherapie durchzuhalten und wir würden hören, dass der Patient sich anschließend positiv über die Behandlung äußert, das wäre doch eine Bestätigung, oder?
>
> Annette: Ich finde, sie müssten auch noch sagen, der Grund war, weil der oder die gewollt hat, dass sie weitermachen. Andere Dinge könnten für ihre Motivation schließlich auch ausschlaggebend sein, deshalb musst du diese Verbindung schon herstellen können.
>
> Gemma: Ich denke, die Dauer sollte auch eine Rolle spielen. Der Angehörige müsste sie auch beeinflussen können, wenn sie sich schlecht fühlen oder genug von allem haben. Ich meine, wenn sie an Übelkeit leiden und man das Gefühl hat, sie wollen aufgeben.
>
> Annette: Ja…es ist auch ziemlich leicht, auf solche Dinge zu achten. Die Patienten reden die ganze Zeit davon, warum sie durchhalten. Wir müssen ihnen dazu keine Fragen stellen, sondern einfach nur aufpassen, wann es passiert.

Genau an diesem Punkt der Analyse lassen sich die Evaluation der Informationen, die Entscheidung, was als Fakt gelten kann und die Frage, wo oder wie die Gruppe neue Untersuchungen durchführen soll, gut miteinander verknüpfen. In diesem speziellen Fall werden weitere Beobachtungen in der Praxis geplant. So können die Pflegenden nicht nur überprüfen, ob es ein Fakt ist, dass die Partner eine wichtige Rolle bei der Motivation der Patienten spielen, sondern sie können auch feststellen, ob andere Faktoren (z. B. die Angst vor einem Rückfall) eine noch größere Rolle spielen.

## 7.2
# Die Auseinandersetzung mit Lernaufgaben

Das nächste Kapitel zeigt, wie im Rahmen von Projekten neue Untersuchungen durchgeführt, Lösungen erarbeitet und Schlussfolgerungen gezogen werden. In diesem Abschnitt wenden wir uns zunächst dem noch ausstehenden Teil der Analyse zu – der Auseinandersetzung mit den Lernaufgaben. Für viele Lernbegleiter ist dies der spannendste Teil des problem- oder forschungsorientierten Lernens, während sich den Gruppenmitgliedern die Möglichkeit bietet, übertragbare Fähigkeiten zu entwickeln und sich bewusst zu machen, auf welche Art und Weise Sie Ihr Wissen erweitern. Lernbegleiter sind gerne bereit, Ihnen zu vermitteln, wie Sie denken und was Sie tun können, um Ihre Denkleistungen in verschiedenen Situationen zu verbessern. Für Studenten ist die Auseinandersetzung mit Lernaufgaben manchmal nebensächlich. Es ist schon unangenehm genug zu akzeptieren, dass manche Diskussion erst einmal ergebnislos bleiben, und dann soll auch noch darüber nachgedacht werden, wie Informationen genutzt werden. Man vergisst bei der Suche nach einer Antwort, einer Problemlösung oder einer Erklärung der Praxis leicht die Wegweiser, die dies ermöglicht haben. Wenn Sie von den Fähigkeiten, die Sie hier gelernt haben, bei späteren Projekten profitieren wollen, dann müssen Sie sich Zeit nehmen und sich in der Gruppe auch mit den Lernaufgaben auseinander setzen.

Für Gruppenmitglieder, die Probleme oder die Praxis analysieren wollen, ist es wichtig zu verstehen, wie sie ihr Wissen erweitert haben. Der erste entscheidende Schritt in diesem Zusammenhang ist die Auswahl verschiedenartiger Informationen und ihre Verknüpfung, um dem gesammelten Material Bedeutung zuzuordnen. Die Entscheidung über die Verknüpfung dieser verschiedenartigen Informationen ist ein wichtiger Prozess, weil er für die Problemanalyse von Bedeutung ist. Je besser Sie verstehen, wie Sie vorgegangen sind, warum Sie so vorgegangen sind und welche Vorteile damit verbunden waren, desto eher werden Sie von dieser Methode in der Zukunft profitieren können.

### 7.2.1
# Die Verknüpfung verschiedenartiger Informationen

Um diesen Punkt klar zu machen, lassen Sie uns ein Beispiel eines Projekts im Rahmen des problemorientierten Lernens anschauen. Es geht dabei um die Arbeit mit Angehörigen. Für diese Fallstudie wurde den Gruppenteilnehmern folgendes Szenario vorgegeben: Ein älterer Mann wird ins Krankenhaus eingeliefert. Die Tochter des Patienten verlangt, die Stationsleitung zu sprechen. Sie ist ärgerlich, dass es so lange dauert, bis ein Bett für ihren Vater gefunden ist. Sie will jetzt wissen, was die Stationsleitung zu tun beabsichtigt, um ihm zu helfen. Bei den Fragen zu dem Szenario geht es darum, weshalb die Tochter aufgebracht ist; was getan werden kann, um ihre Wünsche zu erfüllen und was dies für die weitere Zusammenarbeit zwischen der professionellen Pflegeperson und der Laienpflegerin (Tochter) bedeuten könnte. Die Pflegepersonen in der Arbeitsgruppe benutzten die (in Kapitel 4, S. 67 beschriebene) Matrix, um die Situation zu analysieren und zu entscheiden, was sie bei einer Konfrontation mit der aufgebrachten Tochter tun würden. Die Diskussion konzentrierte sich im Wesentlichen auf die Bezugsrahmen (Wie *sollte* die Pflegeperson sich gegenüber Angehörigen verhalten? – Wie *sollte* die Zusammenarbeit zwischen Angehörigen und professionellen Pflegenden aussehen?) und den Entscheidungsfindungsprozess. In diesem Fall stand bei der Entscheidungsfindung die Frage im Vordergrund, wie man «einen kühlen Kopf bewahrt». Hier hatte man es mit einer aufgebrachten Angehörigen zu tun, die die Pflegeperson mit ihren Forderungen überrumpelt.

Der Gruppe wurde empfohlen, die Bezugsrahmen der Pflegenden und die der Laienpfleger zu überprüfen. Die Ergebnisse wurden auf einer Tafel zusammengefasst. Danach wurden die situativen Faktoren hinzugefügt, von denen es nach Ansicht der Gruppe auch abhängt, ob der Bezugsrahmen geeignet ist (s. **Abb. 7-3**).

Für den Entscheidungsfindungsprozess waren drei Prinzipien maßgebend: Behandlung der Angehörigen mit Respekt und Verständnis; Wahrung der Kolle-

| **Pflegende** | **Angehörige** |
|---|---|
| Sollten die Angehörigen informieren, wenn der Patient einverstanden ist. | Sollten das Fachwissen der Gesundheitsfachleute respektieren. |
| Sollten die Ängste der Angehörigen respektieren. | Sollten verstehen, dass Prioritäten gesetzt werden müssen, was die Pflege betrifft (dass die Bedürfnisse aller Beteiligten berücksichtigt werden müssen). |
| Sollten das Wissen der Angehörigen anerkennen (die Erfahrungen mit dem Patienten und seiner Geschichte). | |
| Sollten versuchen, die Angehörigen in die Pflege (besonders in die Rehabilitation) einzubinden. | Sollten versuchen, mit dem Personal zusammenzuarbeiten (z. B. wichtige Informationen geben). |
| Sollten die Grenzen und Fähigkeiten der Angehörigen einschätzen können (sind sie unwillig oder nicht in der Lage, sich an der Pflege zu beteiligen?). | Sollten bereit sein, sich an der Pflege zu beteiligen (sich über die Situation zu informieren). |
| | Sollten Gefühle und Bedürfnisse offen äußern. |

| **Situative Faktoren** |
|---|
| plötzliche Krankheit |
| Verzögerungen bei der Beschaffung eines Betts |
| eventuelle Schuldgefühle (Ursache der Krankheit; Tochter verliert die Kontrolle über die Pflege) |
| Erschöpfung der Tochter |

**Abbildung 7-3:** Bezugsrahmen – Pflegende und Angehörige.

gialität (das Problem darf nicht auf einen Kollegen abgewälzt werden); Etablierung von Normen (Aufbau einer Beziehung, deren Ziel es ist, sich gegenseitig zu respektieren und zu unterstützen).

Anschließend wurden die Gruppenmitglieder mit der Frage konfrontiert «Was geschieht mit den Bezugsrahmen, wenn Sie es mit einem ärgerlichen Angehörigen zu tun haben?» In diesem Beispiel war die Gruppe der Meinung, dass normale Bezugsrahmen außer Kraft gesetzt werden, wenigstens die, die anderen zugeschrieben werden. Angesichts der gegebenen Situation war es schwierig zu entscheiden, an welchem Bezugsrahmen sich die Angehörige orientierte. Darüber hinaus stellte sich die Frage, ob unsere früheren Annahmen über das aktuelle oder potenzielle Verhalten anderer richtig waren. Die Angehörigen sollten nicht als potenzielle Wissensressource, sondern auch als Mitbetroffene gesehen werden. Es begann eine neue Diskussionsrunde über Angehörige als Mitbetroffene bzw. Laienpfleger, die zu dem Ergebnis kam, dass die wirklichen Bedürfnisse der Angehörigen festgestellt werden müssen. In der beschriebenen kritischen Situation war es wichtig, dass die Pflegeperson sehr aufmerksam zuhört und sich Mutmaßungen, was die Pflichten von Laienpflegern betrifft, nicht anmerken lässt. Wir diskutierten darüber, ob die gründliche (und ziemlich kraftraubende) Einschätzung der Situation angesichts dieser Konfrontation nötig war und was bei normalen Einweisungen geschieht, wenn die Pflegeperson die Möglichkeit hat, mit bekannten Bezugsrahmen zu arbeiten.

Da das Problem unter dem Aspekt von Bezugsrahmen und Entscheidungsfindungsprozess betrachtet wurde, konnte untersucht werden, wie beides durch die Situation beeinflusst wird. Aufgrund von Entscheidungen, die in bestimmten Kontexten getroffen werden mussten, konnten die Pflegenden sich nicht mehr an ihrem üblichen Bezugsrahmen orientieren. Bei zukünftigen Projekten müsste dann ein neuer Bezugsrahmen entwickelt werden, um auf ärgerliche Angehörige reagieren zu können. Die Gruppe erkannte, warum Bezugsrahmen, so hilfreich sie in normalen Situationen auch sind, sich manchmal plötzlich ändern und warum dies für die Pflegeperson, die sich in einer solchen Situation befindet, mit Stress verbunden ist.

### 7.2.2
### Die Sackgasse erkennen

Bei der zweiten wichtigen Lernaufgabe geht es um «Sackgassen». Sackgassen sind Untersuchungsansätze, die Sie im Hinblick auf die Problemlösung oder Praxisbeschreibung nicht weitergebracht haben. Dies heißt jedoch nicht, dass Reisen, die in eine Sackgasse führen, sinnlos sind, denn häufig fördern sie zu Tage, was «schief gelaufen» ist, was bei ähnlichen Problemen zukünftig nicht mehr berücksichtigt werden muss. Deshalb ist es sinnvoll, sich Zeit zu nehmen und herauszufinden, was Ihre Untersuchung in die Sackgasse geführt hat. Welche Fragen und/oder Erkenntnisse haben Sie veranlasst, für einen bestimmten Teil der Analyse mehr Zeit aufzuwenden? Warum haben Sie sich länger als nötig mit diesem Teil befasst?

Auch hierzu wieder ein Fallbeispiel: Eine multidisziplinäre Gruppe von Praktikern arbeitete an einer Studie (forschungsorientiertes Lernen), die Menschen mit Lernschwierigkeiten helfen sollte, so unabhängig wie möglich zu leben. Die Studie sollte ermitteln, welches die wichtigsten Dimensionen der Unabhängigkeit sind und wie die verschiedenen Gesundheitsfachleute, die die Betroffenen unterstützen und anleiten, das Konzept verstehen. Die Gruppe diskutierte lange über den Begriff der ganzheitlichen Pflege und erläuterte aus philosophischer Sicht, was Ganzheitlichkeit besagt und was dies für die Förderung der relativen Unanhängigkeit bei Klienten mit Lernschwierigkeiten bedeutet. Die Gruppe fand schließlich ein einfaches Schema, um die Übereinstimmung zwischen Unterstützung und Unabhängigkeit der Klienten zu bestimmen (s. **Abb. 7-4**).

Zunächst diskutierte die Gruppe, was die Konzepte Unterstützung oder Pflege aus Sicht der verschiedenen Berufe beinhalten. Ebenfalls wurde die Philosophie

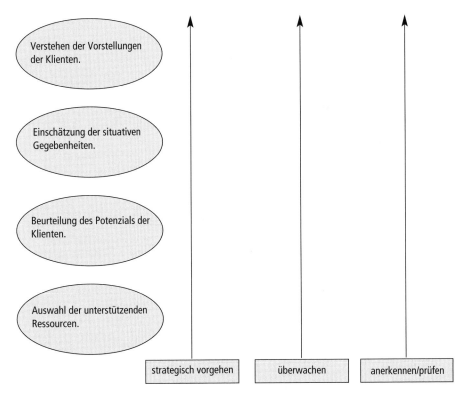

**Abbildung 7-4:** Unabhängigkeit und Unterstützung der Klienten.

der multidisziplinären Praxis diskutiert und die Aufgaben der Pflege gegenüber Menschen mit Lernschwierigkeiten. Bei der Überprüfung fand die Gruppe heraus, dass der Wendepunkt dort war, als sie aufhörte, über die Philosophie und die Aufgaben zu diskutieren und stattdessen die Bedürfnisse der Klienten erörterte. Grund für den Themenwechsel war die Empfehlung des Lernbegleiters, sich Unabhängigkeit als das Endziel einer Autofahrt vorzustellen und sich zu überlegen, was man für die Reise braucht und was die einzelnen Berufsgruppen dazu beitragen könnten? Die Gruppe sollte sich weiter vorstellen, sie sei eine Verkehrsorganisation und sich überlegen, welche Leistungen sie gemeinsam anbieten könnte, um die Reise sicher und angenehm zu machen. Abbildung 7-4 stellt diese Reise grafisch dar. Die Klienten hatten ihre eigenen Vorstellungen, realistische und weniger realistische. Einige Vorstellungen waren schlecht formuliert oder ausgedrückt, was Arbeit erfordern würde. Über ihre Unabhängigkeit bestimmten die Klienten teilweise selbst, aber die Angehörigen hatten auch ein Mitspracherecht, da sie durch die Pflege am meisten belastet waren, falls der Klient nicht ein gewisses Maß an Selbstversorgungsfähigkeit erreichte. Die situativen Gegebenheiten (wo der Klient lebt, welche Unterstützung er bekommt) gaben die Ziele vor, die anvisiert werden sollten, denn eine Umgebung kann zu hohe oder zu geringe Anforderungen stellen. Dies führte dazu, dass die Gruppe über Motivation und über verschiedene Möglichkeiten, die Klienten zu motivieren, diskutierte. Einzuschätzen blieben noch das Potenzial der Klienten, ihre Lernfähigkeit, ihre bevorzugten Lernarten und ihre Strategien zur Bewältigung der veränderungsbedingten emotionalen Anforderungen. Die Kombination dieser Faktoren wurde bestimmt durch die vorhandenen professionellen Ressourcen und die Auswahl einiger besonderer Ressourcen, die auf die jeweilige Situation des Klienten zugeschnitten waren.

Aufschlussreich im Zusammenhang mit dieser Fallstudie ist die Tatsache, dass die Gruppe merkte, dass die Beschäftigung mit den Klienten und die Analogie aus einem Bereich außerhalb des Gesundheitswesens die Möglichkeit gab, eine Auseinandersetzung zu beenden, in der es nicht gelang, Unabhängigkeit zu definieren oder Ideen über die Zusammenarbeit des multidisziplinären Teams zu entwickeln. Der Vergleich mit einer Autoreise war neutrales Territorium, auf dem sich alle auskannten. Durch die Beschreibung mit einfacheren Begriffen (als Reise mit einem Ziel) war es möglich, Unterstützung als Bereitstellung von Ressourcen, Anleitung, Überwachung und Einschätzung zu definieren. Das Besondere an dieser Reise war, dass es nicht Aufgabe des Klienten war, den Ablauf zu planen oder zu bewerten. Die Angehörigen würden eher Hilfe brauchen bei dem Versuch, Leistungsanreize zu schaffen. Deshalb wurde ein Konzept zur Unterstützung benötigt, das flexibel genug war, um dem Klienten und seiner Situation gerecht zu werden.

In die Sackgasse getrieben hatten die Gruppe Überlegungen zur Vollständigkeit der Unterstützungsmaßnahmen und deren Übereinstimmung mit der Philosophie. In diesem Zusammenhang wollten die Pflegenden wissen, wie die Beiträge der anderen Therapeuten koordiniert werden sollen, damit spirituelle, psychologische, soziale und körperliche Bedürfnisse erfüllt werden können. Einige Therapeuten wussten nicht, wie spirituelle Unterstützung aussehen kann. Es wurde ausgiebig darüber diskutiert, wie psychische Bedürfnisse eingeschätzt werden können, und es gab Auseinandersetzungen über die kognitive Fähigkeit und die emotionale Bereitschaft, mit Veränderung umzugehen. Langsam wurde klar, dass das Modell, das die Schritte zur Erlangung der Unabhängigkeit darstellte, für keines der Teammitglieder einen Sinn ergab. Zwischenzeitlich hatte die Gruppe doppelte Anstrengungen unternommen, die Arbeit des Teams anhand des ganzheitlichen Modells zu erklären. Erst als das Modell verworfen wurde, waren alle bereit, eine andere Lösung zu akzeptieren.

## 7.3
## Zusammenfassung

Wenn Sie die ersten Informationen gesammelt und gesichtet haben, löst der Gedanke an die Analyse nicht selten Unbehagen aus. Selbst mithilfe eines Lernbegleiters erscheint der Prozess schwierig, und Fehler sind vorprogrammiert. Der Analyseprozess wird jedoch einfacher, wenn wir uns vor Augen führen, dass der Kontext der Studie, ihre Ziele und situativen Gegebenheiten, die wir in die Betrachtung der Phänomene einbeziehen, Hinweise darauf geben, was relevant oder wichtig ist. Darüber hinaus müssen wir die Informationen einer Bewertung unterziehen und entscheiden, ob sie als Fakten akzeptiert werden können. Was Forschungserkenntnisse anbelangt, helfen uns Evaluationskriterien, die Stichhaltigkeit zu bewerten. Da im Rahmen dieses Buches nicht sämtliche Evaluationskriterien vorgestellt werden können, ist es für alle, die Untersuchungen durchführen, wichtig, sich mit Forschungsevaluation eingehend zu befassen. Sie ist eine der Schnittstellen zwischen vermitteltem Lehrinhalt und der Gruppe, die mit der Lösung eines Problems beschäftigt ist. Für andere Annahmen (Informationen und deren Interpretation) gibt es dagegen keine vorgegebenen Evaluationskriterien. Bevor Annahmen als Fakten akzeptiert und als Grundlage für alle weiteren Diskussionen, Untersuchungen oder Schlussfolgerungen benutzt werden können, müssen wir uns eingehend mit ihnen auseinander setzen. Dieser Prozess der Auseinandersetzung wird als Rhetorik bezeichnet und ist ein wesentlicher Bestandteil des problem- und forschungsorientierten Lernens.

Auch wenn die Gruppenmitglieder sich gemeinsam darauf geeinigt haben, was als Fakt gilt, sollten sie sich bewusst machen, wie sie zu dieser Entscheidung gelangt sind. Sie müssen nachvollziehen, wie die Untersuchung und Analyse durchgeführt wurde, weil sie auf diese Art und Weise die Strategien erkennen, die sie in anderen Situationen benutzen können. Je besser wir verstehen, wie wir zu bestimmten Schlussfolgerungen gelangt sind und wie wir entschieden haben, was als Nächstes untersucht werden muss, umso eher wird es uns in der Zukunft gelingen, Untersuchungen fachkundig durchzuführen. Die meisten Praktiker arbeiten so, obwohl sie sich dies nur selten bewusst machen. Wir werden mit Situationen, Problemen und Phänomenen konfrontiert und versuchen, sie zu verstehen. Wir müssen entscheiden, wie wir das Geschehen beurteilen und was als Fakt gelten kann, bevor wir uns auf eine Handlungsweise festlegen. Wenn wir Glück haben, finden wir heraus, warum die Pflegemaßnahmen erfolgreich waren bzw. gescheitert sind. Im nächsten Kapitel werden weitere Untersuchungen im Zusammenhang mit verschiedenen Projekten vorgestellt, und es wird diskutiert, wie diese im Kontext des problem- und forschungsorientierten Lernens abgeschlossen werden können.

# 8.
# Die Beendigung eines Projekts

Nachdem Sie einige Untersuchungen durchgeführt, eine Fülle von Informationen gesammelt und Ihre Erkenntnisse einer kritischen Bewertung unterzogen haben, stellt sich unweigerlich die Frage «Welches ist der nächste Schritt?» Was sich zu Anfang als kompaktes Problem oder isolierter Bereich der Praxis darstellte, hat sich fast explosionsartig erweitert. Wir kennen jetzt viele Facetten des Problems oder viele Dimensionen der Praxis. Die Darstellung des Problems als Spinnendiagramm, in dem die verschiedenen Konzepte oder Punkte durch Pfeile verbunden sind, die die Einflüsse aufzeigen, ergibt ein ziemlich verworrenes Tafelbild. Selbst wenn auf der Grundlage der Gegebenheiten geklärt ist, was als Fakten und brauchbare Theorien akzeptiert werden kann, müssen wir immer noch entscheiden, was mit der Analyse geschehen soll, damit das Projekt zum Abschluss gebracht werden kann.

Die Entscheidung, ein Projekt zu beenden, die Datensammlung und die Analyse abzukürzen, ist in Wirklichkeit etwas Künstliches. Bei vielen Situationen im Gesundheitswesen müssen Analysen über einen längeren Zeitraum oder in mehreren Schritten durchgeführt werden und der Praktiker muss sich in regelmäßigen Abständen mit dem Problem befassen. Wenn allerdings Projekte im Rahmen eines Lehrprogramms durchgeführt werden oder wenn die Kollegen noch anderweitig beschäftigt sind, kommt man nicht umhin, das Projekt Projekt sein zu lassen, selbst wenn man weiß, dass noch nicht alles geklärt ist. Lesen Sie den Dialog zwischen drei Studenten zum Thema Projektabschluss (problemorientiertes Lernen):

> Ruth: Je mehr man sich mit problemorientiertem Lernen beschäftigt, desto besser erkennt man, dass die Problemlösung manchmal haargenau passen muss. Sie ist eine Antwort, die auf einen bestimmten Kontext und auf einen bestimmten Patienten zugeschnitten ist, was nicht heißt, dass diese Lösung in allen Settings die richtige ist. Das gute Gefühl bei der Entscheidung aufzuhören kommt daher, dass man sicher ist, einen ziemlich guten Einblick in die Problematik zu haben. Die Lösung passt genau zu der Fallstudie, die man gelesen hat.
>
> Sonya: Für mich sind Probleme Dinge, die sich ausdehnen und zusammenziehen. Sie sind nichts Statisches, weil die Umstände sich ändern, und das bedeutet, dass allein durch die Zeit manche Aspekte des Problems verschwinden. Während der Analyse erscheint das Problem meistens größer und komplexer. Wenn man dann noch einmal die Informationen sichtet

und sie anhand von ein paar zusätzlichen Untersuchungen überprüft, dann beginnt man zu entscheiden, was wichtig ist, um zu einer praktikablen Lösung zu kommen.

Neil: Bei den meisten Projekten, an denen ich beteiligt war, haben wir uns zum Abschluss vorgetastet, zu der Entscheidung, welches die beste Antwort auf die Fragen ist. Aber dann erreicht man einen Punkt, wo man das Gefühl hat, dass jetzt nichts Neues mehr kommt. Das Problem wird nur immer wieder auf eine andere Art erklärt. Und an diesem Punkt denkt man: «Jetzt ist es Zeit, die Suche abzubrechen und zu überlegen, was dies alles für mein Handeln bedeutet.»

Dieser Prozess lässt sich in einem Diagramm abbilden, das nicht nur die Entwicklung des Projekts darstellt, sondern auch anzeigt, wann es Zeit ist, es zu beenden (s. **Abb. 8-1**). Unabhängig davon, ob Sie die Studie im Kontext des problem- oder des forschungsorientierten Lernens durchführen, die Indikatoren sind die gleichen und sie bedeuten eine entscheidende Veränderung für die Arbeit Ihrer Gruppe.

Die in der Phase der Projektplanung durchgeführten Untersuchungen sollen helfen, die Grenzen des Problems oder der Situation abzustecken und anzuzeigen, wie weit die Untersuchung ausgedehnt werden muss. In der Analogie eines Puzzles ausgedrückt heißt dies, Sie suchen nach den Teilen mit den geraden Kanten. In der mittleren Phase des Projekts haben Sie bereits begonnen auszuprobieren, wie bestimmte Informationen zusammenpassen. Sie können schon einige Elemente des Puzzles klar erkennen und suchen nun gezielter nach Informationen, die Ihnen weiterhelfen. In der Phase der Weiterentwicklung des Projekts werden die restlichen Informationen in das Gesamtbild eingefügt und vielleicht schon die eine oder andere Frage beantwortet. Was zur Expansion der Untersuchung führt, sind zum einen neue Informationen, die man erhält oder entdeckt, und zum

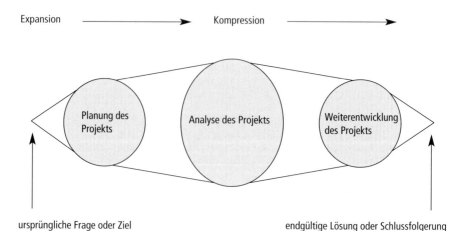

**Abbildung 8-1:** Die Entwicklung von Projekten (problem- und forschungsorientiertes Lernen).

anderen die Erkenntnis, dass alltägliche Dinge mehr Dimensionen haben als erwartet. Wir stellen Fragen, auf die wir nicht immer sofort eine Antwort haben. Was zur Kompression der Untersuchung führt, ist eine erfolgreiche Analyse, die erkennen lässt, was die Ursache und was die Wirkung ist oder warum bestimmte Ereignisse oder Erfahrungen so sind wie sie sind.

## 8.1
## Indikatoren, die auf einen baldigen Abschluss hindeuten

In **Kasten 8-1** finden Sie Indikatoren, die anzeigen, dass die Untersuchung bald abgeschlossen werden kann. Es wird hier vorausgesetzt, dass man Ihnen nicht einfach gesagt hat, das Projekt müsse abgeschlossen werden, sondern dass Sie es mehr oder weniger erfolgreich zum Abschluss bringen können.

In diesem Stadium hat Ihre Untersuchung vorläufige Lösungen oder Antworten generiert. Dies sind wichtige Punkte für den anschließenden schriftlichen Bericht. Sie verfolgen jetzt noch die letzten Spuren, um Ihre Befunde zu verifizieren. Je überzeugender Sie darstellen können, dass Ihre Überlegungen richtig und Ihr Bericht fundiert ist, umso differenzierter wird Ihre endgültige Lösung oder Ihr Abschlussbericht sein.

---

**Kasten 8-1: Indikatoren, die auf einen baldigen Abschluss hindeuten.**

- Die Untersuchung und/oder Analyse der vorhandenen Informationen fördert nur wenig neue Aspekte des Problems oder der Praxis zu Tage.
- Sie stellen fest, dass Sie immer besser erklären können, was die Ursache und was die Wirkung von Ereignissen ist, was womit in Wechselbeziehung steht und wie die Umgebung oder der Kontext das Geschehen beeinflusst.
- Es entsteht ein wachsender Konsens im Hinblick auf anzustrebende Ziele, welche Prinzipien oder Überlegungen im Hinblick auf die endgültige Lösung oder den Abschlussbericht zu beachten sind.
- Alle Fragen, die gestellt werden, und alle Informationen, die zusätzlich gesammelt werden, dienen der Bestätigung und nicht der Klärung Ihrer Ideen. Sie können immer besser erklären, warum die Dinge sich auf eine bestimmte Art und Weise entwickelt haben, und verbleibende Fragen dienen nur der Überprüfung, ob Ihr Gefühl richtig ist.
- Sie wissen, welche Fragen oder Punkte bei der endgültigen Lösung des Problems oder des Abschlussberichts berücksichtigt werden müssen.

## 8.2
# Die Verifizierung vorläufiger Lösungen oder Punkte

Der Prozess der Verifizierung lässt sich anhand von zwei Beispielen aus dem Kontext des problemorientierten und des forschungsorientierten Lernens veranschaulichen.

### 8.2.1
### Beispiel aus dem Kontext des problemorientierten Lernens

Im ersten Beispiel versuchen Gruppenmitglieder herauszufinden, wie der Wunsch eines Klienten nach Veränderung seiner Situation am besten eingeschätzt werden kann. In der Fallstudie geht es um einen jungen Mann mit einer Lernstörung, der eine enge Beziehung zu einer Frau (die ebenfalls eine Lernstörung hat) aufgenommen hat, die im gleichen Heim der Gemeinde lebt. «Graham» will eine sexuelle Beziehung zu «Joyce» aufnehmen, und das Personal steht vor dem Problem, wie es darauf reagieren soll. In dieser Untersuchung konzentriert sich die Arbeitsgruppe auf drei Punkte, die für die Einschätzung wichtig sind. Erstens: Sind Graham und Joyce in der Lage, die Vorzüge, Pflichten Probleme oder Bedürfnisse (physische und psychische) zu antizipieren, die sich aus einer sexuellen Beziehung ergeben können? Die für die Unterstützung zuständigen Pflegepersonen müssen zunächst herausfinden, wie Joyce zu Grahams Wunsch steht, eine Privatsphäre zu haben, sodass sie ungestört sind. Bei der Einschätzung geht es nicht allein um intellektuelle Fähigkeiten, sondern auch um emotionales Lernen. Wie sind Graham und Joyce in der Vergangenheit mit starken Gefühlen umgegangen, wie werden sie in der Zukunft reagieren? Graham hat erklärt, er würde sich um die Schwangerschaftsverhütung kümmern. Zweitens: Wie soll die Verfügbarkeit und Kontinuität der Unterstützung gesichert werden? Das Heim ist ein Ort, der Unterstützung zusichert, aber die gewünschte Veränderung könnte für die anderen Heimbewohner Stress bedeuten. In der Übergangszeit, in der die Beziehung zwischen Graham und Joyce sich als tragfähig erweist oder scheitert, werden die zuständigen Betreuer zusätzliche Unterstützung anbieten müssen. Drittens: Das Personal muss die Ziele von Graham und Joyce kennen. Ist die sexuelle Beziehung Teil eines größeren, langfristigen Plans, stellt sich für die Betreuer die Frage, wie sie die beiden zu angemessenem Handeln anleiten können. Wenn Graham und Joyce nicht an einem anderen Ort leben können, z. B. in einer eigenen Wohnung, wie können sie unterstützt werden, Ziele anzustreben, die erreichbar sind?

Um zu verifizieren, ob der Fokus der Einschätzung korrekt ist, entschloss sich die Arbeitsgruppe zu einem Test. Sie formulierte drei Texte, die die Bedingungen enthielten, von denen es abhing, ob Graham und Joyce eine sexuelle Beziehung ermöglicht werden sollte. Der erste Text bescheinigte, dass Graham und Joyce kognitiv in der Lage sind, die Verantwortung zu erkennen, die eine sexuelle Beziehung mit sich bringt. Das Paar wolle eine langfristige Beziehung aufbauen und sei für die meisten anderen Heimbewohner ohnehin schon ein Paar. Leider seien die Erfahrungen des Personals, was die Beratung zum Thema sexuelle Beziehung betrifft, jedoch begrenzt. Es wurde darauf hingewiesen, dass es schwierig sein würde, für kontinuierliche Unterstützung durch einen oder zwei versierte Betreuer zu sorgen. Im zweiten Text wurde die Variable kognitive Fähigkeiten durch den Hinweis verändert, Joyce habe Probleme mit der Konzentration und mit der Gedächtnisleistung und werde schnell ärgerlich, wenn sie den Eindruck habe, dass jemand, dem sie vertraut, sie nicht richtig versteht. In dritten Text wurden alle drei Punkte in einem günstigen Licht dargestellt. Dann legten die Gruppenmitglieder die Texte Praktikern vor, die als Experten auf dem Gebiet der Lernstörungen galten, um zu verifizieren, welche Bedingungen erfüllt sein müssen, bevor die Bitte des Klienten befürwortet werden kann. Die Gruppenmitglieder gingen davon aus, die Experten würden sich dahingehend äußern, dass alle drei Bedingungen erfüllt sein müssen, bevor «grünes Licht» gegeben werden kann. Diese Vermutung wurde durch die abschließenden Interviews bestätigt, als die Gruppenmitglieder die Experten baten, offen zu sagen, was sie von der Einschätzung der Situation durch die Gruppe halten.

Diese Verifizierung sollte zeigen, ob die geplante Einschätzung angemessen ist. Die Gruppe bekam die Bestätigung, dass alle drei Punkte (kognitive/emotionale Fähigkeiten, eine unterstützende Umgebung und ein angemessener Kontext) für die Einschätzung wichtig sind und die Kriterien erfüllt sein müssen, bevor die Pflegeexperten Entscheidungen treffen können. Wenn nur ein Punkt nicht erfüllt ist, wäre die Entscheidung, Grahams Bitte zu befürworten, in Gefahr. In der Diskussion wiesen die Pflegeexperten darauf hin, dass die kognitiven/emotionalen Fähigkeiten, das Vermögen, durch die neue Beziehung zu lernen und sich weiterzuentwickeln, der wichtigste Punkt der Einschätzung ist, weshalb eine Bestimmung des Intelligenzquotienten und der emotionalen Entwicklung erforderlich sei.

Die Gruppe konnte nun eine Lösung vorschlagen, in der nicht nur der Fokus der Einschätzung für diese Fallstudie, sondern auch die relative Bedeutung der Einschätzungskomponenten (kognitive/situative/zukünftige Ziele) berücksichtigt wurden. Die Gruppe kam zu dem Schluss, dass in solchen Fällen Entscheidungen nicht nur die Fähigkeiten, sondern auch den Kontext und die Möglichkeiten berücksichtigen müssen, die eine Situation bietet, wenn es darum geht, Klienten bei der Entwicklung all ihrer Fähigkeiten zu unterstützen. Die Einschätzung der Ziele von Graham und Joyce vorausgesetzt, wäre es möglich, sie an den Entscheidungen zu beteiligen, die bald zu treffen sind.

## 8.2.2
## Beispiel aus dem Kontext des forschungsorientierten Lernens

In diesem Beispiel steht eine andere Form der Verifizierung im Mittelpunkt. Es geht um die Art und Weise, wie Prüfer verschiedene Elemente von Informationen kombinieren, um die Arbeiten von Studenten zu benoten. Das Projekt wurde von einer Gruppe von Pflegepersonen mit Lehrbefugnis durchgeführt, die sich für die reflektive Praxis engagierten und herausfinden wollten, wie sie am besten entscheiden können, welche Note angemessen ist. Sie räumten ein, dass die individuelle Beurteilung durch den Tutor letztendlich immer nötig ist, hofften jedoch, mithilfe des forschungsorientierten Lernens herauszufinden, wie die Leistungen der Arbeiten am besten eingeschätzt werden können. **Abb. 8-2** zeigt die wesentlichen Punkte, an denen sich Tutoren bei der Bewertung von Arbeiten aus dem Bereich der reflektiven Praxis orientieren.

Bemerkenswert an diesem Beispiel ist die Tatsache, dass die Pflegenden die Komponenten auf eine bestimmte Art und Weise angeordnet haben. Sie fragten «Was ist am wichtigsten, wenn es darum geht, Reflexion zu bewerten?». Das Ergebnis ihrer Überlegungen war eine Praxisepisode mit einem klaren Fokus. Ohne diesen Bezug zur Praxis sei Reflexion lediglich ein Aspekt der Philosophie. Wenn Reflexion pädagogisch effektiv sein solle, dann müsse sie zu neuen Erkenntnisse oder Ideen führen, die wiederum zur Folge haben, dass der Student oder die Praxis sich auf irgendeine Art und Weise verändern (Taylor, 2001). Reflexion beziehe sich auf Handlungen und Überlegungen der Pflegenden, die in einen Kontext eingebettet sind und meistens auch andere einbeziehen, z. B. Patienten oder Kollegen. Die Arbeitsgruppe entwickelte deshalb eine Einschätzungsebene, deren Ausgangs-

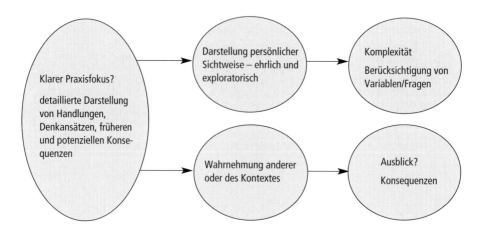

**Abbildung 8-2:** Bewertung schriftlicher Arbeiten aus dem Bereich der reflektiven Praxis.

punkt die klar fokussierte Praxis bildete. Im Anschluss daran sollte geprüft werden, wie die Pflegeperson die eigene Person, Motive, Wertvorstellungen, Prämissen und Problembewusstsein darstellt. Eine gute Note erzielte eine Darstellung, die auf einer gründlichen Auseinandersetzung mit der eigenen Person und den Motiven, Wahlmöglichkeiten und Entscheidungen beruht. Eine bessere Note sollte möglich sein, wenn die Darstellung auch die Komplexität der behandelten Inhalte deutlich macht. Dabei können verschiedene Dimensionen beleuchtet werden, wie z. B. ethische, ästhetische, ökonomische Aspekte und Risikomanagement. Auf der zweiten Einschätzungsebene stand das kontextuelle Bewusstsein im Vordergrund. Nach den Vorstellungen der Gruppenmitglieder sollten Arbeiten gut benotet werden, die die Wahrnehmung von und Respekt vor anderen und deren Interessen und Bedürfnisse erkennen lassen. Pflegende handeln in Zusammenarbeit mit anderen, und deshalb sei, sowohl beim Denken als auch beim Schreiben, eine gewisse Rücksicht und Vorsicht geboten. Voreilige oder banale Schlussfolgerungen wurden für problematisch gehalten. Eine bessere Note war auf dieser Einschätzungsebene möglich, wenn die Pflegeperson die Folgen der Episode und ihres Handelns oder Nichthandelns antizipiert hatte.

Die Gruppe wollte ihr Einschätzungsmodell verifizieren und überprüfte zu diesem Zweck bereits benotete Arbeiten, um zu sehen, ob Studenten, die die Forderungen auf beiden Einschätzungsebenen voll erfüllt hatten, auch die besten Noten erzielten. Jeweils zwei Pflegepersonen lasen eine Arbeit unabhängig voneinander und mithilfe des erarbeiteten Modells und überprüften dann die Benotung durch den Modultutor. Es wurde erwartet, dass Studenten, deren Darstellung der Praxis schon unklar war, kaum gute Noten erzielen, während diejenigen, die auf einer Einschätzungsebene erfolgreich waren (entweder bei der Darstellung der persönlichen Aspekte oder bei der Berücksichtigung kontextueller Aspekte) gut benotet werden, wobei in einigen Fällen auch mit großen Diskrepanzen in der Benotung gerechnet wurde. Hier die Ergebnisse:

- Von ausschlaggebender Bedeutung war die Darstellung der Praxis mit einem klaren Fokus. Studenten, die hier schlecht abschnitten, fielen durch.
- Bei Studenten mit überzeugenden Leistungen auf einer der beiden Einschätzungsebenen gab es große Unterschiede bei den Noten im Bereich von 1 bis 3.
- Keiner der Tutoren erwartete von den Studenten einwandfreie Leistungen auf beiden Ebenen. A-Noten wurden für eindrucksvolle Leistungen auf einer Ebene vergeben.

Bei dieser Art der Verifikation geht es nicht um die Frage, ob das Modell die Realität angemessen darstellt (wie in dem Beispiel aus dem Kontext des problemorientierten Lernens). Hier wird vielmehr die aktuelle Praxis überprüft, um herauszufinden, ob die Benotung der Arbeiten einheitlich und klar ist. Die Pflegenden führten einen Test durch und befanden, dass das Modell eine optimale Darstellung der Praxis sein *könnte*. Sie stellten jedoch auch fest, dass das Niveau des reflektiven Schreibens und der Bewertung zum gegenwärtigen Zeitpunkt noch nicht so entwickelt ist wie das Modell voraussetzt. Die Theorie erklärt in Ansätzen, warum die Benotung reflektiver Arbeiten so schwierig und der Vergleich der Noten so mühsam war. Zwar seien die Studenten nicht zu stark benachteiligt (die Noten waren im Großen und Ganzen fair), aber die Benotung sei auch nicht durchweg einheitlich. Es sei notwendig, dass Lehrende über die relative Bedeutung der Hauptaspekte des reflektiven Schreibens – die Darstellung persönlicher Aspekte und die Berücksichtigung kontextueller Aspekte – und über die Benotung diskutieren.

## 8.3
## Die Verbesserung der Aussagen

Die Arbeit am Ende eines Projektes konzentriert sich nicht nur auf die Verifizierung, sondern auch auf die Verbesserung der Aussagen. In jeder Darstellung, Lösung oder Erklärung der Praxis muss die fachliche Kompetenz derjenigen zum Ausdruck kommen, die die Untersuchung durchgeführt haben. Stark verallgemeinernde Aussagen, kühne Behauptungen und Empfehlungen ohne Einschränkungen legen den Schluss nahe, dass das Projekt vorzeitig abgeschlossen wurde oder dass die Gruppe irgendetwas vorantreiben will, das durch die vorhandenen Informationen nicht gestützt werden kann. **Kasten 8-2** enthält unterschiedlich differenzierte Schlussfolgerungen (Aussagen) von Untersuchungen, die im Rahmen von Kursen zur Prüfungsvorbereitung durchgeführt wurden.

---

**Kasten 8-2: Schlussfolgerungen (Aussagen) aus Untersuchungen (problemorientiertes Lernen).**

1. Eine Hirnblutung oder ein Hirntrauma führt oft zu einem Anstieg des intrakraniellen Drucks. Die Suche nach Anzeichen für einen erhöhten intrakraniellen Druck ist deshalb von entscheidender Bedeutung.
2. Die Klienten brauchen bei Impfungen gegen Infektionskrankheiten individuelle Beratung. In einigen Fällen sind Impfungen Pflicht (bei Reisen). Hier ist Beratung mit «Aufklärung» gleichzusetzen. In anderen Fällen ist Beratung eher ein Informationsgespräch, das dem Klienten hilft, eine informierte Entscheidung zu treffen. Beratung kann auch einen moralischen Aspekt haben, wenn sie eine Handlungsweise unterstützt, die das höchste Gut der Mehrheit schützt, für das Individuum aber nicht unbedingt vorteilhaft ist.
3. Rasches Aufwärmen bei Hypothermie stellt eine Gefahr für den Blutdruck des Patienten dar.

## 8. Die Beendigung eines Projekts

Im ersten Beispiel entwickelten die Kursteilnehmer ein Einschätzungsformular für Patienten, die an Bewusstlosigkeit unbekannter Genese litten. In der Fallstudie ging es um Risikomanagement, und die Mitglieder der Arbeitsgruppe hatten, soweit es ging, ein solides Paket mit Einschätzungen und Untersuchungen ausgearbeitet, das auf Patienten mit Kopfverletzungen und pathologischen Befunden, wie z. B. Hirntumore, zugeschnitten war. Die Lernbegleiterin schaltete sich jedoch ein und warnte die Kursteilnehmer, mögliche Ursachen für die Bewusstlosigkeit auszuschließen und erinnerte sie an die Möglichkeit von Subarachnoidalblutungen. Als die Aussagen formuliert wurden, die die Grundlage für die empfohlenen neurologischen Einschätzungsunterlagen darstellte, animierte sie die Gruppe, über die betreffende Aussage nachzudenken. Sie erklärte, die Aussage sei nicht vollständig, da sie die verschiedenartigen Zeichen und Symptome einer Subarachnoidalblutung nicht erfasse.

Lernbegleiter erfüllen oft eine wichtige Funktion, wenn sie die von Gruppenmitgliedern am Ende eines Projekts formulierten Schlussfolgerungen oder die Aussagen, die die Lösung eines Problems oder die Analyse einer Praxis stützen sollen, infrage stellen. Aussagen sind dann verbesserungsbedürftig, wenn sie entweder nicht alle relevanten Informationen aus einem früheren Stadium beinhalten, oder wenn sie nicht mit der von Ihnen vertretene Position übereinstimmen. Bevor Sie ein Projekt abschließen können, müssen Sie die Informationen oder auch die Angaben von Experten noch einmal ganz genau nachprüfen. In diesem Beispiel musste die Problemlösung verbessert und weitere Beobachtungen durchgeführt werden, um eine Version zu präsentieren, in der die physiologischen Zeichen und Symptome einer Subarachnoidalblutung erfasst werden.

Die zweite Aussage ist weitaus umfassender und beinhaltet die Erkenntnis, dass Beratung zum Thema Impfung kontextabhängig ist. In manchen Fällen geht es darum, bestimmte Personen aufzuklären, um zu verhindern, dass sie später Schwierigkeiten mit Einwanderungsbehörden bekommen. In anderen Fällen hat die Pflegeperson eine eher beratende Funktion. Sie hilft den Klienten, eine informierte und selbständige Entscheidung zu treffen. Diese Aussage ist relativ differenziert. Die Kursteilnehmer, von denen sie stammt, haben erkannt, dass Beratung zum Thema Impfung nicht nach «Schema F» erfolgen kann und dass Pflegende berücksichtigen müssen, zu welchem Zweck Klienten sich beraten lassen. Die Aussage zeigt, dass diese Pflegepersonen kritisch denken und geeignet wären, das Problem – die umfassende Aufklärung Reisender über Impfungen – in der Praxis zu lösen.

Wahrscheinlich stimmen Sie mir zu, dass die «dritte Aussage» verbessert werden muss, bevor sie Bestandteil einer Problemlösung sein kann. In diesem Beispiel ist die Aussage insofern korrekt als rasches Aufwärmen des Körpers bei Hypothermie gefährlich ist und Auswirkungen auf den Blutdruck hat. Klar ist allerdings nicht, ob die Gruppe weiß, warum der Zusammenhang zwischen dem Aufwärmen des Körpers und dem Blutdruck wichtig ist. In der Aussage fehlt eine kurze

Darstellung der Grundlage. Vereinfacht ausgedrückt führt rasches Aufwärmen der Körperperipherie zu einer Erweiterung der peripheren Gefäße und zu einem plötzlichen Anstieg der Durchblutung entfernter Körperpartien. Die Organe im Kern des Körpers bleiben kalt und werden durch die eine jähe Blutdrucksenkung infolge der veränderten Flüssigkeitsverteilung negativ beeinflusst. Dies kann die Herz- und Lungenfunktion sehr ungünstig beeinflussen und so zur Gefahr für die Sicherheit des Patienten werden.

In diesem Beispiel bestand die Lösung der Arbeitsgruppe darin, die Körpertemperatur schrittweise zu erhöhen, die Körperkerntemperatur gleichzeitig zu überwachen und den anwesenden Angehörigen diese schrittweise Intervention zu erklären. Die Lösung setzte jedoch voraus, dass die Pflegenden in der Lage sind, den Anwesenden ihre Absichten zu begründen. Daher ist es wichtig, Aussagen differenziert zu formulieren und die Grundlagen nicht zu vergessen. Wenn Sie Ihre Absichten nicht erklären können, dann könnten ihre Lösungen genauso gut Zufallstreffer sein. Wie in der Mathematik müssen Sie beweisen können, dass Ihre Gleichung funktioniert. Erfahrene Lernbegleiter haben sehr viel Übung darin, eine Gruppe entsprechend zu fordern.

### 8.4
## Das Gefühl, am Ziel zu sein

Es ist leichter, Argumente, Erklärungen oder Lösungen zu verifizieren oder Aussagen zu verbessern, weil Ihnen ein Lernbegleiter zur Verfügung steht, der prüft, was Sie denken. Im Kontext des problem- und forschungsorientierten Lernens ist diese Unterstützung wichtig. Wenn Sie den Lernbegleiter in seiner Funktion als «Resonanzboden» nicht in Anspruch nehmen, ihm nicht vertrauen oder ihn nicht respektieren, dann ist die Wahrscheinlichkeit groß, dass die Gruppenmitglieder sich nicht einigen, wenn es um die endgültige oder optimale Lösung geht. Ihr Lernbegleiter hat seine Aufgabe entweder übernommen, weil er dafür ausgebildet und von der Lehreinrichtung zum Lernbegleiter ernannt wurde, oder weil Sie dem Lernbegleiter im Voraus Entscheidungsbefugnis bei der endgültigen Lösung eingeräumt haben. Vorausgesetzt Ihr Lernbegleiter hat Ihnen aufmerksam zugehört und Ihnen erlaubt, Dinge selbst herauszufinden (anstatt Ihnen zu sagen, wie Sie denken oder entscheiden sollen), dann ist er bestens geeignet, Ihnen zu bestätigen, dass Ihre Untersuchung einen entscheidenden Punkt erreicht hat.

Abgesehen von solch rationalen Betrachtungen verlassen sich Gruppenmitglieder jedoch oft auf eigene Gefühle und Gedanken, wenn sie ihre Lernfortschritte einschätzen. Dies wird häufig beschrieben als allmähliches Verstehen oder als Erkennen, warum die Gesundheitsversorgung so ist wie sie ist. Hier zwei Zitate, die dieses «Aha-Erlebnis» beschreiben:

Susan: Ich wusste, wir hatten es geschafft, als ich auf der Station war und dem Psychologen dort erklärte, was wir über das Thema Stigma wussten. Ich konnte an Beispielen aufzeigen, warum es auftritt, wie es sich anfühlt und welche Funktion es anderen gegenüber erfüllt außer der des armen alten Dulders. Der Psychologe war beeindruckt und sagte: Gut, dann erzählen Sie mir mal etwas über Stigma im Zusammenhang mit Frau X und ihrer Situation. Ich konnte antworten. Ich konnte viele der Probleme von Frau X mit ihrem Stigma erklären. Frau X hatte nicht bloß eine Krankheit, sie war gezeichnet. Der Psychologe beglückwünschte mich und ich strahlte einfach nur so über das, was ich alles wusste.

Janice: Ich mag es, wenn ein Projekt sich dem Ende nähert und man kann erklären, warum etwas so ist wie es ist. Das hat nichts mit Überheblichkeit zu tun, es ist bloß so, dass man weiß, weshalb die Dinge nicht immer so einfach sind. Bei einem unserer Projekte ging es um die Rehabilitation von Schlaganfallpatienten. Ich lernte, welche Möglichkeiten das Nervensystem hat, Schäden auszugleichen, wie Therapeuten Patienten helfen, die nach einem Schlaganfall vieles erst wieder lernen müssen und welche Grenzen Rehabilitationsmaßnahmen haben. Sie tragen in unterschiedlichem Maße zu dem Zustand bei, in dem der Patient sich 12 Monate nach dem Schlaganfall befindet.

Susan hat von außen die Bestätigung bekommen, dass sie das Konzept Stigma richtig verstanden hat. Sie hat es nicht nur verstanden, sondern sie weiß auch, wie sie es als Instrument einsetzen kann, um die Situation der Patienten zu analysieren. Sie spürt die Unabhängigkeit, die damit verbunden ist, denn das Konzept lässt sich in unterschiedlichen Settings anwenden (z. B. bei psychischen oder durch Sexualkontakte übertragenen Krankheiten). In den letzten Stadien der Untersuchung ist es üblich, dass Sie den anderen Gruppenmitgliedern Ihre Sichtweise vortragen, und bei vielen Projekten ist es so, dass man Ihnen wiederholt sagt, wie klar und präzise Sie die Situation einschätzen können. Solche Botschaften stärken Ihr Selbstvertrauen und bestätigen Ihnen, dass Ihre Untersuchung nicht auf Abwege geraten ist.

Bei Janice ist das Gefühl, ein Ziel erreicht zu haben, mehr persönlicher Art. Sie hat sich die Krankenakten mit den Aufzeichnungen über die einzelnen Patienten angesehen und sich mit ihren Beobachtungen und Fragen auseinander gesetzt, warum einige Patienten offensichtlich bessere Fortschritte machen als andere. Altruistisch betrachtet hoffte Janice, dass alle Patienten ein hohes Maß an Unabhängigkeit erreichen. Realistisch betrachtet war es so, dass die Patienten von dem Schlaganfall in unterschiedlichem Ausmaß und in jeweils anderen Hirnregionen betroffen worden waren, und ihre Aussichten, wieder gesund zu werden, waren dementsprechend besser oder schlechter. Rehabilitationsmaßnahmen und Training waren Bestandteile des Programms, aber nicht die einzigen. Als Janice begriff, was Rehabilitation bedeutet und wovon die Fortschritte bestimmter Patienten abhängen, war sie in der Lage, pflegerische Arbeit objektiver einzuschätzen. Weil Janice erkannte, welche Faktoren die Fortschritte der Patienten beeinflussen, konnte sie sich besser damit abfinden, in einer Umgebung zu arbeiten, in der es nicht nur perfekte Ergebnisse gibt.

## 8.5
# Zusammenfassung

Ein Projekt zum Abschluss bringen bedeutet, Erklärungen für Geschehnisse (forschungsorientiertes Lernen), oder Lösungen für Probleme (problemorientiertes Lernen) anzubieten, die Lernbegleitern und anderen, die an der Verifizierung interessiert sind, plausibel erscheinen. Der Abschluss eines Projekts gibt Ihnen ein Gefühl der Zufriedenheit, Sie haben den Eindruck, etwas Wichtiges gelernt zu haben, das Sie in Zukunft auch in anderen Kontexten praktisch nutzen können. Während das Projekt sich verdichtet und Sie nach Erklärungen suchen, die Ihnen angesichts der Situation als richtig oder optimal erscheinen, sollten Sie die Interpretation Ihrer Beobachtungen oder Entdeckungen einer Überprüfung unterziehen. In diesem Kapitel wurde anhand von Beispielen aufgezeigt, wie Sie Ihre Antworten verifizieren können. Aber damit sind noch nicht alle Möglichkeiten ausgeschöpft. Ihr Lernbegleiter kennt sicher noch andere Methoden, wie Sie verifizieren können, ob Ihre Darstellung angemessen ist und Ihre Lösung dem untersuchten Problem gerecht wird.

Die Aussagen der abschließenden Erläuterung müssen in der Regel verbessert werden. Dies kann bedeuten: Sie müssen entweder zeigen, dass Ihr Bericht angemessen ist, indem Sie erklären, warum die Situation so ist wie sie ist, oder dass Sie die Prozesse, die zu diesem Ergebnis geführt haben, verstehen. Vereinfacht dargestellt, Projekte werden beendet mit Aussagen, die erläutern, was geschieht und warum es geschieht. Im Kontext des problemorientierten Lernens werden Lösungen in Form von Empfehlungen benannt, die aufzeigen, was zu tun ist, um das Problem zu beseitigen oder die Situation zu verbessern. Was Sie also (mit Anleitung und Unterstützung) erarbeitet haben, sind Aussagen, die über intuitives Wissen hinausgehen. Sie legen dar, was Sie beobachtet haben, warum Sie sich so verhalten wie Sie es tun und unter welchen Bedingungen Sie Ihre Erläuterung oder Lösung korrigieren würden. Dies ist eine bedeutende Leistung für die Arbeit im Gesundheitswesen!

So weit so gut. Jetzt gilt es, die verschiedenen Formen der Bewertung zu betrachten und zu zeigen, wie Sie Ihre Schlussfolgerungen verteidigen können. Wenn Sie Ihr Projekt im Rahmen eines Lehrprogramms durchgeführt haben, wird die Einschätzung der Module nicht lange auf sich warten lassen. Haben Sie das Projekt nicht im Rahmen eines Lehrprogramms durchgeführt, dann gibt es noch andere Personen [wie z. B. Auftraggeber und Sponsoren – Anm. d. Bearb.], die Sie von Ihren Befunden überzeugen müssen.

# 9.
# Die Vorbereitung auf die Einschätzung

In diesem Kapitel wird der Begriff Einschätzung sehr weit gefasst. Gemeint sind hier alle Formen externer Einschätzung, die die Angemessenheit (oder Unangemessenheit) von Lernfortschritten im Kontext problem- oder forschungsorientierter Projekte betreffen. Es gibt verschiedene Formen der Einschätzung: Kursarbeiten und Prüfungen (lehrprogrammabhängiges Lernen) aber auch Berichte (häufig Endprodukte des lehrprogrammabhängigen forschungsorientierten Lernens). Im Rahmen von Lehrprogrammen werden meist die Leistungen einzelner Pflegepersonen beurteilt, weil es schwierig ist, Beiträge zu bewerten, die in der Gruppe erarbeitet wurden. Marks-Maran und Thomas (2000) haben viele Einschätzungs- und Bewertungsmethoden des problemorientierten Lernens zusammengefasst, wovon einige auf das forschungsorientierte Lernen übertragen oder zugeschnitten wurden. In einigen Fällen wurden konventionelle und standardisierte Formen der Einschätzung in die Lehrpläne des problem- und forschungsorientierten Lernens integriert, was in der Regel nicht sehr sinnvoll ist, da sie eher zur Beurteilung angelernten Wissens und weniger zur Bewertung bestimmter Fähigkeiten geeignet sind. Die für problem- und forschungsorientiertes Lernen geeigneten Einschätzungsmethoden haben folgende Gemeinsamkeiten:

- ■ Sie überprüfen, ob Sie die Inhalte, um die es geht, verstanden haben und wie Sie mit Informationen und empirischen Daten umgehen.
- ■ Sie überprüfen, wie Sie den Untersuchungsprozess durchführen, die Art und Weise, wie Sie ein Problem analysieren oder einen Bereich der Praxis untersuchen.
- ■ Sie überprüfen, ob Sie fähig sind, sich mit Ihren Überlegungen den jeweiligen Gegebenheiten anzupassen. Viele Probleme (und ihre Lösungen) sind kontextabhängig. Deshalb ist es wichtig, für die Einschätzung Fallstudien mit potenziell veränderlichen Situationen zu verwenden.

In diesem Kapitel werden wir uns der Reihe nach mit den verschiedenen Einschätzungsformen beschäftigen. Wir werden sie vorstellen und Ihnen zeigen, wie Sie auf die Herausforderungen Ihrer Prüfer reagieren können. Werden unterschiedliche, von bestimmten Universitätsabteilungen favorisierte Einschätzungsformen verwendet, müssen Sie Ihre Reaktion entsprechend anpassen. In diesem Fall empfehle ich, Rücksprache mit Ihrem Tutor zu nehmen.

## 9.1
## Der modifizierte Essay

Der modifizierte Essay wurde ursprünglich in der Medizinerausbildung entwickelt. Mit ihm sollte nicht nur Faktenwissen bewertet werden, sondern auch der Prozess der Einschätzung, Diagnose und Interventionsplanung (Hodgkin u. Knox, 1975). Nach Knox (1980) sollte mit dem modifizierten Essay sowohl der Ansatz als auch das Wissen der Studenten überprüft werden. Dies ist in der Gesundheitsversorgung besonders wichtig, weil die Art und Weise, wie die Gesundheitsfachleute Situationen und Klienten betrachten, eine ebenso große Rolle spielt wie ihr Wissen. Der modifizierte Essay in seiner ursprünglichen Form beginnt mit einer Fallstudie, die eine Situation beschreibt. Im Kontext des problemorientierten Lernens gibt es dazu noch ein paar Informationen, aus denen hervorgeht, dass irgendetwas nicht in Ordnung ist oder dass Probleme auftreten können, z. B. eine Verschlechterung der Situation des Patienten oder Interessenkonflikte der Beteiligten. Im Kontext des problemorientierten Lernens steht bei den meisten Fallstudien die Geschichte eines Patienten im Mittelpunkt, obwohl es genauso gut ein Problem des Personals sein könnte, bei dem es um die Interessen der Kollegen anstatt um die der Patienten geht. Im Kontext des forschungsorientierten Lernens steht kein bestimmter Patient, Klient oder Kollege im Vordergrund, sondern das in der Fallstudie beschriebene Szenario greift einen bestimmten Bereich der Praxis heraus, der gewisse Defizite aufweist. Die Studenten sollen herausfinden, wie die Praxis unterstützt oder verbessert werden kann.

Kennzeichnend für den modifizierten Essay ist, dass die Studenten mit der Formulierung einer Stellungnahme zu dem vorgegebenen Szenario beginnen. In der Regel sollen sie kurz darlegen, wie sie die Situation einschätzen, was in diesem Zusammenhang problematisch oder unklar ist und wie sie vorgehen würden, um die Situation weiter zu untersuchen. Dies ist etwa so wie der erste Zug beim Schachspiel. Ihr Prüfer möchte herausfinden, ob Sie in der Lage sind, methodisch zu denken und so zu handeln, dass Sie möglichst effektiv arbeiten können, besonders dann, wenn die Situation klarer wird. Er oder sie will Sie jedoch keinesfalls hereinlegen, wenn er/sie die neuen Informationen häppchenweise ins Spiel bringt. Sie sollen neue Ideen und Informationen beisteuern und auf diese Art und Weise zeigen, dass Sie nicht nur wichtige Zusammenhänge verstanden haben, sondern auch, wie Sie die Informationen für die potenziell veränderliche Situation nutzen wollen (Silen, 1998). Um eine faire Bewertung zu gewährleisten, werden die Fallstudie sowie die Informationen und Fragen zu der potenziell veränderlichen

Situation einer Kommission aus Experten für die betreffenden Themen oder Praxisbereiche vorgelegt. Die Experten lesen das Material kritisch und entscheiden dann, was eine angemessene Antwort ist. Die Essays sind so konzipiert, dass sie ermitteln, wie viel Sie wissen, ob Sie fähig sind, jeden Aspekt der Fallstudie in klar strukturierter Form zu beantworten und ob Sie das Konzept analysieren oder Strategien zur Lösung des Problems anbieten können.

Abbildung 9-1 zeigt einen modifizierten Essay, der so auch in einem Lehrplan für die Pflegeausbildung vorkommen könnte. Wie Sie sehen wird die Geschichte der Patientin etappenweise dargestellt; daneben stehen die praxisrelevanten Fähigkeiten, die gesondert für jede Etappe bewertet werden sollen.

Im Kontext des forschungsorientierten Lernens ist das Konzept des modifizierten Essays ähnlich. Auch hier bekommen Sie die Informationen, auf die Sie eingehen und reagieren sollen, nach und nach. Ein Beispiel: Sie bekommen zunächst die Information, dass Ihre Kollegen ethische Richtlinien zum Thema Immunisierung für die Beratung von Müttern entwickeln wollen. Es gibt zwar Literatur über die Infektionsrisiken bei Kindern und eine wachsende Anzahl von Berichten über die Sicherheit von Impfungen, aber nur wenig Material über die ethischen Aspekte

| Marshas Geschichte Marsha wurde als Opfer einer Hausbesetzung eingeliefert. Sie ist verwirrt und ihre Arme weisen Anzeichen von Prellungen auf. Sie ist unterernährt. | Dieses Szenario soll zeigen, ob Sie die Situation sowie den Umfang und die Bedeutung der potenziellen Probleme der Patientin einschätzen können. Darüber hinaus sollen Sie animiert werden, Ihre Einstellung gegenüber dieser Patientin und der Entwicklung einer Patient-Pflegeperson-Beziehung zum Ausdruck zu bringen. |
|---|---|
| Marsha war in ein Handgemenge verwickelt und wurde bewusstlos geschlagen. Sie wurde zur Beobachtung ins Krankenhaus eingeliefert. | Sie haben jetzt mehr Informationen, die auf ein bestimmtes Trauma hindeuten. Sie sollen zeigen, was Sie über Kopfverletzungen und neurologische Beobachtung wissen und gleichzeitig andere Variablen, die Einfluss auf Ihre Beobachtung nehmen könnten, im Auge behalten. |
| Marshas neurologischer Befund verschlechtert sich rapide. Es gibt Anzeichen für einen erhöhten intrakraniellen Druck. Was ist zu tun? | In dieser Etappe der Fallstudie soll überprüft werden, ob Sie in der Lage sind, entschlossen zu handeln, gegebenenfalls Unterstützung anzufordern und Risiken zu managen. Sie sollen zeigen, dass Sie veränderte physiologische Anzeichen erkennen können und dass Sie wissen, warum die Anzeichen für einen erhöhten intrakraniellen Druck sehr erst zu nehmen sind. Sie müssen die Situation stabilisieren und mit anderen Kollegen zusammenarbeiten, wenn Sie Marsha helfen wollen. |

**Abbildung 9-1:** Der modifizierte Essay.

der Gesundheitsförderung in diesem Bereich. In der ersten Etappe dieses modifizierten Essays sollen Sie bestimmen, welche ethischen Aspekte Sie mit Ihrer Untersuchung abdecken wollen. Sie sollen angeben, welche Prinzipien oder Bezugsrahmen geeignet sind. In der zweiten Etappe erfahren Sie, dass die Gruppe sich für den Fokus «informierte Zustimmung» entschieden hat. Nun müssen Sie diskutieren, was informierte Zustimmung beinhaltet, und Sie müssen über die unterschiedlichen Einstellungen oder Weltsichten der Personalmitglieder sprechen, die einen Einfluss darauf haben könnten, wie der Ansatz in der Praxis umgesetzt wird. In der dritten Etappe erhalten Sie einen zehn Punkte umfassenden Ethikleitfaden zum Thema Immunisierung, und Sie sollen erläutern, wie Sie verifizieren können, ob dieser Leitfaden verständlich und praxistauglich ist.

Die Bearbeitung des modifizierten Essays hängt unter anderem davon ab, ob Sie alle Informationen gleich zu Anfang bekommen oder erst in den verschiedenen Etappen der Einschätzung. Bei Prüfungen wird manchmal für jeden Abschnitt der Analyse eine bestimmte Zeit (ein paar Minuten) vorgegeben, bevor Sie die nächste Information erhalten. In Kursarbeiten werden potenziell veränderliche Fallstudien häufig etappenweise präsentiert. In solchen Fällen ist es ratsam, die ersten Abschnitte der Studie zügig zu bearbeiten und die vorgegebene Zeit optimal zu nutzen. So verlockend es auch ist, zu warten, bis Sie das ganze Szenario kennen und dann erst zu schreiben, fangen Sie an und beantworten Sie die ersten Fragen, sobald Sie sie bekommen. Ihre Prüfer wissen sehr wohl, dass Sie einen Teil dessen, was Sie im ersten Abschnitt schreiben, in den nachfolgenden Abschnitten nicht weiter verfolgen werden. Es könnte passieren, dass Sie im Fall des obigen Beispiels (Abb. 9-1) zunächst auf Marshas Ernährungszustand eingehen und spekulieren, ob sie Drogenprobleme hat und ob das Leben in der Hausbesetzerszene für einen Parasitenbefall spricht. In den nachfolgenden Abschnitten würde dann nur noch der Drogenmissbrauch thematisiert, weil Drogenkonsum Marshas neurologischen Zustand erklärt.

Gut konzipierte modifizierte Essays entsprechen weitgehend den Stadien der Untersuchung, die Sie von früheren Kursprojekten kennen. Um sie erfolgreich bearbeiten zu können, sollten Sie sich alle Kernfragen und Fähigkeiten, die im Zusammenhang mit diesen Projekten wichtig waren, ins Gedächtnis rufen. Dass Sie früher im Rahmen Ihrer Gruppenarbeit noch keiner «Marsha» begegnet sind, sollte Sie nicht in Angst und Schrecken versetzen. Vorausgesetzt Sie haben sich in anderen Kontexten Wissen über neurologische Einschätzungen sowie unterschiedliche Lebensbedingungen angeeignet und sind mit den Prinzipien der Gesundheitseinschätzung und Anamnese vertraut, dann dürfte es Ihnen auch gelingen, einen wesentlichen Beitrag zu leisten, was dieses Setting betrifft. Drei Regeln sind im Zusammenhang mit der Bearbeitung modifizierter Essays zu beherzigen:

1. Ziehen Sie keine voreiligen Schlüsse. Auch wenn die Informationen am Anfang vage sind, sollten Sie alle infrage kommenden Interpretationen der Situation prüfen. Versuchen Sie nicht, aufgrund der Informationen, die Sie erhalten, den Patienten abzustempeln oder andere potenzielle Erklärungen auszuschließen.
2. Bedenken Sie, dass in der Pflege auch Einstellungen und Ansätze eine Rolle spielen. Versuchen Sie, bei der Formulierung Ihrer Antworten mit Fingerspitzengefühl vorzugehen – nehmen Sie Rücksicht auf andere an der Situation Beteiligte. In den meisten Szenarien modifizierter Essays geht es um Patienten, die sich in einer Situation befinden, in der sie verletzbar sind.
3. Erkennen Sie das Fachwissen anderer und die Grenzen Ihrer eigenen Rolle oder Situation an. Überlegen Sie, ob eine Überweisung oder eine zweite Meinung Sie in diesem Szenario weiter bringt. Aber bedenken Sie auch, dass es Ihrer Arbeit schlecht bekommt, wenn bei jeder Gelegenheit eine Bemerkung wie diese erscheint: «Hierzu würde ich gern die Meinung des Arztes hören». In der Pflege sind Risikoeinschätzung und Eigeninitiative gefragt.

**9.2**
## Die Dreischrittprüfung

Diese Prüfung – eine abgewandelte Form der mündlichen Prüfung – wird meistens im Rahmen des problemorientierten Lernens durchgeführt (Painvin et al., 1979; Pallie u. Carr, 1987). Entweder Ihr Tutor oder ein anderer Kollege aus dem universitären Bereich präsentiert Ihnen das Szenario eines Falles, das ein oder mehrere Probleme enthält. Sie sollen eine Ersteinschätzung der Situation vornehmen und erläutern, wo für Sie die Problempunkte sind. Ihr Prüfer stellt Ihnen einige Erkundungsfragen, um Ihnen zu helfen, alles aus dieser Situation «herauszuholen», was wichtig ist. Damit ist der erste Schritt der Prüfung abgeschlossen. Im zweiten Schritt werden Ihnen Ressourcen zur Verfügung gestellt und Sie bekommen ausreichend Zeit, damit Sie die Situation gründlicher analysieren können. Dieser Schritt soll Ihnen weitere Anhaltspunkte liefern, damit Sie Ihre Analyse fortsetzen und darstellen können, wie Sie in dieser Situation handeln würden. Gewöhnlich haben Sie die Möglichkeit, sich Notizen zu machen und zu erläutern, auf welche Informationen Sie Ihr weiteres Vorgehen stützen. Im dritten Schritt sollen Sie mündlich Ihre korrigierte oder aktualisierte Analyse der Situation präsentieren und darlegen, wie und warum Sie so und nicht anders vorgehen wollen.

In diesem Teil der mündlichen Prüfung müssen Sie Ihre Überlegungen verteidigen und detailliert erläutern, wie Sie die Informationen nutzen, um Ihren Ansatz zu begründen. Um zu gewährleisten, dass alle Studenten die gleichen Chancen bei der Einschätzung haben, werden die im ersten Schritt gestellten Erkundungsfragen vorher festgelegt. Sie sollen den Studenten helfen, eine möglichst umfassende Analyse zu präsentieren. Des Weiteren erhalten alle Studenten im zweiten Schritt die gleichen Ressourcen, und schließlich werden von einer Expertenkommission Kriterien entwickelt, die festlegen, welche Antworten im dritten Schritt als korrekt zu betrachten sind. Da Sie mündlich antworten, ist es wichtig, dass ein zweiter Beisitzer anwesend ist, der darauf achtet, wie Ihre Antworten interpretiert und bewertet werden.

**Abbildung 9-2** zeigt ein Beispiel einer Dreischrittprüfung, die im Rahmen des problemorientierten Lernens stattgefunden hat. Die Prüfung dauerte in diesem Fall 120 Minuten, die wie folgt verteilt waren: 30 Minuten im ersten Schritt für die Ersteinschätzung des Szenarios; 60 Minuten für die Sichtung der Ressourcen und die Formulierung einer korrigierten/aktualisierten Antwort und 30 Minuten für die Präsentation der geplanten Vorgehensweise. Das Ganze ist, wie alle mündlichen Prüfungen, meist mit Stress verbunden, auch wenn die Tutoren sich große

| Szenario | Erkundungsfragen |
|---|---|
| Ein älterer Patient kommt mit Verbrennungen (30 %) auf die Station für Brandverletzte. Er war beim Rauchen im Bett eingeschlafen. Die Atemwegsfunktion ist sichergestellt und er ist bereits durch eine intravenöse Infusion versorgt. Außerdem wurde er katheterisiert. Von den Verbrennungen sind beide Arme, der obere Teil der Brust und eine Gesichtshälfte betroffen. | Warum ist der Patient gefährdet? Inwiefern könnte die Tatsache, dass er Raucher ist, seinen Zustand komplizieren? Welche homöostatischen Prinzipien werden durch die intravenöse Flüssigkeitszufuhr und die Anwendung eines Harnblasenkatheters berücksichtigt? Welche Rolle spielt Schmerz bei Ihrer Einschätzung? |
| **Ressourcen** | **Aufgaben** |
| Verbrennungsausmaßtabellen und Richtlinien zur Einschätzung des Flüssigkeitsausgleichs Unterlagen über Schmerzen und Schmerzlinderung auf Akutstationen für Brandverletzte ein Leitfaden über das Anlegen von Wundverbänden an den verschiedenen Körperteilen | Entwickeln Sie für diesen Patienten einen Handlungsplan für die nächsten vier Stunden Ihrer Schicht. Geben Sie an, welche Prioritäten Sie bei Ihrer Arbeit setzen wollen. |
| **Präsentation des Studenten** | **Erkundungsfragen** |
| Aufrechterhaltung der Atemwegsfunktion Aufrechterhaltung des homöostatischen Gleichgewichts Schmerzbehandlung psychologische Unterstützung Überwachung der Vitalfunktionen Anlegen von Wundverbänden (falls noch nicht geschehen) | Skizzieren Sie kurz Ihre Vorgehensweise in dieser Situation. Welchen physiologischen Erfordernissen entsprechen Sie mit diesen Maßnahmen? Mit welchen psychologischen Problemen haben Sie es hier zu tun? Auf welche Informationen stützen Sie Ihre Vorgehensweise? |

**Abbildung 9-2:** Die Dreischrittprüfung im Überblick.

Mühe geben, Ihnen die Befangenheit zu nehmen und Sie zu unterstützen, damit die Präsentation Ihres Ansatzes in möglichst günstigem Licht erscheint. Bei der Vorbereitung auf diese Prüfung dreht es sich um drei wesentliche Aktivitäten.

### 9.2.1
### Wiederholung relevanter Lehrinhalte

Bei dieser Form der Einschätzung ist ein Szenario vorgegeben, das im Lehrplan, normalerweise in einem Modul, enthalten ist. Ist dies nicht der Fall, wird Ihnen vorher mitgeteilt, aus welchem Bereich der Praxis das Szenario stammt. Ihren Prüfern geht es nicht darum festzustellen, ob Sie über enzyklopädisches Wissen in sämtlichen Bereich der Pflege verfügen, sondern sie wollen sehen, ob Sie relevante Informationen in der Praxis sinnvoll nutzen können. Daher ist es ratsam, relevante Lehrinhalte zu wiederholen, z. B. Schwangerschaftsprobleme, chemotherapeutische Krebsbehandlung, Umgang mit Depressionen oder was auch immer der Inhalt des betreffenden Moduls ist.

### 9.2.2
### Erläuterung der Gedankengänge

Bei einer mündlichen Prüfung müssen Sie Ihre Gedankengänge vortragen. Wie bei anderen Vorträgen ist es auch hier von Vorteil, wenn vorher geübt wird. Zu diesem Zweck sollten Sie sich mit einem oder mehreren Kollegen zusammentun und Fallstudien und Szenarien, selbst entwickeln. Ein Freund kann Ihnen Fragen stellen und erkunden, ob Sie die beschriebene Situation verstehen. Sie haben dann die Möglichkeit, sich mit einem oder mehreren Kollegen (die für Sie eine wichtige Ressource darstellen) zu beraten, bevor Sie dem Fragesteller die geplante Vorgehensweise präsentieren. Das Ausdenken eines Szenarios ist an sich schon lehrreich. Sie lernen, was in jedem beliebigen Setting problematisch sein kann, und Ihre Kollegen lernen aus Ihren Antworten. So können alle Mitglieder der Arbeitsgruppe von den gemeinsamen Übungsstunden profitieren.

### 9.2.3
### Einübung des kritischen Lesens

Bei der Dreischrittprüfung wird Ihnen meistens ein Text ausgehändigt, den Sie lesen sollen. Sie haben nur eine begrenzte Zeit, um den Text zu lesen und die wichtigsten Punkte herauszufiltern, die Sie für die Planung oder Verteidigung Ihres Ansatzes brauchen. Daher sollten Sie Artikel, Richtlinien oder andere Texte über Themen aus Ihrem Modul auswählen und dann üben, die fünf wichtigsten Fakten aus jedem Text herauszusuchen. Markieren Sie die Fakten, die Ihnen am wichtigsten erscheinen. Bitten Sie einen Kollegen, den Text zu lesen und erläutern

Sie ihm/ihr dann, wie Sie die Informationen nutzen würden, um den jeweiligen Pflegeansatz zu begründen.

## 9.3
## Portfolios

Die beiden oben beschriebenen Einschätzungsformen haben einen wesentlichen Nachteil. Sie beziehen sich auf einen eng begrenzten Teil des Lehrplans, sodass die Prüfer nicht feststellen können, ob Sie auch über andere relevante Themen Bescheid wissen. Deshalb werden diese Einschätzungsmethoden oft mit einer konventionellen Prüfung und/oder mit einem Multiple-Choice-Test kombiniert, um themenspezifische Kenntnisse zu überprüfen. Sie können auch mit der Aufgabe kombiniert werden, ein Portfolio zu erstellen, das Ihre Lernfortschritte dokumentiert. Portfolios sind unterschiedlich, was das Design und die Form betrifft, und orientieren sich an den Einschätzungszielen der Universität. Im Allgemeinen enthalten Portfolios aber mindestens die folgenden drei Elemente:

- Beschreibung von Erfahrungen aus der Praxis, Pflegeepisoden oder praxisbezogenen Themen
- eine schriftliche Darstellung Ihrer Auseinandersetzung mit diesen Dingen (Gewöhnlich schildern Sie hier Ihren erster Eindruck von der Situation oder dem Thema und entwickeln dann eine differenziertere Einschätzung der Situation.)
- entweder Handlungspläne oder die Darstellung Ihrer pflegerischen Reaktion (Dann folgt der Bericht über die regelmäßige Evaluation der Pflegemaßnahmen, um zu überprüfen, ob das Problem behandelt/gelöst oder der Aspekt der Praxis jetzt besser verstanden wird.).

Wenn Sie ein Portfolio erstellen, wählen Sie selbst die Episoden oder Aspekte der Praxis dafür aus und entscheiden, welche Fallstudien Sie bis zum Ende bearbeiten wollen. Die Lehreinrichtung verlangt entweder, dass Sie das ganze Portfolio einreichen oder nur die Teile Ihrer Arbeit, die sich auf ein Modul beziehen und die Sie für die besten halten. Portfolios werden summativ eingeschätzt (Vergabe von Noten) nach Abschluss eines jeden Moduls oder am Ende eines jeden Jahres (dann werden die Einschätzungen der Module unter formativen Aspekten betrachtet). Für die Erstellung Ihres Portfolios steht Ihnen ein eigens für diese Aufgabe zuständiger Tutor oder Mentor zur Verfügung, der ein Interesse daran hat, dass Sie Ihre beruflichen Fähigkeiten weiterentwickeln und die von Ihnen ausgewählte Materie gut beherrschen.

In **Abb. 9-3** werden verschiedenartige Portfolios vorgestellt, die sowohl im Rahmen des problemorientierten als auch des forschungsorientierten Lernens möglich sind. An einigen Ausbildungseinrichtungen benotet ein Tutor die Portfolios,

## 9. Die Vorbereitung auf die Einschätzung 165

**Basierend auf Pflegeepisoden**

Diese werden häufig einem Reflexions-modell zugeordnet und zusammen mit einem klinischen Supervisor bearbeitet, der Ihnen helfen soll aufzuzeigen, dass Theorien aus der Praxis entwickelt werden und dass die Praxis anschließend gemäß den neuen Erkenntnissen verändert wird.

**Basierend auf übertragbaren Fähigkeiten**

Die Universität entscheidet, welche wichtigen übertragbaren Fähigkeiten Sie bei Ihrer Untersuchung von Pflegeepisoden oder Aspekten der Praxis anwenden sollen. Dies kann beispielsweise eine erfolgreiche Suche nach Informationen mithilfe von Datenbanken und menschlichen Informationsquellen sein.

**Skizzierung der persönlichen Entwicklung**

Im Mittelpunkt stehen hier die persönliche Entwicklung innerhalb der Pflege und eine Strategie zum Erwerb wichtiger Fähigkeiten. Portfolios dieser Art enthalten Handlungspläne mit entsprechenden Begründungen unter Einbeziehung der Ziele für die berufliche Laufbahn oder Praxis.

**Aspekte der Praxis**

Dies sind Themen aus der Praxis, die im Kontext des forschungsorientierten Lernens untersucht werden, wie z. B. «Aufbau einer Beziehung zu Patienten» oder «Wahrnehmung der Perspektive des Patienten». Die für das Portfolio vorgesehenen Einträge (Texte) müssen sich auf mehrere Patienten und mehrere Pflegeepisoden beziehen.

**Abbildung 9-3:** Verschiedenartige Portfolios.

an anderen haben die Kursteilnehmer die Möglichkeit, sich in einem gewissen Umfang selbst einzuschätzen oder sich von den anderen Kursteilnehmern einschätzen zu lassen. Im letzteren Fall wird ein bestimmter Prozentsatz der Noten (z. B. 10 bis 20 %) von den anderen Kursteilnehmern vergeben, die durch die Bewertung Ihrer Kursarbeit ihr kreatives und kritisches Potenzial weiterentwickeln sollen. Um eine gerechte Benotung zu gewährleisten, werden klare Bewertungsrichtlinien aufgestellt und die Möglichkeit wechselseitiger Benotung wird ausgeschlossen (wodurch die Wahrscheinlichkeit geringer wird, dass Kollegen sich gegenseitig zu guten Noten verhelfen). Wenn Sie Ihre Arbeit selbst bewerten, wird Ihnen in der Regel ein Tutor zur Seite gestellt, der Ihnen hilft, eine möglichst objektive Bewertung durchzuführen.

Wenn Sie die Einträge für Ihr Portfolio selbst gestalten wollen, sollten Sie klären, welche Form die Lehreinrichtung verlangt. Halten Sie sich genau an alle Instruktionen und fragen Sie Ihren persönlichen Tutor oder klinischen Supervisor um Rat, bevor Sie Texte in Ihre Mappe heften. Sobald Sie dies getan haben, wählen Sie Pflegeepisoden aus, die als Beispiel für wichtige oder interessante

Aspekte der Pflegepraxis dienen können. Es ist nicht nötig, alles aufzuschreiben, was Sie sehen oder tun. Bevor Sie etwas schriftlich festhalten, sollten Sie überlegen, ob Ihr Eintrag für Sie oder Ihre Kollegen einige Monate später noch von Nutzen sein wird. Pflegeepisoden oder Aspekte der Praxis, die es wert sind, eingehender betrachtet zu werden, zeichnen sich durch folgende Merkmale aus:

- Sie haben sich im Hinblick auf den Pflegeprozess oder die Klientenergebnisse als äußerst erfolgreich erwiesen (Warum hat es so gut funktioniert?).
- Sie haben Sie veranlasst, Ihre früheren Wahrnehmungen oder Einstellungen zu überprüfen (Ist das, was ich tue oder wie ich denke, in diesem Kontext wirklich sinnvoll?).
- Sie sind ein Beispiel dafür, dass ein bestimmter Kontext oder neue intervenierende Faktoren Gesundheitsfachleute veranlassen, ihre Strategien zu korrigieren (z. B. Inwieweit wirkt sich die Kultur eines Patienten auf die Instruktion aus? Inwieweit verändert die Pflege des Patienten in seiner häuslichen Umgebung die von der Pflegeperson durchzuführende Risikoeinschätzung?).
- Sie haben Sie veranlasst, bei Ihrer Arbeit kreativer oder einfühlsamer vorzugehen.
- Sie sind Beispiele dafür, dass wissenschaftliche Erkenntnisse die Praxis beeinflussen.
- Sie veranlassen Sie, Ihre Ausbildung, die Ihnen vermittelten Theorien oder Philosophien, neu zu bewerten.

**Abbildung 9-4** stellt ein Ablaufdiagramm (flow chart) dar, das die selbständige Gestaltung eines Portfolios durch eine Pflegeperson zeigt. In diesem Fall hatte die Pflegeperson freie Hand bei der Planung ihrer Arbeit. Die einzige Bedingung war, dass die Arbeit eine kritische Haltung gegenüber ihrer eigenen Praxis erkennen lässt und den Prüfern die Möglichkeit gibt nachzuvollziehen, wie es Elaine mithilfe verschiedener Ressourcen gelungen ist, ihren Pflegeansatz zu überdenken. Bei diesem Beispiel hätte Elaine einfach eine Reihe von Episoden aus der reflektiven Praxis aneinander reihen *können*, die nur eines verbindet: der Ort der klinischen Ausbildung. Elaine ist jedoch kreativer und entwickelt zwei Untersuchungsstränge in ihrem Portfolio, das viele Züge des exploratorischen forschungsorientierten Lernens aufweist.

Die Einträge für Ihr Portfolio sollten viele Details über die Praxisepisode enthalten, damit der Leser ausreichend über den Kontext informiert ist, in dem die Ereignisse sich abgespielt haben. In dem folgenden Beispiel ist Beschreibung B besser als Beschreibung A, obwohl beide Darstellungen relativ knapp sind. Dies liegt daran, dass Beschreibung B detaillierter skizziert, was die Pflegeperson tut. Es ist es wichtig, über die Rollen Bescheid zu wissen, wenn die Pflegeepisoden adäquat bewertet werden sollen. Beachten Sie auch, dass in Beschreibung B Gedanken und Vorgehensweise einfach wiedergegeben werden. Sie werden weder verteidigt noch verurteilt, sondern einfach präsentiert als die Darstellung eines Versäumnisses:

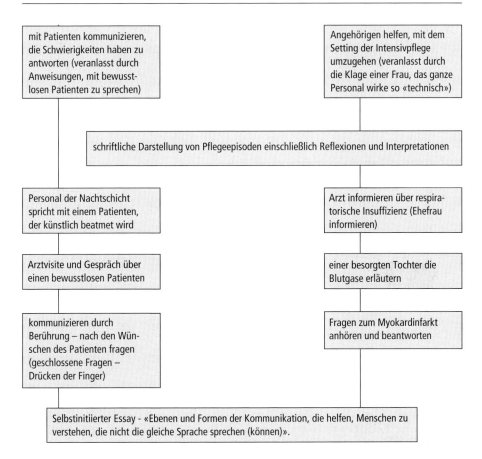

**Abbildung 9-4:** Beispiel für ein themenbezogenes Portfolio (Intensivpflege).

*Beschreibung A*
Frau Y kam unmittelbar vor der Stationsübergabe auf die Station. Das Personal der Nachtschicht trat seinen Dienst an. Frau Y war sichtlich verzweifelt. Sie weinte und sagte, sie käme sich so dumm vor, weil sie eine Überdosis Schmerzmittel eingenommen hat. Sie klagte über Beschwerden, die von dem Tubus herrührten, mit dem «die Tabletten aus ihrem Magen herausgespült worden waren». Sie überlegte, wo ihre Töchter seien und was sie wohl von ihrer Tat hielten. So sehr sie deren Vater auch hasse, sie sei eine erbärmliche Mutter, so wie sie sich verhalten habe. Eine Kollegin und ich halfen Frau Y ins Bett und wuschen ihr dann Gesicht und Hände, damit sie sich frischer fühlte. Meine Kollegin trat ein Stück zur Seite, um auf ihren Piepser zu antworten, und man könnte hören, wie sie einer andere Pflegeperson vertraulich mitteilte, wie lästig «solche Aufnahmen bei der Stationsübergabe sind». Ich spielte diese Bemerkung vor Frau Y sofort herunter, die die Bemerkung ebenfalls gehört hatte und nun wieder den Tränen nahe war.

*Beschreibung B*
Der Vorfall mit Herrn Z ereignete sich kurz nach 4 Uhr morgens, als ich nach den Patienten auf der Station sah. Ich war eine der beiden Pflegepersonen, die Nachtdienst hatten. Meine Kollegin war eine Pflegeassistentin, die regelmäßig in der Nachtschicht arbeitete. Herr Z war nach einem Schlaganfall eingeliefert worden und hatte sich in den letzten Tagen langsam aber stetig erholt. Bislang hatte er nachts immer gut geschlafen. Dieses Mal wurde er jedoch wach, war unruhig und rief nach seiner Frau. Ich ging schnell zu ihm und versuchte, ihn damit zu beruhigen, dass «Margaret» ihn am Morgen besuchen würde. Ich zog die Seitengitter des Bettes hoch und bat meine Kollegin, nach den anderen Patienten zu sehen. Als ich die Seitengitter hoch zog, dachte ich in erster Linie an Herrn Zs Sicherheit. Ich beschloss, bei ihm zu bleiben, bis er sich beruhigt hatte. Dabei habe ich allerdings nicht berücksichtigt, dass Herr Z durch die Dunkelheit und den Schlaganfall desorientiert war. Ich versuchte nicht, ihm bewusst zu machen, wo er ist, wer ich bin und warum er jetzt in Sicherheit ist.

Im Anschluss an diese Beschreibung müssen Sie eine Begründung ihres Handeln oder Nichthandelns präsentieren. Bei Untersuchungen im Kontext des problemorientierten Lernens müssen Sie die Probleme im Zusammenhang mit der Pflegeepisode erläutern. Welche Spannungen es zwischen den beiden Pflegepersonen in Beschreibung A gab und warum in Beschreibung B die Pflege vielleicht etwas oberflächlicher war. Beachten Sie bei dem folgenden Auszug aus Beschreibung B, wie differenziert die Pflegeperson über ihr Verhalten gegenüber Herrn Z nachdenkt.

*Beschreibung B (Fortsetzung)*
Als ich neben Herrn Zs Bett stand und beobachtete, wie er langsam wieder einschlief, dachte ich darüber nach, was ich hätte besser machen können. Einige Antworten fielen mir erst später ein, aber sie alle begannen damit, dass ich mir vorzustellen versuchte, wie Herr Z dieses Aufwachen in der Nacht erlebt haben musste. Es war dunkel, aber am anderen Ende der Station waren Geräusche. Der Monitor piepte, und es waren flüsternde Stimmen zu hören. Wessen Stimmen waren das? Wo bin ich? Ich musste mir über folgende Punkte Gedanken machen:

1. Was war der Grund dafür, dass Herr Z aufwachte? Was geht im Bewusstsein vor, wenn das Gehirn versucht, einen Schlaganfall allmählich zu kompensieren?
2. Sind das Aufwachen und die Desorientiertheit Anzeichen für irgendeinen Fortschritt?
3. Mit welcher Information hätte ich Herrn Z beruhigen können, ohne die anderen Patienten aufzuwecken?
4. Hätte Herr Z durch Berühren beruhigt werden können? Er kannte mich nicht gut, da ich erst die zweite Nacht Dienst hatte und er in der Nacht davor nicht wach war.

Die Fragen veranlassten die Pflegeperson, einen Psychologen zu befragen und sich in der Literatur über die Schlaf-Wach-Muster von Patienten mit neurologischen Problemen zu informieren, die sich auf dem Wege der Besserung befinden. Sie stellte die Ergebnisse ihrer Nachforschungen als ressourcenbasierte Informationen dar und fügte ihrem Portfolio noch einen Bericht hinzu, in dem sie erläuterte, wie sie jetzt nachts auf einen desorientierten Patienten reagieren würde: Mit sanfter Stimme sprechen und sich dem Patienten erst einmal vorstellen; ihm erklären, wo er sich befindet und dass es ein sicherer Ort ist. Den Arm des Patienten berühren (eine Stelle, an der Berühren sozial akzeptiert ist) und dann seine Hand festhalten. Seine Fragen beantworten, ihm erklären, was als Nächstes passiert. Im Fall von Desorientiertheit spielen diese Dimensionen eine Rolle: Zeit, Ort, die Abfolge und Bedeutung von noch nicht lange zurückliegenden und unmittelbar bevorstehenden Ereignissen.

## 9.4
## Berichte

Oft werden Projekte (forschungsorientiertes Lernen), die außerhalb eines Lehrprogramms durchgeführt werden, mit einem Bericht abgeschlossen. Dieser Bericht ist eine Form, die am häufigsten zur Bewertung ansteht. Price, A. (2000 a, b; 2001) gibt einen Überblick über die verschiedenen Arten: Evaluationsberichte, Durchführbarkeitsberichte und Prozessberichte. Auch wenn es in diesen Schriften um den Bereich der Beratung geht, können sie durchaus für den Kontext des forschungsorientierten Lernens herangezogen werden, zumal auch ein Bereichsmanager Adressat der Befunde sein kann, die eine Arbeitsgruppe nach Abschluss einer Untersuchung vorlegt. Evaluationsberichte unterziehen Dienstleistungen, den Entwicklungsstand der Praxis oder die Durchführung der Pflege einer kritischen Überprüfung. Sie erläutern den Kontext der Untersuchung und zeigen dann auf, was geleistet wird und welche Fortschritte im Laufe der Zeit erzielt wurden. Durchführbarkeitsberichte werden erstellt, wenn entweder die Gruppe oder der Manager über alternative Möglichkeiten der Durchführung von Pflege- oder Dienstleistungen nachdenkt. Sie führen auf, was zu beachten ist, bevor Pläne realisiert werden. Prozessberichte sind «weicher», was ihre Struktur betrifft. Sie befassen sich mit der Entwicklung von Ideen, Ansätzen und Bezugsrahmen, auf die eine Gruppe sich bei der Auseinandersetzung mit einem bestimmten Thema oder einem Aspekt der Praxis bezieht. Prozessberichte vermitteln einen Eindruck von der «Kultur der Pflege», von der Art und Weise wie Gruppenmitglieder ihr Handeln reflektieren.

Aus einem Bericht sollte hervorgehen,

- was der Anlass der Untersuchung war und warum es wichtig war, sie durchzuführen (manchmal als Richtlinien bezeichnet),
- was in welchem Zeitraum untersucht werden sollte,
- welche Informationsquellen benutzt und welche Beteiligten oder Experten konsultiert wurden,
- wie der Verlauf der Untersuchung sich entwickelte, welche Untersuchungsansätze gewählt wurden,
- welche Schlussfolgerungen gezogen wurden,
- welche Maßnahmen für die Zukunft empfohlen werden (dies können weitere

Untersuchungen oder Vorschläge zur Veränderungen der Praxis sein, je nachdem, was die meiste Unterstützung findet).

Damit der Leser sich schnell in Ihrem Text zurechtfindet, empfehle ich eine klare und sachliche Strukturierung, die wesentliche Elemente der normalerweise mit einer Untersuchung einhergehenden Debatten, Argumentationen und Irrwege herausfiltert. Folgende Vorgehensweise ist zu empfehlen:

- Wählen Sie einen klaren Titel, der Ihre Untersuchung zusammenfasst.
- Stellen Sie Ihrem Bericht einen Abriss/eine Übersicht über die Untersuchung voran (Drei bis vier Abschnitte dürften ausreichen).
- Erstellen Sie ein Stichwortverzeichnis und nummerieren Sie die Seiten.
- Nehmen Sie nicht zu viele Verweise in Ihre Arbeit auf (damit Verweise und Quellenangaben bei der Lektüre des Berichts nicht stören, listen Sie sie in einem Anhang auf).
- Arbeiten Sie mit Tabellen und Diagrammen, um wesentliche Punkte schnell verständlich zu machen (z. B. mit einem Ablaufdiagramm, das den Verlauf Ihrer Untersuchung darstellt).
- Nummerieren Sie Abschnitte und Unterabschnitte. 2.3.2 beispielsweise bedeutet Unterabschnitt 2 in Abschnitt 3, der in Teil 2 des Berichts enthalten ist. Sie können dann diese Nummerierung als Querverweise für den Leser benutzen.
- Achten Sie darauf, dass Ihre Schlussfolgerungen und Empfehlungen sich logisch aus den in Ihrem Bericht enthaltenen Informationen und daraus abgeleiteten Erkenntnissen ergeben. Schlussfolgerungen und Empfehlungen sollten weder über das hinausgehen, was in früheren Abschnitten dargelegt wurde, noch sollten sie «aus der hohlen Hand kommen».
- Stellen Sie den Arbeitsablauf und die Schlussfolgerungen der Gruppe dar. Verkomplizieren Sie die Dinge nicht unnötig, indem Sie auf die Ideen und Vorschläge einzelner Gruppenmitglieder eingehen.
- Prüfen Sie zusammen mit Kollegen, ob Ihr Bericht die Untersuchung und die Schlussfolgerungen authentisch wiedergibt, bevor Sie ihn anderen vorlegen.
- Achten Sie darauf, dass Sie von Beteiligten, insbesondere von eventuell konsultierten Experten, die Erlaubnis haben, relevante Statistiken, Abbildungen oder Tabellen zu verwenden.

Es wäre unrealistisch, einen vollständigen Bericht in einem Kapitel dieser Länge wiederzugeben, denn je nach Art und Umfang der Untersuchung, können solche Berichte zwischen 5000 und 10 000 Wörter umfassen. Ein solcher Musterbericht könnte keinesfalls alle potenziellen Situationen angemessen darstellen. **Abbildung 9-5** zeigt die Gliederung eines Berichts, in dem es um den Umgang mit aggressiven Patienten oder Angehörigen innerhalb einer Gruppentherapie geht. Die Gliederung veranschaulicht, welche Informationen herangezogen wurden und vermittelt einen Eindruck vom Umfang der Arbeit.

| | |
|---|---:|
| Zusammenfassung (Grundlagen der Untersuchung) | 3 |
| Inhaltsverzeichnis und Liste der verwendeten Ressourcen | 4 |
| 1. Der Untersuchungsprozess | 6 |
|     1.1 Beschreibung der Methoden | 8 |
|     1.2 Beteiligte Personen | 11 |
|     1.3 Fachspezifische Ressourcen | 12 |
|     1.4 Datenbanken | 13 |
| 2. Wichtige Begriffe | 15 |
| 3. Beschwerden und Übergriffe | 16 |
|     3.1 Verbale Übergriffe (2002) | 17 |
|     3.2 Körperliche Gewaltanwendung (2002) | 18 |
|     3.3 Kontexte der Gewalt (2002) | 18 |
| 4. Gereizte Menschen und kritische Situationen erkennen | 20 |
|     4.1 Vorausgegangene Einflüsse | 20 |
|     4.2 Umgebungsbedingte Einflüsse | 21 |
|     4.3 Personalbedingte Einflüsse | 23 |
| 5. Gewaltprävention | 24 |
|     5.1 Aufmerksamkeit schenken | 24 |
|     5.2 Fragen stellen/Meinungen äußern | 26 |
|     5.3 Ratschläge erteilen | 27 |
|     5.4 Notfallmaßnahmen | 29 |
| 6. Schlussfolgerungen | 31 |
| 7. Empfehlungen | 33 |
| Anhang 1 (Statistiken über Gewaltanwendung/gewalttätiges Verhalten 1999-2001) | 35 |
| Anhang 2 (krankenhausinterne Vorschriften – Umgang mit Aggression | 37 |
| Anhang 3 (ausgewählte und kommentierte Forschungsunterlagen) | 39 |

**Abbildung 9-5:** Evaluationsbericht (Muster).

Sie werden überrascht feststellen, was von Gruppendiskussionen übrig bleibt, wenn man davon ausgeht, dass nur die wesentlichen Elemente der Diskussionen präsentiert werden. Viele Gruppenteilnehmer, die solche Berichte verfasst haben, sagen, dass der Bericht nur ungefähr 20 % der Arbeit wiedergibt, die in die Untersuchung investiert wurde. Ein Großteil dessen, was überlegt und wieder verworfen wurde, erscheint nicht im Bericht. Eine Ausnahme ist der Prozessbericht, der gerade die Entwicklung von Ideen darstellen soll. Hier wird oft anhand von Ablaufdiagrammen aufgezeigt, dass die Gedankengänge immer gezielter und differenzierter werden. Das heißt aber nicht, dass der Prozessbericht nachlässig gehandhabt werden kann. Der Leser muss in der Lage sein, Ihre Reise nachzuvollziehen, ohne dass er an jeder Abzweigung pausieren und einzelne Punkte diskutieren muss.

## 9.5
# Zusammenfassung

Die Einschätzung von Lernerfolgen kann eine entmutigende Angelegenheit sein, aber Einschätzungen im Kontext des problem- und forschungsorientierten Lernens verfolgen den Lernprozess während *der Reise*. Der modifizierte Essay und die Dreischrittprüfung entsprechen den Stadien der Reflexion und der Untersuchung, die eine Arbeitsgruppe im Normalfall durchläuft. Portfolios haben einen ähnlichen Schwerpunkt, denn auch dabei geht es um Reflexion und induktives Lernen. Sie sind Einzelleistungen, aber auch hier hat der Verfasser die Möglichkeit, sich von einem klinischen Supervisor oder persönlichen Tutor bzw. Mentor beraten zu lassen. Die Schriftführer von Arbeitsgruppen stellen die Lernerfolge der Gruppe in einem Bericht vor.

Einschätzungen im Rahmen von Lehrprogrammen sind nötig, um die Fortschritte der Lernenden und damit auch die Erfolge bzw. Misserfolge der Wissensvermittlung und Lernbegleitung im Zusammenhang mit Arbeitsgruppen feststellen zu können. Die Einschätzung ist etwas Künstliches, da die Lösung eines Problems ein zyklischer Prozess ist, in dessen Verlauf die Pflegenden ihren Ansatz, die den Patienten zugedachte Pflege, mehrfach ändern. Dennoch sind Einschätzungen für die Mitglieder einer Arbeitsgruppe die Gelegenheit, Rückmeldungen zu erhalten. Neben Noten oder Prozentpunkten bekommen Sie oft auch wertvolle Kommentare und Beobachtungen zu dem Prozess, der sie zu Ihren Schlussfolgerungen und Handlungsplänen geführt hat. Solche Rückmeldungen sind in vielerlei Hinsicht eine wertvolle und bleibende Belohnung dafür, dass Sie sich einer Einschätzung gestellt haben. Gute Rückmeldungen können bewirken, dass Sie Ihre Praxis verändern.

Erfolge bei der Einschätzung hängen in erster Linie davon ab, wie konsequent Sie sich auf problem- und forschungsorientiertes Lernen einlassen. Je tiefer Sie in den Prozess eintauchen, desto besser sind Sie gerüstet, Fragen aus diesem Kontext zu beantworten. Abgesehen davon sollten Sie üben, den Prozess der Untersuchung oder Problemlösung vorzutragen. Dies beruhigt nicht nur Ihre Nerven vor der Einschätzung, sondern macht auch Ihre Kollegen auf Inhalte aufmerksam, die sie für die eigene Einschätzung noch einmal wiederholen sollten.

# Teil III
# Zwei Fallstudien

Der nun folgende Teil dieses Buches enthält zwei Fallstudien, eine aus dem Kontext des problemorientierten Lernens und eine aus dem Kontext des forschungsorientierten Lernens. Die Fallstudien sind nicht als Anleitung zur Durchführung von Untersuchungen zu verstehen, sondern sie sollen aufzeigen, welche Probleme Arbeitsgruppen bewältigen müssen, welche Höhen und Tiefen eine Untersuchung durchläuft und wie Projekte entwickelt werden. Natürlich stammen die Fallstudien aus einem bestimmten Bereich der Praxis. Sie sind vielleicht anders als die, mit denen Sie zu tun haben. Dennoch hoffe ich, dass die Lektüre Ihnen einen tieferen Einblick in den Untersuchungsprozess vermittelt. Die beiden Fallstudien sind nutzbringend insofern als sie Ihnen helfen können, Ihre Ängste zu überwinden und zu verstehen, weshalb problemorientiertes bzw. forschungsorientiertes Lernen anspruchsvolle, aber auch lohnende Lernansätze sind.

# 10.
# Fallstudie aus dem Kontext des problemorientierten Lernens

Die Entwicklung dieser Fallstudie basiert auf Erfahrungen von Patienten, die Verbrennungen im Gesicht erlitten hatten und sich in der Rehabilitation befanden. Der Zustand der Patienten war zu diesem Zeitpunkt stabil. Ihr physischer Gesundheitszustand hatte sich dank der Behandlung durch das Personal auf der Station für Brandverletzte deutlich verbessert. Vor ihnen liegt allerdings eine psychische Herausforderung: die Rückkehr in die Außenwelt – zu Familie, Freunden, zu allem, was außerhalb der Station für Verbrennungen und plastische Chirurgie liegt, die für sie mittlerweile so etwas wie ein schützender Kokon geworden ist (für weitere Informationen s. Pruzinsky, 1998). Bei dieser Fallstudie haben diplomierte Pflegende den Weg der Rehabilitation untersucht und dabei die psychosoziale Pflege, die für Patienten mit Entstellungen besonders wichtig ist, in den Vordergrund gestellt. Die Fallstudie wurde ausgewählt, weil sie die Herausforderungen aufzeigt, die mit einer Rehabilitation in verschiedenen Situationen verbunden sind, in denen sich das körperliche Erscheinungsbild schnell und häufig auch radikal verändert.

## 10.1
## Pauls Geschichte

Der Arbeitsgruppe wurde die Geschichte von Paul vorgelegt, einem jungen Soldaten, der Verbrennungen im Gesicht und am oberen Rumpf erlitt, als er einen Kollegen aus einem brennenden Patrouillen-Fahrzeug rettete. **Kasten 10-1** auf S. 176 enthält das Szenario und die dazugehörigen Fragen.

**Kasten 10-1: Das Szenario.**

Entschuldige, dass meine Schrift wie hingekritzelt aussieht – meine rechte Hand wurde vom Feuer verbrannt, ebenso wie mein Gesicht, Teile des Halses und die Vorderseite der Brust. Ich habe meinen Kameraden John aus dem Auto gezogen und wir haben beide Verbrennungen erlitten. Der Kommandeur hat mich einen Helden genannt, und als ich auf der Station für Brandverletzte lag, wo sie mich wieder zusammengeflickt haben, habe ich ihm geglaubt. Ich denke, mich hat die Vorstellung aufrechterhalten, dass ich diese Verletzungen habe, weil ich einmal etwas richtig gemacht habe. Ich bin nun schon seit gut drei Jahren in der Armee. Ich war in Nordirland und weiter draußen, habe sogar Kampfhandlungen gesehen, aber nichts von alldem hat mich auf so etwas vorbereitet. Als ich auf der Station für Brandverletzte war, hatte ich unglaubliche Schmerzen. Sie haben ihr Bestes getan, aber die Verbrennungen taten höllisch weh, und als ich dann endlich in den Spiegel schaute, sah mein Gesicht aus wie ein geschmolzener Wachsmalstift.

Meine Verlobte heißt Siobhan. Sie ist seit fast einem Jahr mit mir zusammen und hat mich beinahe jeden Tag besucht, während es mir sehr schlecht ging. Sie hat mich immer ausgeschimpft, wenn ich mich über meine Behandlung beschwert habe. «Sei nicht so kindisch» hat sie immer gesagt. Ich spürte, dass ihr Ärger ihre Art war, mit der Situation fertig zu werden. Wenn sie mir die Meinung sagte, dann konnte sie eine Rolle spielen und hatte eine wichtige Aufgabe. «Nimm jeden Tag so wie er ist» sagte sie zu mir. Schon komisch, ich glaube nicht, dass sie selbst sich auch daran hielt. Sie muss sich oft gefragt haben, was wir tun würden, wenn die Intensivbehandlung vorüber ist. Was würden wir machen, wenn es für mich Zeit wäre, nach Hause zu gehen und eine Weile dort zu bleiben, um wieder gesund zu werden?

*Fragen*
1. Wie schätzen Sie Pauls psychischen Zustand ein, jetzt, wo für ihn die Zeit der Rehabilitation beginnt und er nicht mehr auf der Station für Brandverletzte ist, aber immer noch auf der Station für «Brandverletzungen und plastische Chirurgie»?
2. Wie groß ist für Paul das Risiko einer «Körperbildstörung»?
3. Wie beurteilen Sie die Unterstützung, mit der Paul in den nächsten Wochen rechnen kann?

## 10.2
# Ersteinschätzung

Bei der Ersteinschätzung der Situation standen für die Mitglieder der Arbeitsgruppe drei Fragen im Mittelpunkt. Erstens, welche Erfahrungen sie überhaupt mit Entstellungen und Rehabilitation gemacht hatten, ob auf einer Station für Brandverletzte oder anderswo. Ein Gruppenmitglied hatte auf einer onkologischen Station gearbeitet, wo manchmal radikale chirurgische Eingriffe vorgenommen wurden. Eine andere Pflegeperson hatte auf einer Unfallstation gearbeitet, wo sie die ersten Reaktionen der Angehörigen auf die Verletzungen miterlebt hatte. Abgesehen davon waren die Erfahrungen mit solchen Situationen relativ gering. Zweitens, ihr Wissen über psychische Zustände einschließlich «Körperbildstörungen» (für weitere Informationen s. Price, 1995). Auch hier wussten zwei Gruppenmitglieder ein wenig über die reaktive Depression, aber so gut wie nichts über Körperbildstörungen. Drittens, ihre Möglichkeiten, den psychischen Zustand und die verfügbare Unterstützung der Patienten einzuschätzen. Sie waren sich einig, dass ihre Einschätzungen bis dato immer mit dem körperlichen Zustand der Patienten und/oder deren Lebensverhältnissen zu tun hatten. Die Gruppenmitglieder räumten ein, dass sie sich bei dem «ersten Eindruck» im Zusammenhang mit diesem Problem wohl eher auf ihren gesunden Menschenverstand als auf ihr Fachwissen verlassen müssten. Es sei nötig, sehr schnell Experten zu befragen und sich mithilfe einschlägiger Literatur zu informieren.

Die Gruppe versuchte zunächst sich vorzustellen, wie es ist, sich mit Gesichtsverbrennungen auseinander setzen zu müssen, wenn keine Lebensgefahr mehr besteht. Die ersten Vorschläge wurden in einem Tafelbild festgehalten (s. **Abb. 10-1**)

Anschließend prüften die Gruppenmitglieder, was in diesem Fall als Fakten gelten kann. Paul habe eine Verlobte, die ihn bislang sehr unterstützt. Trotzdem meinten sie, Verbrennungen im Gesicht könnten sich nachteilig auf die Moral auswirken. Menschen identifizierten sich mit ihrem Gesicht, was darin zum Ausdruck komme, dass in der Portraitmalerei die Darstellung von Kopf und Schultern im Mittelpunkt stehen. Als Fakt wurde auch anerkannt, dass körperliche Funktionen sowie das körperliche Erscheinungsbild durch kosmetische Operatio-

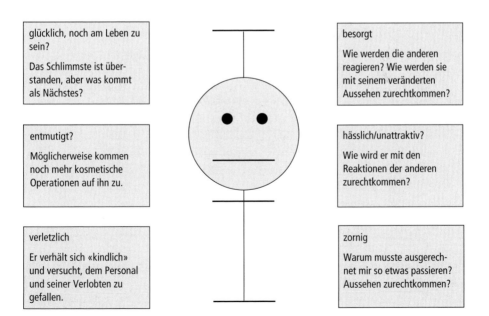

**Abbildung 10-1:** Pauls psychischer Zustand – ein erster Eindruck.

nen verbessert werden können, aber die Annahme, die Narben im Gesicht restlos beseitigen zu können, sei naiv. Paul würde für immer mit einem neuen und vielleicht weniger attraktiven Gesicht leben müssen.

Das beschriebene Problem beinhaltete auch einige Lernaufgaben. Die erste bestand darin herauszufinden, welche Gefahren für die psychische Gesundheit mit Gesichtsverbrennungen einhergehen (Franklin et al., 1996, geben einen Überblick über kosmetische Ergebnisse). Die Gruppenmitglieder meinten, im Extremfall bestehe die Gefahr der Selbsttötung, in weniger extremen Situationen müsse sich der Patient Gedanken über sein Verhalten im sozialen Umgang mit anderen machen. Die zweite Lernaufgabe drehte sich um das Thema Körperbildstörung. Worum geht es bei diesem Konzept? Woran erkennt man Patienten mit Körperbildstörungen? Die Gruppe hielt es für das Beste, die dritte Lernaufgabe zuletzt zu untersuchen. Wie viel Unterstützung ein Patient bekomme, sei unter anderem von der Einschätzung der erlittenen psychischen Beeinträchtigung abhängig (s. auch Kleve u. Robinson, 1999). Zornige Patienten beispielsweise machten es anderen schwer, sie zu mögen. Zornigen oder deprimierten Patienten falle es außerdem manchmal schwer, Hilfe von anderen anzunehmen, besonders dann, wenn diese Hilfe als Mitleid missverstanden werde.

Die Gruppe einigte sich auf vier Untersuchungsansätze, die auf der Annahme basierten, dass die Erfahrung von Verbrennungen etwas Individuelles und Veränderliches ist. Daher war es nötig, Personen, die solche Veränderungen erlebt hatten, Fragen zum Stress und zur Bewältigung zu stellen, und es war wichtig, abstrakte Konzepte, z. B. Körperbildstörung und Unterstützung, zu verstehen. Diese Untersuchungsansätze waren:

1. Wie verändert sich der psychische Zustand von Brandverletzten, nachdem das akute Stadium vorüber ist? Welche Möglichkeiten der Einschätzung gibt es? (Fachkundige Quellen: das Personal von Stationen für Verbrennungen und plastische Chirurgie; Artikel in Fachzeitschriften, z. B. *Rehabilitation Nursing*, die der Lernbegleiter als potenzielle Informationsquellen nennt.)
2. Was ist eine Körperbildstörung? (Fachkundige Quellen: einschlägige Literatur in der Bibliothek, Websites zum Thema «Entstellungen».)
3. Was bedeutet soziale Unterstützung in diesem Kontext? (Fachkundige Quellen: Organisationen, die Menschen mit Brandverletzungen unterstützen; Befragung eines Soziologen zum Thema Stress und Familie)
4. Wie lassen sich die Konzepte Körperbildstörung/soziale Unterstützung am besten in einer Übersicht darstellen? (Fachkundige Quellen: klinische Psychologen)

Für jeden der vier Untersuchungsansätze wurden je zwei Gruppenmitglieder ausgewählt. Diese wurden von dem Gruppenleiter instruiert, welche Arbeiten sie übernehmen sollten. Die Gruppe achtete darauf, dass Aufgaben sich nicht überschneiden würden. Dann wurde vereinbart, sich drei Tage nach der ersten Untersuchungsrunde wieder zu treffen.

## 10.3
# Erste Befunde

Der Lernbegleiter empfahl den Gruppenmitgliedern, die Gruppe zunächst über ihre Untersuchungsansätze zu informieren, beispielsweise darüber, ob es leicht oder schwer war, Informationen zu erhalten, und dann über ihre ersten Befunde zu berichten. Untersuchungsteam 1 erklärte, die Untersuchung sei teilweise schwierig gewesen. Einerseits sei es relativ einfach gewesen, das Personal über psychische Veränderungen im Zusammenhang mit Verbrennungen zu befragen, andererseits sei es schwierig gewesen, Möglichkeiten zur methodischen Einschätzung des psychischen Zustands zu finden. Es gäbe verschiedene Instrumente für diesen Zweck. Einige seien für die Einschätzung von Depressionen, andere für die Einschätzung von Stress und Bewältigung vorgesehen. Die Gruppenmitglieder waren der Meinung, Entstellungen könnten beiden Bereichen zugeordnet werden, und es sei nicht klar, ob die Messinstrumente ähnliche Phänomene erfassen oder ob sie alle zusammen bestimmte Aspekte psychischer Veränderungen aussparen. Emily meinte: «Wir könnten uns noch wochenlang über psychologische Tests informieren und wüssten immer noch nicht, worauf es am meisten ankommt. Ich glaube, wir müssen herausfinden, welche Messinstrumente für diese Situation geeignet sind.»

Untersuchungsteam 2 hatte die Zeit genutzt, um die Bibliothek zu durchforsten und im Internet zu surfen. Sie freuten sich, berichten zu können, dass sie eine brauchbare Website über eine Wohltätigkeitsorganisation namens *Changing Faces* gefunden hatten, die besonders Menschen mit Gesichtsentstellungen unterstützt (http://www.changingfaces.co.uk/). Diese Organisation war von einem Mann gegründet worden, der selbst betroffen war und offenbar eine Reihe von praktischen Ratschlägen anzubieten hatte. Es wurde verständlich dargestellt, was das Konzept Körperbildstörung beinhaltet, wie betroffene Menschen sich fühlen und was es heißt, eine neue Person zu werden. Es gab auch Hinweise auf Lehrbücher von Pflegepersonen, Ärzten und Psychologen, die Körperbildstörungen aus unterschiedlichem Blickwinkel diskutieren. Zwar befassten sich nur einige Kapitel mit dem Thema Verbrennungen, aber es gab viele brauchbare Informationen darüber, was eine Körperbildstörung ausmacht.

Untersuchungsteam 3 war, wie die Mitglieder es ausdrückten, «vor eine Wand gerannt». Sie hatten vor, einige Experten zum Thema soziale Unterstützung zu befragen. Ein Interview wurde in letzter Minute abgesagt, andere Experten entschuldigten sich und erklärten, es sei ihnen nicht möglich, Termine so kurzfristig zu vereinbaren. Deshalb hatte das Team seine Pläne geändert und in der Bibliothek nach Literatur über «soziale Unterstützung» und «soziale Unterstützungsnetzwerke» gesucht. Dies hatte sich als produktiv erwiesen, obwohl die Teammitglieder in Anbetracht der verfügbaren Zeit darauf verzichtet hatten, zu viele informative Fallstudien zu lesen. Mit Texten über soziale Unterstützung als Prozess oder als System gelang es, die Suche abzukürzen.

Im Mittelpunkt der Arbeit von Untersuchungsteam 4 stand ein Interview mit einer sehr erfahrenen Pflegeperson, die mit Menschen mit einer Amputation arbeitete. Sie bot ihre Unterstützung an, falls es Schwierigkeiten geben sollte, einen klinischen Psychologen zu kontaktieren. Die Pflegespezialistin hatte dem Team vorgeschlagen, zunächst die Situation von Brandverletzten und Amputierten zu vergleichen. Beide Patientengruppen seien oft traumatisiert und ihr Problem sei deutlich sichtbar. Beide hätten einen Einfluss darauf, wie andere auf sie reagieren, ob sie sie berühren, zärtlich sind oder sozialen Umgang mit anderen pflegen. Beide stellten ihre direkten Betreuer vor die Frage «Wie kann ich meinem Angehörigen oder Freund helfen, soziale Begegnungen zu meistern?» Nach Überzeugung des Teams waren diese Informationen für die aktuelle Untersuchung relevant, auch wenn es sich um ein anderes Trauma handelte.

In der anschließenden Diskussion unterteilte die Gruppe eine große Tafel in vier Felder, die für «Fakten», «Lernaufgaben», «neue Untersuchungen» und «potenzielle Lösungen» vorgesehen waren und ordnete die folgenden Informationen den einzelnen Feldern zu (s. **Kasten 10-2**).

---

**Kasten 10-2: Analyse des Problems nach den ersten Befunden.**

*Fakten*
- Eine Körperbildstörung ist eine psychische Erfahrung, die mit einer radikalen oder auffallenden Veränderung des körperlichen Erscheinungsbildes oder Empfindungsvermögens einhergeht. Sie kann, muss aber nicht, von einer klinischen Depression begleitet sein. Ihre Intensität ist zum einen abhängig von der Persönlichkeit des Patienten und dem sozialen Unterstützungsnetzwerk, und zum anderen von der Art und dem Umfang der erlittenen Verletzung.
- Die Körperbildstörung tritt vermutlich stärker in den Vordergrund, wenn der Patient nach Hause entlassen wird und mit anderen, die den Grund für sein Aussehen nicht kennen, in Kontakt treten muss. Es handelt sich folglich sowohl um ein soziales als auch um ein psychisches Problem.
- In der Praxis ist die Einschätzung des psychischen Zustands von Patienten, die Verbrennungen erlitten haben, anekdotisch und wird in Anlehnung an die Entwicklung früherer Patienten durchgeführt. Die Überweisung an einen klinischen Psychologen fördert verschiedene Testergebnisse zu Tage, von denen eins aus der Messung der Angst oder Depression resultiert.
- Eine Körperbildstörung lässt sich im Allgemeinen an folgenden Merkmalen erkennen: sozialer Rückzug; negative Kommentare über das eigene körperliche Erscheinungsbild oder körperliche Funktionen; Befürchtungen, was künftige soziale Begegnungen oder die Fähigkeit betrifft, diese zu meistern; der betroffene Körperteil wird entweder zu stark beachtet oder auffällig ignoriert (bei Berührung oder Überprüfung des Aussehens im Spiegel).
- Unabhängig davon, wie die potenziellen negativen Reaktionen der anderen auf die Entstellung ausfallen, der Patient kommt nicht umhin, Bewältigungsstrategien zu entwickeln. Er wird seine Aufgabe sein, mit seinem Äußeren zurechtzukommen und anderen zu helfen, ihre Reaktionen zu kontrollieren.

- Die nächsten Partner oder Angehörigen brauchen jedoch Unterstützung, um mit der Situation umgehen zu können.
- Es gibt verschiedene Formen der sozialen Unterstützung – praktische, moralisch aufbauende, verteidigende oder schützende (Kritik abwehrende) soziale Unterstützung.
- Menschen haben ihr eigenes soziales Unterstützungsnetzwerk, das aus Familie und Freunden besteht. Oft gibt es Haupthelfer, die für den Patienten wichtig sind. Dies können die nächsten Angehörigen des Patienten, aber auch andere Personen sein.

*Lernaufgaben*
Wenn eine Körperbildstörung nicht zwangsläufig mit dem Umfang und der Art der Verletzung in Zusammenhang steht, wie lässt sich dann vor der Rückkehr der Patienten in ihre gewohnte Umgebung feststellen, welcher Patient welche Art von Hilfe braucht?
Wie können «Haupthelfer» ausfindig gemacht werden und wie sollen diese den Patienten unterstützen?
Welche praktischen Maßnahmen können Paul helfen, mit seiner Situation zurechtzukommen, wenn er sich wieder in seiner gewohnten Umgebung befindet?

*Neue Untersuchungen*
Pflegende auf Stationen für Brandverletzte nach ersten Anzeichen fragen, die signalisieren, welche Patienten nach der Rückkehr in ihre gewohnte Umgebung wahrscheinlich größere Probleme bekommen werden.
Noch einmal in der Literatur/im Internet nach praktischen Maßnahmen suchen, die Paul helfen können, mit seiner Situation zurechtzukommen.
Ein Modell oder einen Bezugsrahmen zur Darstellung des sozialen Unterstützungsnetzes auswählen, damit Haupthelfer ausfindig gemacht werden können.

*Potenzielle Lösungen*
Bis jetzt noch keine. Aber wir haben eine Frage an den Lernbegleiter – «Was sollen wir als Nächstes tun – einen Handlungsplan, Diagnosemethoden oder nützliche Tipps für den Patienten und die Familie entwickeln?»

## 10.4
# Neue Informationen – neue Untersuchungen

An dieser Stelle beglückwünschte der Lernbegleiter jedes Gruppenmitglied zum Abschluss der ersten Untersuchungsrunde und sagte, die Gruppe habe nützliche Informationsquellen ausgewählt und auch die geplanten neuen Untersuchungsansätze seien vernünftig. Er stimmte der Gruppe zu, dass nun über den nächsten Schritt zur Lösung des Problems entschieden werden müsse, und schlug vor, als nächstes einen Handlungsplan zu skizzieren, der Paul auf die Rückkehr in seine gewohnte Umgebung vorbereitet und ihm hilft, mit seinem veränderten Aussehen zurechtzukommen. Er forderte die Gruppe jedoch auf, zwei Fragen zu berücksichtigen, denen sie bei ihrer Analyse bislang wenig Beachtung geschenkt habe:

1. Inwieweit ist der zu entwickelnde Handlungsplan von Pauls Bereitschaft abhängig, sich mit seinen körperlichen Veränderungen auseinander zu setzen? Rehabilitation basiert im Wesentlichen auf der Zusammenarbeit zwischen dem Patienten und seinen Helfern.

2. Veränderungen, die nach der Verletzung eintreten, wirken sich nicht nur auf den Patienten aus, sondern auch auf die Menschen in seiner Umgebung. Wie bewerten Sie die neuen Informationen (s. **Kasten 10-3**)?

Die Gruppe war nicht darauf vorbereitet, Informationen über eine Fallstudie stückweise zu erhalten, daher wurde sie von diesen neuen Information überrascht. Doch die Gruppenmitglieder meinten, dies sei genau die Art von Zurückweisung, der Paul in Zukunft begegnen würde, und deshalb sei es wichtig, kurz zu diskutieren und dann zu entscheiden, was dies für die weitere Informationssammlung bedeute. Sie seien verärgert über Siobhans Verhalten, nicht deshalb, weil sie kein Verständnis für deren Ausstieg aus der Beziehung hätten, sondern weil sie Paul zu einem ungünstigen Zeitpunkt davon informiert habe. Sie fanden,

---

**Kasten 10-3: Neue Informationen.**

Eines Morgens erhielt Paul einen Brief – unmittelbar bevor er zur Physiotherapie musste, um seine Hand behandeln zu lassen. «Das ist so ein verdammter Dear John Brief» rief er. «Siobhan hat mich verlassen! Sie steigt aus, gerade jetzt, wo ich sie am meisten brauche.» [Der Begriff Dear John Letter ist eine englische Redewendung für einen Brief, in dem Frauen ihren Partnern oder Ehemännern mitteilen, dass die Beziehung zu Ende ist. Der Ursprung dieser Redewendung stammt vermutlich aus dem Zweiten Weltkrieg, in dem zahlreiche Soldaten über lange Zeit fern von ihrer Heimat stationiert waren und viele von ihnen per Brief über das Scheitern ihrer Beziehung informiert wurden.
(vgl. http://www.worldwidewords.org/qa/qa-dea5.htm - Stand 07.03.2005) – Anm. d. Bearb.]

Paul sagt seine Physiotherapie ab und weigert sich den ganzen Morgen, mit irgendjemandem vom Personal zu sprechen. Er stapft auf der Station umher, wütend und verletzt über Siobhans Verhalten. Sein Ärger veranlasst ihm, mit Freunden «draußen» zu telefonieren, und er erfährt von einem Freund, dass Siobhan sich schon seit einigen Wochen mit einem anderen Mann trifft.

*Fragen*
1. Wie haben Sie spontan auf diese Neuigkeit reagiert und inwiefern könnte die neue Situation Ihre Beziehung zu Paul während der Rehabilitation beeinflussen?
2. Warum hat Siobhan sich Ihrer Ansicht nach so verhalten? Ist dies wichtig für Ihre Arbeit mit Paul?
3. Was (wenn überhaupt) könnte Paul aus diesem Ereignis für die Zukunft über das Thema Bewältigung lernen?

es wäre rücksichtsvoller gewesen, damit zu warten, ihre Gefühle und Pauls Fortschritte zu beobachten und dann zu entscheiden, was sie sagt oder tut. Der Brief, so meinten sie, bringe das Personal in eine schwierige Situation. Wenn sie Pauls Ärger mit ihrem eigenen weiter anfachten, könne es passieren, dass er an diesem Punkt stehen bleibe und sich weigere, weiter zu gehen. Der Ärger müsse in eine positive Richtung gelenkt werden. Als Nächstes müsse daher auch untersucht werden, wie man mit Gefühlen wie Ärger und Zurückweisung umgehen könne. Jetzt sei es aber vordringlicher, schnell andere Haupthelfer zu finden, die Paul beim Umgang mit seinen Gefühlen unterstützen können.

Anschließend folgte eine längere Diskussion über Siobhans Verhalten. Zunächst wurde eingeräumt, dass die Beziehung wahrscheinlich nicht von langer Dauer gewesen wäre. Menschen, die in instabilen oder sich verschlechternden Beziehungen lebten, würden ebenfalls verletzt. Außerdem könne Siobhan Angst vor der Frage haben, wie sie mit den Reaktionen der anderen auf Pauls verändertes Äußeres zurechtkommt. Vielleicht müsste auch sie sich mit dem Stigma auseinander setzen, weil sie mit jemandem zusammen ist, der körperlich entstellt ist. Der Lernbegleiter lächelte und meinte, die Gruppenmitglieder würden ihr angelesenes Wissen über Körperbildstörungen schon recht gut nutzen.

In dieser Phase kontaktierten die Gruppenmitglieder fünf Praktiker von Stationen für Brandverletzungen und plastische Chirurgie. Drei von ihnen arbeiteten zusammen auf einer Station, die beiden anderen auf einer anderen. Sie nahmen an, dass die Erfahrungen der Praktiker, in Abhängigkeit von der Lage des Krankenhauses und vom Spektrum der in der letzten Zeit behandelten Patienten, durchaus unterschiedlich sein könnten. Eines der Krankenhäuser behandelte Patienten aus einem innerstädtischen Gebiet, während das andere Patienten aus einem städtisch/ländlich gemischten Einzugsbereich versorgte. Die Gruppenmitglieder hatten zwei Fragen vorbereitet:

1. Wenn Sie an die Patienten zurückdenken, die Sie in der letzten Zeit gepflegt haben, was (wenn überhaupt) ließ darauf schließen, wer von ihnen sich psychisch am besten von seinen Verletzungen erholen würde?
2. Glauben Sie, dass Sie unter den obigen Bedingungen Warnsignale erkannt hätten, und wenn ja, was hätte dies zur Folge gehabt?

Die Suche nach praktischen Unterstützungsmaßnahmen wurde dadurch vereinfacht, dass die Gruppenmitglieder die besten während der ersten Untersuchungsrunde entdeckten Quellen bereits mit allen Details notiert hatten. Dennoch fanden sie, es sei in diesem Stadium sinnvoll, eine knappe Form der Aufzeichnung zu wählen. Zu diesem Zweck notierten sie relevante Informationen aus der Literatur oder von Websites unter den Stichwörtern stützende Maßnahmen, Handlungsschwerpunkte und Grundlagen. Der Lernbegleiter hielt dies für eine gute Strategie, die helfen könne, die überzeugendsten Ansätze ausfindig zu machen. Wenn ein bestimmter Ansatz in mehreren anderen Texten erscheine, dann müsse es wohl einer mit größerem Potenzial sein.

Der Lernbegleiter unterstützte die Gruppenmitglieder auch bei der Auswahl eines Modells oder Bezugsrahmens zur Darstellung des sozialen Unterstützungsnetzwerks. Dann forderte er sie mit der Frage heraus: «Warum fragen Sie nicht einfach den Patienten, welchen Freunden er am meisten vertraut?» Sie diskutierten darüber und antworteten: «Weil Paul vielleicht keine Lust hat, darüber zu sprechen. Außerdem kann es sein, dass man an die Freunde oder Angehörigen mit dem größten Einfluss nicht sofort denkt – es können Menschen sein, die fähig sind, andere zu beeinflussen.». «Wenn das so ist,» sagte der Lernbegleiter, «ist es sicher sinnvoller, wenn Sie Ihre Zeit darauf verwenden, sich mit einem Instrument zu befassen, das Ihren Zwecken gerecht wird. Probieren wir also, ob eine ganz einfache Darstellung der sozialen Unterstützung uns weiter bringt?» Dann zeigte er ihnen das Schaubild auf einer Tafel mit mehreren Schichten (s. **Abb. 10-2**) und warnte: «Bedenken Sie bitte, dass alles, was Sie für Ihre Arbeit auswählen, auch für das klinische Setting geeignet sein muss. Die Arbeit damit darf nicht zu schwierig sein oder zu lange dauern. Überlegen Sie, ob eine Darstellung der sozialen Unterstützung die Rehabilitation des Patienten in irgendeiner Weise fördern kann, abgesehen davon, dass sie zeigt, wer ihn unterstützen könnte.»

## 10.5
## Verfeinerung der Problemanalyse

Die Gruppenmitglieder beurteilten die Gespräche mit den Gesundheitsfachleuten auf den Stationen für Brandverletzte als sehr positiv. Sie berichteten, ihre Fragen hätten geholfen, ihre Untersuchung zu fokussieren. Die Pflegenden hätten ihnen mitgeteilt, dass Reaktionen auf Entstellungen noch nach Jahren auftreten könnten, folglich beziehe sich das, was sie berichten könnten, natürlich auf einen eher kurzen Zeitraum. Ihre Erfahrungen umfassten nur Begegnungen mit stationären und ambulanten Patienten in den ersten sechs bis zwölf Monate nach ihrer Verletzung. Trotzdem gelang es den Gruppenmitgliedern, sechs Faktoren ausfindig zu machen, die offenbar anzeigen konnten, welche Patienten zukünftig mit Schwierigkeiten zu rechnen hatten, und zusammenzufassen, wie man sie erkennt (s. **Kasten 10-4**). Diese Faktoren wurden als «potenzielle Fakten» bei der Analyse berücksichtigt. Auch wenn sie nicht in jedem Fall zutreffen, scheinen sie doch verlässlich genug zu sein, um den Praktikern Hinweise darauf zu geben, wer mehr Unterstützung brauchen *könnte*.

Der Mittelpunkt der «Zielscheibe» weiter unten sind Sie. Jeder Kreis steht für eine Ebene der Unterstützung, die Sie durch den Kontakt mit Ihrer Familie oder Ihren Freunden, Arbeitskollegen oder Mitarbeitern regelmäßig bekommen. Der innere Kreis bedeutet kontinuierliche und umfassende Unterstützung. Hier dürfen Sie alles sagen und finden immer Verständnis. Der mittlere Kreis steht für Freunde, von denen Sie Hilfe und Rücksichtnahme erwarten können, mit denen Sie aber nicht unbedingt über alles sprechen würden, was Sie bewegt. Der äußere Kreis symbolisiert weniger wichtige Freundschaften - im Rahmen dieser sozialen Begegnung können Sie mit Wohlwollen und Hilfsbereitschaft rechnen.

1. Schreiben Sie die Initialen von Menschen, die sich untereinander und auch Sie unterstützen, in den entsprechenden Kreis. Schreiben Sie möglichst viele Helfer auf.
2. Verbinden Sie die Personen nun mit Pfeilen, die anzeigen, wer wem hilft. Die Pfeile sollen die Richtung der Unterstützung deutlich machen. Viele Pfeile werden auf Sie gerichtet sein, aber vergessen Sie nicht die Pfeile, die anzeigen, welche Ihrer Freunde sich auch untereinander helfen.
3. Wo bündeln sich die Pfeile? Wer in der Gruppe, die Sie unterstützt, hat großen Einfluss? Welche Eigenschaften besitzen diese Personen und wie könnten sie Ihnen helfen?

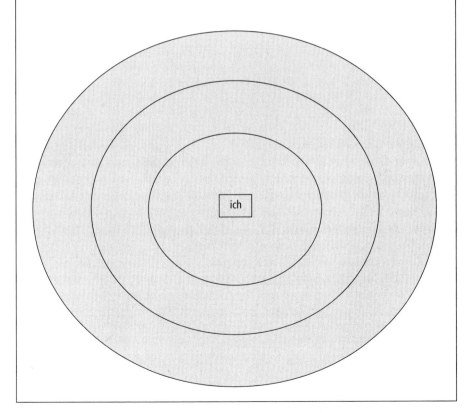

**Abbildung 10-2:** Darstellung des sozialen Unterstützungsnetzwerks.
Quelle: Price, B. (2000 b).

**Kasten 10-4: Risikofaktoren für eine Körperbildstörung.**

1. Menschen, die in ihrer Umgebung wenig Unterstützung finden – solche, die allein leben oder sehr «reserviert» sind. (Beobachtet während der Besuchszeiten: die Anzahl der Besucher und die Beziehung zwischen ihnen und dem Patienten.)
2. Menschen mit Verbrennungen an sichtbaren Körperteilen – sie müssen sich mehr schützen oder mehr erklären. (Die Patienten äußern sich entsetzt, besonders über Verbrennungen im Gesicht; die Not der Besucher ist in diesen Fällen am größten.)
3. Menschen, die auffällige Vorrichtungen oder Kleidungsstücke tragen müssen, um die Keloidbildung unter Kontrolle zu halten. (Die Haltung der Patienten gegenüber solchen Hilfsmitteln ist oft ambivalent, trotzdem bereitet ihnen das Narbengewebe später Kummer. Der Konflikt – unansehnliches Hilfsmittel oder hässliches Narbengewebe – erschwert ihnen die Bewältigung der Situation.)
4. Menschen, die ihre Schmerzen gar nicht oder nur teilweise überwunden haben. (Die Erinnerung an die Schmerzen verfolgt die Patienten. Dies berichteten sie von selbst.)
5. Menschen, die sich ständig Sorgen machen, die sich nur auf ihre Behinderungen oder Probleme konzentrieren (die ängstliche Persönlichkeit). (Pflegende berichten, dass andere Patienten andere Möglichkeiten gefunden haben, ihr Selbstwertgefühl zu steigern; für sie hat das körperliche Erscheinungsbild nicht so große Auswirkungen auf ihr Selbstwertgefühl.)
6. Menschen, die aufgrund ihrer Narben funktionelle Probleme haben, speziell beim Essen oder Schlucken. (Die Patienten sagen, sie ekeln sich, weil sie, bedingt durch die Verbrennungen, ungeschickt essen oder weil andere Funktionen gestört sind.)

Die Gruppenmitglieder stießen bei ihrer Suche nach praktischen Maßnahmen zu Pauls Unterstützung auf einige Probleme. Die Autoren der einschlägigen Literatur vertraten unterschiedliche Meinungen zum Thema praktische Unterstützung. So wurde in der Gruppe diskutiert, welche Unterstützung das Pflegepersonal auf den Stationen für Brandverletzte anbieten soll und welche nur Spezialisten, wie z. B. klinische Psychologen oder Pflegende der Psychiatrie, vorbehalten bleiben sollte. Unklar blieb die Bedeutung der einzelnen Maßnahmen. Beispielsweise sollten Schmerzmanagement und Physiotherapie eine positive Wirkung auf die Stimmung und die körperlichen Funktionen haben. Dies deckte sich teilweise mit den pflegerischen Maßnahmen bei einer Körperbildstörung. Andere Arbeiten, die sich mit den Angehörigen und der Vorbereitung auf das Leben nach dem Krankenhausaufenthalt befassten, stellten den psycho-sozialen Bereich in den Vordergrund. Es wurde nicht klar, welche Kombination von Interventionen für die einzelnen Patienten die richtige war. Dennoch gelang es der Gruppe nach zahlreichen Diskussionen, Maßnahmen zusammenstellen, die alle zusammen Paul in seiner Situation helfen *könnten* (s. **Kasten 10-5**).

### Kasten 10-5: Interventionen, die bei einer Körperbildstörung angezeigt sind.

*Körperliche Pflege*

1. Schmerzbehandlung (Schmerzen bewirken, dass der Körper als verunstaltet, als peinlich empfunden wird.)
2. Physiotherapie (Mobilität fördert die Unabhängigkeit und das Selbstwertgefühl.)
3. Verbände und Materialien zur körperlichen Unterstützung müssen möglichst diskret und natürlich aussehen (Paul könnte sie als Belastung, als etwas Peinliches und körperlich Unangenehmes empfinden.).

*Psycho-soziale Pflege*

4. Paul dabei unterstützen zu äußern, was er befürchtet oder erwartet, wenn er nach Hause zurückkehrt (Vorgewarnt sein heißt gewappnet sein. Es hilft, bestimmte Situationen in einer geschützten Umgebung durchzuspielen, bevor sie real eintreten.)
5. Paul helfen, die Probleme, die andere Menschen wahrscheinlich mit seinem veränderten Aussehen haben werden, zu antizipieren/zu verstehen (Paul muss die Reaktionen anderer verstehen und lernen, kompetent damit umzugehen.)
6. Paul helfen zu äußern, wie er sich in sozialen Situationen verhalten will, wie er auf das reagieren will, was andere sagen oder tun, z.B. ihn anstarren (Das ist besser als spontan zu reagieren und gibt Paul das Gefühl, die Situation besser kontrollieren zu können.)
7. Laienpfleger ausfindig machen, die Pauls Schicksalsschlag dämpfen und anderen helfen können, seine Bedürfnisse oder Wünsche zu verstehen, bevor er entlassen wird (Dann muss Paul nicht so oft Fragen zu seinem Aussehen und seinen Erfahrungen beantworten.).

Die Gruppenmitglieder bezeichneten ihre Arbeit mit der Darstellung des sozialen Unterstützungsnetzwerks als «spielen». Diese Art der Untersuchung machte ihnen Spaß, weil sie das Instrument für sich selbst und mit Freunden benutzen konnten. Sie versuchten, seine Vor- und Nachteile auszuloten. Ein Vorteil war, dass es leicht zu erklären und leicht auszufüllen war. Es regte zu Diskussionen an, was die Gruppenmitglieder im Fall von Paul für nützlich hielten, der im Krankenhaus ohnehin genügend Zeit hatte und dem es darüber hinaus auch gut tun würde zu erkennen, wer außer Siobhan ihn sonst noch unterstützen könnte. Allerdings bestand auch immer die Gefahr, dass das Instrument ein sehr begrenztes soziales Unterstützungsnetz zu Tage fördert, und dann wären die Pflegenden vor die Frage gestellt, wie sie darauf reagieren sollen. In dem Fall müsste Paul an die Gemeindebehörden überwiesen werden, die ihn nach seiner Entlassung weiterhin unterstützen müssten.

Das Instrument (Abb. 10-2, S. 185) ermöglichte es dem Patienten und den Pflegepersonen, Haupthelfer ausfindig zu machen, die kein Ehepartner/Partner oder enger Verwandter sind. Die Gruppenmitglieder machten darauf aufmerksam, dass geeignete Hilfe manchmal von der Geschlechtszugehörigkeit abhängt – denn gewisse Probleme bespricht man sicher lieber mit einer Person des gleichen

Geschlechts. Abgesehen davon brauche das Instrument ein A3-Format, weil manche Leute, die es ausfüllen, ein großes soziales Unterstützungsnetzwerk haben und der Platz deshalb schnell knapp werden kann.

Mit neuen Informationen waren die Gruppenmitglieder nun in der Lage, eine detailliertere Analyse vorzunehmen. Sie waren sich einig, dass sie über viele nützliche und gesicherte Informationen verfügen und im Großen und Ganzen wissen, wie sie vorgehen müssen, um Paul zu helfen. Stewart meinte jedoch, ihr Konzept gleiche eher einem «Rezept». Es müsse noch festgelegt werden, wie die Pflege zeitlich geplant und durchgeführt werden soll. Die Gruppenmitglieder hatten noch nicht auf die Herausforderung des Lernbegleiters reagiert, in der es um Pauls Bereitschaft ging, die Rehabilitation fortzusetzen oder um die Entscheidung, wie festgelegt werden kann, was zuerst in Angriff genommen werden soll. Carol schlug vor, diese Entscheidungen durch drei Fragen zu vereinfachen:

1. Wann? (Ist Paul bereit? Ist andere Pflegearbeit vordringlicher?)
2. Wie viel? Wie schnell? (Ein Zeitplan für die Rehabilitation ist wichtig, damit Paul nicht überfordert wird.)
3. Wo? (Ist das Krankenhaus besser oder die Gemeinde?)

## 10.6
## Annäherung an die Problemlösung

Die Gruppe gab an, sie habe bezüglich der Rehabilitation Schwierigkeiten, das «was» (die Ergebnisse ihrer Untersuchungen) mit dem «wie» (die Ergebnisse der Diskussionen nach der letzten Runde der Informationssammlung) zu verknüpfen. Wie bei anderen klinischen Problemen auch, würden die Lösungen optimal auf Paul zugeschnitten sein. Paul sei ein Patient unter vielen und es gäbe immer konkurrierende Ansprüche. Der Druck, verursacht durch begrenzte Ressourcen und zu wenig Krankenhausbetten, würde über seine Entlassung entscheiden und somit auch darüber, in welchem Umfang die Rehabilitationsmaßnahmen im derzeitigen Setting durchgeführt werden können. Die Problemlösung würde somit immer den Vorbehalt «alles muss gleich sein» beinhalten.

Die Gruppe sah ein, dass Paul die Rehabilitation nicht aufgezwungen werden konnte und die zeitliche Planung somit von seinem emotionalen Zustand abhängen würde. Bei seiner Reaktion auf die Rehabilitationsmaßnahmen würden drei Dinge eine Rolle spielen: Siobhans Brief und Pauls Gedanken an die Kosten, aber auch an den Glanz der mutigen Tat. Die Stimmung der Patienten sei ein Faktor, den die Pflegenden auf den Stationen für Brandverletzte immer als das Problem der Rehabilitationspraxis bezeichneten. Daher beschloss die Gruppe, vor der Implementierung des Handlungsplans, Pauls Stimmung und seine Motivation, mit den Gesundheitsfachleuten zusammenzuarbeiten, gründlich einzuschätzen.

Dies habe einen Bezug zur psycho-sozialen Pflege und auch zu den körperlichen Maßnahmen. Zu diesem Zeitpunkt ging die Gruppe davon aus, dass eine Einschätzung der Stimmung nicht übertrieben sei. Nur ein bestimmter Prozentsatz der Patienten erhalte eine umfassende klinische psychologische Einschätzung bzw. komme dafür infrage. Bei Abwesenheit von klaren Anzeichen einer Depression würde die Einschätzung der Stimmung daher unter dem Aspekt der Motivation durchgeführt: «Würde es Ihnen Spaß machen, Bewältigungsstrategien zu erlernen/ausprobieren?».

Die Lösung sollte außerdem darauf abzielen, Paul die relativen Vorzüge der psycho-sozialen und der physischen Rehabilitationsmaßnahmen zu vermitteln. Physiotherapie und Beschäftigungstherapie waren in den meisten Fällen medizinisch fest etabliert. Sie gehörten zum Angebot der Krankenhäuser, wohingegen die Patienten eine psychologische Rehabilitation seltener erhielten. Die Gruppe ging davon aus, dass diese Arbeit Paul emotional belasten würde, weil er dabei vielleicht über Dinge nachdenken müsste, denen er lieber ausweichen würde. Es wäre also nötig, sehr vorsichtig vorzugehen. Zu diesem Zweck sollte Paul die Suche nach Unterstützung erklärt werden als Versuch, Menschen ausfindig zu machen, die ihm helfen können, seine Situation, seine Gefühle und seine Perspektive darzustellen, damit er selbst nicht immer wieder alles erklären muss. Auf diese Art und Weise wäre es auch möglich, Menschen zu finden, die Siobhans Unterstützung ersetzen können. Wenn er in der Lage wäre, diese Mühe jetzt auf sich zu nehmen, könnte er später davon profitieren.

Die Gruppe war sich bewusst, dass es viel Geschick erfordert, Patienten so weit zu bringen, dass sie sagen, was andere über ihre Situation wissen sollen und über Strategien sprechen, die ihnen den sozialen Umgang mit anderen erleichtern. Bevor die Gruppenmitglieder jedoch an die Arbeit gingen, wollten sie erst noch einen erfahreneren Spezialisten kontaktieren. Sie würden Paul jedoch die Grundlage dieser Maßnahmen erläutern und ihm sagen, dass er auf diese Art und Weise später soziale Situationen besser kontrollieren kann, auch wenn dies alles momentan ziemlich belastend für ihn ist. Paul solle selbst entscheiden, ob er sich mit dieser Arbeit auseinander setzen möchte und wie viel davon er während seines Krankenhausaufenthalts verkraften kann.

Die Gruppe schlug vor, eine auf ihre Ziele zugeschnittene Darstellung des sozialen Unterstützungsnetzwerks zu benutzen, um Haupthelfer ausfindig zu machen. Diese sollten dann ins Krankenhaus eingeladen werden, um gemeinsam mit Paul und der Pflegeperson darüber zu sprechen, wie die Rehabilitation in der Gemeinde organisiert werden kann. Bei dieser Gelegenheit könnte Paul auch gefragt werden, was anderen vor seiner Entlassung mitgeteilt werden soll, wie er auf Fragen reagieren wird und ob er sich imstande fühlt, anschließend noch über seine Verletzung und seine Erfahrungen zu sprechen. Der ausgewählte Helfer würde dann informiert, wen er kontaktieren soll. Die Pflegeperson solle während dieses Gesprächs beiden kurz erklären, wie andere wahrscheinlich auf Pauls verändertes Aussehen reagieren werden. So könne der Haupthelfer die Reaktionen der anderen verstehen und ihnen helfen, sie zu kontrollieren, bevor sie Paul begegnen.

Für den Rest des Krankenhausaufenthalts würde Pauls körperliche Rehabilitation ebenfalls fortgesetzt. Die Pflegeperson solle das, was die Therapeuten Paul vermitteln, weiter vertiefen und die verordneten Schmerzmittel verabreichen, um Pauls Beschwerden zu lindern. Darüber hinaus solle die Schmerzintensität sorgfältig überwacht werden, um zu verhindern, dass Paul während der Rehabilitation durch Schmerzen ermüdet oder demoralisiert wird. Die Gruppe schlug vor, zu diesem Zweck Schmerzeinschätzungsskalen zu benutzen, die bei einer früheren Untersuchung überprüft worden waren.

## 10.7
## Verifizierung der Lösung

Nachdem die Gruppe den Handlungsplan für Paul auf Regeln und Interventionen reduziert hatte, die allesamt begründet werden konnten (s. **Kasten 10-6**), ging sie an die Verifizierung der Lösung. Erfahrene Pflegepersonen von Stationen für Brandverletzte und Rehabilitationstherapeuten sollten prüfen, ob die Lösung richtig fokussiert war und ethischen und praktischen Belangen genügte. Der Lernbegleiter schlug vor, die Lösung kurz zu präsentieren und unter Einbeziehung der anwesenden Pflegepersonen und Therapeuten zu diskutieren. Verschiedene Gruppenmitglieder sollten unterschiedliche Aspekte präsentieren und im Anschluss daran sollten sich alle den Fragen stellen. Auf diese Art und Weise würden wichtige übertragbare Fähigkeiten trainiert.

---

**Kasten 10-6: Interventionen für Paul.**

*Regeln*
- Einschätzung der Bereitschaft/Motivation,(Rehabilitation beruht auf Kooperation, nicht auf Zwang.)
- Pauls Situation mit Bedingungen vergleichen, die als «sehr risikoreich» gelten, um einschätzen zu können, welche Auswirkungen die für Körperbildstörungen vorgesehenen Interventionen haben
- zuerst Schmerzen lindern und Ängste ausräumen (eine Notwendigkeit, wenn Paul die mit der Rehabilitation verbundenen Probleme meistern soll)
- Paul stets korrekt informieren – ihm kurz die Besonderheiten der einzelnen Rehabilitationsmaßnahmen erläutern
- in einem angemessenen Tempo vorgehen, so dass die Arbeit gut bewältigt werden kann und Zeit bleibt, auf Ereignisse am Rande einzugehen
- nach Möglichkeit mit einem Laienpfleger zusammenarbeiten (Sie übernehmen nach dem Krankenhausaufenthalt eine wichtige Rolle)

- prüfen, welche Rehabilitationsmaßnahmen zum Zeitpunkt der Entlassung noch ausstehen und den zuständigen Pflegedienst oder die zuständige Unterstützungsgruppe in der Gemeinde darauf hinweisen.

*Interventionen*
- Schmerzmanagement
- physiotherapeutische Maßnahmen, insbesondere für die Hände
- prothetische Therapie (um die Keloidbildung zu kontrollieren)
- Darstellung der sozialen Unterstützung und Ermittlung von Haupthelfern
- Paul helfen zu entscheiden, was andere wissen sollen – Haupthelfer darüber informieren
- mit Paul besprechen, wie andere reagieren könnten und warum sie so reagieren
- mit Paul Möglichkeiten durchspielen, wie er sich im sozialen Umgang mit anderen verhalten kann (z.B. beim Essen im Restaurant)
- Pauls Reaktionen und Verhalten beobachten und das Tempo der Interventionen entsprechend korrigieren.

Die Präsentation fand in Anwesenheit von vier Pflegenden der Station für Brandverletzte, einem Physiotherapeuten und zwei Tutoren der Hochschule in einem Seminarraum des Krankenhauses statt. Der Lernbegleiter hatte absprachegemäß eine Kollegin von der Universität gebeten, an der Präsentation teilzunehmen, weil diese Kollegin selbst eine Gruppe bei einem Rehabilitationsproblem aus einem anderen Bereich unterstützt hatte. Es bestand die Möglichkeit, dass diese Tutorin Rückmeldungen geben konnte, die aus einem anderen Kontext stammten. Die Präsentation dauerte 30 Minuten, anschließend folgte eine einstündige Diskussion über Pauls Probleme und über die Rehabilitation von Brandverletzten im Allgemeinen.

Die Kollegen bestätigten, dass die Gruppenmitglieder die Problemlösung richtig fokussiert hatten und lobten sie, weil sie für die Analyse die Kombination aus Interview und schriftlichen Informationen gewählt hatten. Zwei Pflegepersonen war einen Teil der verwendeten Literatur nicht bekannt. Sie bestätigten aber, dass die theoretischen Ausführungen exakt mit ihren Erfahrungen bei der Rehabilitation von Patienten übereinstimmten. Vorbildlich im Zusammenhang mit der Analyse sei die Berücksichtigung sowohl körperlicher als auch psycho-sozialer Aspekte der Rehabilitation. In der Praxis käme dies nicht oft vor. Mit ihrem ausgewogenen Plan habe die Gruppe psychische Aspekte in die Rehabilitation integriert, die möglicherweise auf lange Sicht eine entscheidende Rolle spielen. Eine Pflegeperson sagte: «Wir sehen nicht, was aus diesen Patienten wird. Ich glaube, dass es manchen sehr schlecht geht und dass sie auch ihren Angehörigen das Leben zur Qual machen. Einige versuchen später sogar, sich das Leben zu nehmen, und deshalb ist psychische Betreuung äußerst wichtig.»

Die Experten erinnerten die Gruppe aber auch daran, dass das Trauma, das die Patienten erlitten haben und an dem sie während der Behandlung noch weiter leiden, erheblichen Einfluss auf die Rehabilitation hat. Es wurde eine Diskussion darüber geführt, wann der psychische Schock vorüber sei und die Pflegenden mit einiger Sicherheit davon ausgehen könnten, dass der Patient bereit ist, über Bewältigungsstrategien zu sprechen und sie auch zu verstehen. Die Dauer des psychischen Schocks und das individuelle Bewältigungsverhalten sei bei den einzelnen Patienten ganz verschieden. Die Gruppe habe Bewältigungsverhalten nicht als persönliches Merkmal gewertet, es sei jedoch wichtig, es zu thematisieren, da es den Pflegenden helfen könne zu verstehen, warum ein Patient ärgerlich oder apathisch ist. Die Haupthelfer könnten Auskunft darüber geben, wie der Patient normalerweise mit Schicksalsschlägen umgeht und welche Ressourcen verfügbar sind, die dem Patienten helfen, wenn er nach Hause zurückkehrt. Haupthelfer müssten als Experten betrachtet werden, wenn es um den Patienten und seinen Hintergrund geht. Andernfalls könne es passieren, dass die Pflegeperson sie instruiert anstatt ihnen zuzuhören. In der Praxis drehten sich die während der Besuchszeiten mit den Angehörigen geführten Gespräche genau um dieses Thema.

Abgesehen davon sei die Lösung der Gruppe gut durchdacht – sie sei kein Rezept, sondern eine auf den Patienten und seine Fähigkeiten zugeschnittene Lösung. Ethische Aspekte seien berücksichtigt worden, da Haupthelfer nur mit Einverständnis des Patienten in den Plan einbezogen würden. Bei einer Rehabilitation müsse eine Fülle von Informationen an andere weitergegeben werden. Deshalb sei es wichtig zu bedenken, wer der Eigentümer der Informationen sei und wer das Recht habe, sie weiterzugeben. Es wäre sehr aufschlussreich, wenn in Zukunft Forschungsprojekte konzipiert würden, die überprüfen, ob solche Pläne geeignet sind, Patienten im ersten Jahr ihrer Rehabilitation in der Gemeinde effektiv zu unterstützen. Man wisse noch sehr wenig über die Bedürfnisse und Fortschritte der Patienten in dieser Phase.

## 11.
# Fallstudie aus dem Kontext des forschungsorientierten Lernens

Diese Fallstudie basiert auf den Erfahrungen von Gesundheitsfachleuten aus der Praxis (Mentoren) und Pflegenden mit Lehrbefugnis, deren Ziel es war, die Lernmöglichkeiten im klinischen Bereich zu verbessern. Der Gruppe ging es darum, Lernen am Arbeitsplatz zu ermöglichen und den Studenten Gelegenheit zu geben, die von ihnen wahrgenommene Kluft zwischen Theorie und Praxis zu überbrücken. Um die Lernumgebung zu verbessern, sollte das im Zusammenhang mit der reflektiven Praxis vermittelte Wissen rekapituliert werden. Des Weiteren sollte überlegt werden, was die Aufgaben eines Mentors sind. Am Anfang ihrer Arbeit betrachteten die Gruppenmitglieder dies nicht als besonderes Problem oder als etwas, das einer differenzierten Lösung bedurfte. Sie hatten vor, sich noch einmal mit Ansätzen des begleiteten Lernens – eigenen und fremden – zu beschäftigen und dabei zu berücksichtigen, was es bedeutet, in aller Öffentlichkeit zu lernen.

Anlass für diese Arbeit war zum einen die Erkenntnis, dass im klinischen Bereich nur begrenzte Ausbildungsmöglichkeiten vorhanden waren. Klinische Vorgaben und Druck von Seiten neuer nationaler oder lokaler Initiativen stellten hohe Anforderungen an das Pflegepersonal (Bleich u. Bratton, 1993). Zum anderen hatten die Studenten eine Fülle von theoretischem Wissen zu lernen, was bedeutete, das die Mentoren hart arbeiten mussten, um den Lernenden dabei zu helfen, Theorie und Praxis miteinander zu verknüpfen (Goode, 1998; Waters et al., 1999). Die Pflege hatte, wie sie es nannten, eine «eher philosophische Ausrichtung» bekommen, und sie hofften, dass die Studenten die Wissensgrundlage der Praxis, die sie ihnen vermitteln wollten – das Wissen, das die Pflegenden täglich nutzten, um effektiv zu arbeiten – schätzen und verstehen würden.

## 11.1
# Die Fokussierung der Untersuchung

Die Arbeitsgruppe brauchte eine Weile, um den richtigen Lernbegleiter für das Projekt zu finden. Die Gruppenmitglieder suchten jemanden, der mit der Pflegeausbildung vertraut war, aber kein persönliches Interesse aufgrund eines bestehenden Vertrages mit der Universität verfolgte. Die Gruppenmitglieder erklärten, es sei nicht ihr Ziel, aktuelle vertragliche Vereinbarungen infrage zu stellen, sondern sie suchten eine Möglichkeit, die Aufgaben des Mentors zu überdenken. Schließlich wählten sie eine beratende Pflegeperson mit Erfahrung in der Pflegeausbildung aus, die sich aktuell mit der Analyse von Ausbildungsmängeln befasste. Wendy traf sich an einem Nachmittag mit der Gruppe und wies sofort darauf hin, wie wichtig es ist, Größe und Dimensionen des Projekts festzulegen. Die Untersuchung könne sonst ausufern, und wenn alle Spaß an der Arbeit haben sollten, dann müsste gleich zu Anfang über die Parameter gesprochen werden (s. **Abb. 11-1**).

Wendy hörte sich die Vorstellungen und Ziele der Gruppe an und wies (mit dem gebührenden Respekt) darauf hin, dass derzeit mehrere potenzielle Fokusse

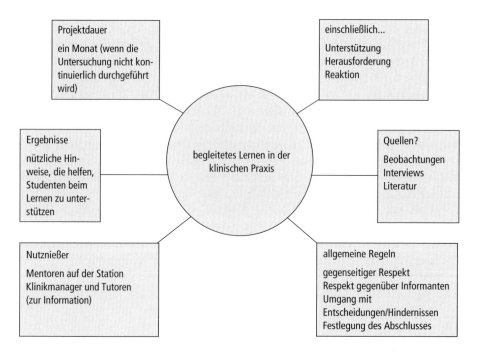

**Abbildung 11-1:** Die Dimensionierung des Projekts.

existierten. Der größere Anteil dessen, worüber die Gruppe gesprochen habe, beziehe sich auf die Aufgaben des Mentors und auf verschiedene Möglichkeiten, Studenten das Erreichen von Lernzielen zu erleichtern. Dies gehe über die im Lehrplan vorgeschriebenen Lernziele hinaus und schließe solche mit ein, die zwischen Studenten und Mentor aufgrund von Beobachtungen auf der Station vereinbart würden. Paul, ein Mitglied der Gruppe, sagte: «Ich möchte, dass die Studenten von dem profitieren, was sie in der Praxis ausprobieren. Das ist doch mehr als einfach nur die Inhalte der Module aufzugreifen und zu sagen ‹Seht her, so sieht das in der Praxis aus›.» Kate bestätigte Pauls Anmerkung und fügte hinzu, es gehöre zu den Aufgaben eines Mentors, den Studenten auf kompetente Art und Weise zu vermitteln, wie sie Situationen deuten können, die nicht in Lehrbüchern vorkommen. Es habe Zeiten gegeben, in denen Mentoren ihre Situationseinschätzung gründlich diskutierten, und dies waren Gespräche darüber, wie man eine Erklärung nach der anderen ausschließt.

Auch was die Aufgaben des Mentors angehe, gäbe es vieles, was untersucht werden *könnte*: lehren, demonstrieren, einschätzen, an der Nahtstelle zur Universität agieren. Wendy fragte die Gruppe: «Worum geht es Ihnen in erster Linie, wenn Sie einem Studenten helfen?» Die Gruppenmitglieder erklärten, ihr vordringlichstes Anliegen sei es, bei der Arbeit in einem schwierigen, öffentlichen Setting Hilfestellung zu geben. Sie fragten sich, wie sie einem Studenten helfen könnten zu lernen, wenn Lernen mit Schwierigkeiten und Unannehmlichkeiten verbunden ist. Die Gruppe einigte sich darauf, ihre Arbeit in drei Aspekte zu gliedern – Bildung und Aufrechterhaltung einer unterstützenden Beziehung; die Studenten zum Nachdenken animieren; im Fall von Schwierigkeiten auf die Studenten eingehen.

Der Zeitrahmen für das Projekt wurde auf fünf Wochen begrenzt, weil drei Gruppenmitglieder nach dieser Zeit neue Projekte in Angriff nehmen mussten. Wendy machte die Gruppe darauf aufmerksam, dass unter diesen Umständen nicht viel Zeit für externe Untersuchungen und für die Beschaffung von Auskünften bliebe. Die Zeit reiche allerdings aus, um aus der Praxis stammende persönliche Erfahrungen und Beobachtungen der Studenten auf den Stationen zu nutzen. Das angestrebte «Endprodukt» (kein Bericht, sondern praktische Tipps) entspreche den praktischen Interessen der Gruppe und sei in Anbetracht der verfügbaren Zeit auch leichter zu formulieren. Die eigentlichen Nutznießer waren die Mentoren, aber Wendy überzeugte die Gruppe, auch den Tutoren der infrage kommenden Universitäten und den Managern, die auch über einen wesentlichen Teil der Ausbildung zu entscheiden hatten, eine Kopie zu überlassen. Es sei problematisch, wenn nicht gar unethisch, die Empfehlungen nur den Mentoren zur Verfügung zu stellen.

## 11.2
# Die Strukturierung der Untersuchung

Beim nächsten Treffen schlug Wendy den Gruppenmitgliedern vor, sich auf drei Ziele zu konzentrieren. Erstens: Aspekte der Lernsituation bestimmen, die untersucht werden sollen. Der Gegenstand der Untersuchung müsse so aufgeteilt werden, dass jedes Gruppenmitglied einen sinnvollen Beitrag leisten könne. Zweitens: Für die einzelnen Aspekte geeignete Untersuchungsansätze finden. Ein Beispiel: Wenn Sie wissen wollen, wie man Studenten zum Nachdenken animiert, wie gehen Sie am besten vor, um etwas über diesen Prozess in Erfahrung zu bringen? Wen könnten Sie fragen? Drittens: Die Untersuchungen zeitlich so planen, dass mindestens eine, besser noch zwei weitere Runden für die Informationssammlung möglich sind. Wendy erläuterte: «Wenn Sie versuchen, alles auf einmal zu analysieren, dann bekommen Sie eine ungefähre, aber keine differenzierte Lösung.» Nachdem die Gruppenmitglieder dem Vorschlag zugestimmt hatten, bat Wendy sie, 20 Minuten über Lernen im Allgemeinen nachzudenken. Sie wolle wissen, was die Gruppenmitglieder unter Lernen verstehen, denn schließlich gehe es bei ihrer Arbeit ja um begleitetes Lernen.

Die Gruppenmitglieder notierten, was für sie zu den Aufgaben eines Mentors gehört (s. **Kasten 11-1**). Die Liste war vorläufig, denn die Gruppenmitglieder rechneten damit, dass sie teilweise abgeändert würde. Aber mit dieser Liste als Grundlage für den Beginn der Untersuchung waren alle erst einmal einverstanden.

---

**Kasten 11-1: Die Aufgaben des Mentors.**

*Aufbau einer unterstützenden Beziehung*
- sich gegenseitig kennen lernen (aus Fremden werden Kollegen)
- Vertrauen aufbauen
- Regeln für die Kommunikation festlegen (wann, wo, wie, wie oft?)
- Umgang mit Problemen regeln

*Studenten zum Nachdenken animieren*
- Kontext (wenn sie Fehler machen/zu selbstsicher/zu begriffsstutzig/zu selbstzufrieden sind)
- Fragen stellen
- Situationseinschätzungen
- eigene Erfahrungen des Mentors (zur Erläuterung)
- Einschätzung des Befindens/der Fähigkeit, mit Herausforderungen umzugehen (Timing)

*Auf Studenten eingehen*
- Ängste/Unsicherheiten wahrnehmen
- auf Bitten reagieren
- unterstützen anstatt sagen, wie es geht
- Umgang mit «Macht» (meine Macht zu bestimmen, was «Lernen» ist)

Anhand der in **Kasten 11-1** aufgelisteten Aufgaben des Mentors konnten die Gruppenmitglieder Fragen für die Mentoren und/oder Literatur für ihre Lektüre auswählen (s. **Kasten 11-2**).

Im Anschluss daran wählten die Gruppenmitglieder Informanten aus, welche die von ihnen formulierten Fragen am besten beantworten konnten. In den meisten Fällen mussten andere Mentoren oder Studenten nach ihrer Meinung gefragt werden. Wendy empfahl jedoch eine Reihe von Artikeln, von denen sie wusste, dass sie ihrer Diskussion neue Impulse geben würden. Diese Artikel behandelten folgende Themen:

1. Lernintensität, effizientes versus oberflächliches Lernen (z. B. Ignatavicious, 2001)
2. Reflexion und reflektive Praxis – Bezugsrahmen für die Aufzeichnung (z. B. Usher et al., 1999)
3. Klinische Supervision (z. B. Sloan, 1998; Jones, 2001)

---

**Kasten 11-2: Fragen für die Mentoren.**

*Aufbau einer unterstützenden Beziehung*
- Mit welchen Strategien oder Methoden gelingt es Mentoren, innerhalb einer begrenzten Zeit eine konstruktive Arbeitsbeziehung zu den Studenten aufzubauen?
- Welche Faktoren stärken bzw. schwächen das Vertrauen zwischen Mentor und Student?
- Wie erwirbt der Mentor das Vertrauen eines Studenten?
- Wie handeln Mentoren und Studenten ihre Arbeitsbeziehung aus?
- Können Mentoren im Voraus erkennen, welche Probleme sich nachteilig auf ihre Arbeitsbeziehung zu den Studenten auswirken? Wenn ja, wie?

*Studenten zum Nachdenken animieren*
- Nennen Sie bitte Beispiele für Situationen, in denen Sie einen Studenten intellektuell fordern würden und begründen Sie dies bitte in jedem einzelnen Fall.
- Wie animieren Sie Studenten durch Fragen zum Nachdenken? (Was funktioniert und was nicht?)
- Wählen Sie Pflegesituationen aus, um Studenten intellektuell zu fordern? (Wenn ja, wie gehen Sie vor?)
- Greifen Sie auf Ihre eigenen Berufserfahrungen zurück, um Studenten intellektuell zu fordern? Wenn ja, wie und wann?
- Wann ist diese Methode ungeeignet, zu indiskret?

*Auf Studenten eingehen*
- Woran erkennen Sie, dass ein Student Ihre Hilfe braucht?
- Wie reagiert man am besten, wenn ein Student um Hilfe bittet?
- Wie entscheiden Sie, ob Sie einem Studenten helfen, selbst die Antwort zu finden oder ob Sie selbst die Lösung liefern?
- Hat diese Beziehung etwas mit Macht zu tun? Wenn ja, wie gehen Sie damit um?

## 11.3
# Sammeln und Auswerten der Informationen

Als die Gruppe nach der ersten Runde der Informationssammlung Bericht erstattete, wirkten einige Gruppenmitglieder etwas verunsichert. Sie hatten viele Kollegen kontaktiert und viele der von Wendy empfohlenen Texte gelesen, waren aber auf Probleme gestoßen, besonders im Zusammenhang mit den Themen «Studenten zum Nachdenken animieren» und «auf Studenten eingehen». Die Gruppenmitglieder hatten festgestellt, dass die Mentoren gar nicht genau angeben konnten, wie sie die Studenten, abgesehen von der Beantwortung ihrer Fragen, intellektuell fordern oder auf sie eingehen. Die Mentoren waren zwar sicher, dass sie die Studenten intellektuell fordern und anregen, taten sich aber schwer, dies genau zu benennen.

«Was ist der Grund dafür?» fragte Wendy die Gruppenmitglieder.

Kate dachte einen Moment nach und sagte dann: «Weil sie das alles intuitiv machen.».

«Das könnte stimmen... möglicherweise handeln sie intuitiv.» bestätigte Wendy. «Aber reicht das aus, wenn sie bestimmte Lernziele erreichen wollen? Würden Sie sich einen Mentor wünschen, der Sie intuitiv unterstützt?»

Die Gruppe meinte, Mentoren sollten doch besser methodisch vorgehen. Die klinische Ausbildungsphase sei schließlich zeitlich begrenzt, es gäbe eine Menge zu lernen und es sei nötig, mit Blick auf den Lernstoff Prioritäten zu setzen. Ein solcher Ansatz lasse Souveränität und Geschick im Umgang mit den Aufgaben eines Mentors erkennen.

«Berichten Sie, was Sie gelesen haben», forderte Wendy die Gruppenmitglieder auf. «Was haben Sie zum Thema «Studenten zum Nachdenken animieren» herausgefunden?»

Ruth blätterte schnell ihre Unterlagen durch und meinte: «Es geht darum, die Studenten dahin zu bringen, dass sie effizient lernen und gründlicher über Situationen nachdenken.»

«Gut... sonst noch etwas?» fragte Wendy.

«Weil das Mühe macht und es einfacher ist, oberflächlich zu denken, müssen solche Herausforderungen gut dosiert werden. Man darf niemanden damit überhäufen.»

Später bezeichnete die Gruppe diese Sitzungen, die nach dem Frage-Antwort-Schema abliefen, als geduldiges Hinführen. Zwischenzeitlich fanden sie es jedoch peinlich, dass sie diese Zusammenhänge nicht spontan und direkt aus ihren Gesprächen mit anderen Mentoren ableiten konnten. Wendy gab zu bedenken, dass Mentoren selten eine pädagogische Ausbildung haben. Es sei sehr hart, von sich selbst zu verlangen, komplexe Zusammenhänge problemlos durchschauen zu können.

«Wir wollen jetzt ein Ablaufdiagramm an der Tafel entwickeln», schlug Wendy vor «wobei ein Gespräch zwischen einem Mentor und einer Studentin helfen soll, die Kästen auszufüllen. Ruth, übernehmen Sie bitte die Rolle der Studentin und Sie Paul, sind der Mentor. Spielen Sie die Situation aus dem Stegreif. Paul, Sie möchten herausfinden, was Ruth über Vertraulichkeit im Zusammenhang mit Patienten weiß. Zeigen Sie uns, was es heißt, einen Studenten intellektuell herauszufordern.»

Das Ablaufdiagramm, das nach dieser Übung entwickelt wurde, ist in **Abbildung 11-2** zu sehen. Zuerst wurde der Prozess durch die Kästen und Pfeile dargestellt, der Text wurde später eingefügt.

Anschließend diskutierte die Gruppe über die Herausforderungen in dem Stegreif-Szenario und formulierte dann diese Fragen: Wie setzen Sie Herausforderungen in einem Unterrichtsgespräch ein? Gleich zu Anfang oder später, und wenn Letzteres zutrifft, was sollte dem vorausgehen? Gibt es eine optimale Anzahl von Herausforderungen in einem Unterrichtsgespräch? Woher wissen Sie, wie viele richtig sind? Was müssen die Studenten über «Herausforderungen» wissen? Verstehen die Studenten immer, was ein Mentor erreichen will, wenn er sie oder ihn intellektuell herausfordert? Die Übung sollte der Diskussion neue Impulse geben. Die Gruppenmitglieder schauten in ihren Aufzeichnungen nach und fanden Beispiele für die Vorgehensweise der befragten Mentoren, die nahe legten, dass diese Methode erst gegen Ende der klinischen Ausbildungsphase eingesetzt wird. In der

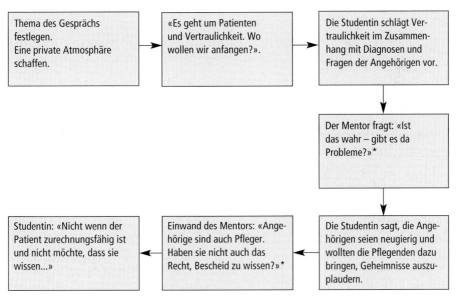

Anmerkung: * = Der Druck wird erhöht, das Wissen der Studentin wird erkundet.

**Abbildung 11-2:** Eine Studentin wird herausgefordert (Ablaufdiagramm).

Anfangsphase konzentrierte sich die Arbeit der Mentoren im Wesentlichen darauf, den Studenten bei der Überwindung ihrer Ängste zu helfen. Paul sagte später: «Um über das Thema Herausforderungen zu sprechen, brauchten wir eine Form, die Mentoren normalerweise nicht benutzen. Diese Übung brachte uns auf ganz einfache Fragen: Wie viele Herausforderungen werden wann und zu welchem Zweck eingesetzt?»

Es wurde vereinbart, dass die Gruppenmitglieder die Mentoren noch einmal kontaktieren und sie im Licht der Erkenntnisse, die sie durch die parallel zu ihrer ersten Informationsauswertung durchgeführten Übungen gewonnen hatten, erneut zu den Aspekten intellektuelle Herausforderung, Eingehen auf Studenten und Aufbau einer Beziehung zu befragen. Die Fragen wurden in einen Zusammenhang mit bestimmten Lernzielen gestellt. Zum Beispiel:

Mentoren wollen den Studenten während ihrer klinischen Ausbildungsphase nicht einfach nur Wissen vermitteln und setzen daher im Rahmen des begleiteten Lernens intellektuelle Herausforderungen planmäßig ein. Welche Erklärungen sollten wir den Studenten zu Beginn ihrer klinischen Ausbildungsphase im Zusammenhang mit dieser Methode geben?

Diese Methode hat offenbar etwas mit Macht zu tun – der Mentor hat mehr Macht als der Student. Wie kann die Balance wieder hergestellt werden, damit die Studenten sich nicht überfordert fühlen?

Während die Gruppenmitglieder sich auf die zweite Runde der Informationssammlung vorbereiteten, hatten sie im Verlauf ihres verlängerten Treffens Spinnendiagramme entwickelt, die dazu dienten, die Aufgaben des Mentors zu erweitern (s. **Abb. 11-3**). Während der zweiten Runde der Informationssammlung sollte jedes

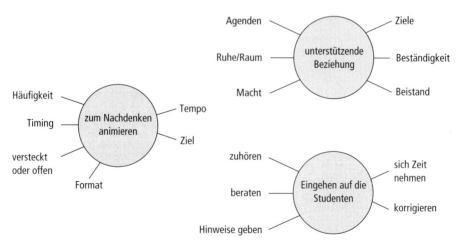

**Abbildung 11-3:** Spinnendiagramme (die Aufgaben des Mentors).

Spinnendiagramm ergänzt werden. Es sollten Punkte hinzugefügt werden, die zeigen, unter welchen Bedingungen die einzelnen Aspekte der Arbeit des Mentors in den Vordergrund treten. Intellektuelle Herausforderungen beispielsweise sollten in Zusammenhang mit den vom Mentor angestrebten Zielen gesehen werden.

## 11.4
## Die Verfeinerung der Erkenntnisse

Als die Gruppenmitglieder sich das nächste Mal trafen, wurde klar, dass Telefongespräche, E-Mails und so genannte «Korridorgespräche» stattgefunden hatten, weshalb sie ihre Entdeckungen mit größerer Sicherheit präsentieren konnten. Sie hielten es für wichtig, von sich aus mehr und exaktere Vorschläge zu machen, da sie gemerkt hatten, dass Wendy ihnen beim letzten Treffen mehr auf die Sprünge helfen musste als ihnen lieb war. Was ihre Lernbegleiterin betraf, gab es keine Klagen. Ganz im Gegenteil, sie wurde als Person mit analytischen Fähigkeiten bezeichnet, deren Stärke es war, mit einer Flut von Informationen fertig zu werden. Sie als Gruppe hätten allerdings besser organisiert und in der Lage sein sollen, die Informationen mit mehr forscherischem Sachverstand auszuwerten.

Kate sagte: «Dieses Mal sind wir ganz zufrieden – wir sind auf einige interessante Informationen gestoßen.» Wendy nickte, «Ich höre zu und werde ganz zum Schluss etwas dazu sagen.» Die Gruppenmitglieder, die sich mit der unterstützenden Beziehung auseinander gesetzt hatten, berichteten zuerst. Sie hatten in den zurückliegenden Tagen acht Mentoren befragt, mit zwei Tutoren gesprochen und sehr viel über die Psychologie des Helfens gelesen. Die Literatur behandelte Wissensvermittlung zwar nur ganz allgemein (und nicht im Zusammenhang mit der Gesundheitsversorgung), trotzdem hielten die Gruppenmitglieder sie für nützlich, da sie vieles von dem darin wieder fanden, was sie von ihren Gesprächspartnern erfahren hatten. Dann wurde eine Auflistung der Kernpunkte ihrer Befunde präsentiert (s. **Kasten 11-3**).

---

**Kasten 11-3: Regeln für die Beziehung zwischen Mentor und Studenten.**

*Strategien oder Methoden*
- Erläuterung der Stationsarbeit, Beschreibung der Stationskultur
- Skizzierung der «Stationswoche»
- die «besten Artikel» zur Verfügung stellen
- «klassische Fähigkeiten» aufzählen, die in diesem Kontext gebraucht werden
- Was möchten Sie lernen? (Interesse zeigen)
- die eigene Geschichte erzählen (auch ein paar Schwächen und Patzer einflechten).

*Vertrauen erwerben*
- Berichten Sie über Erfahrungen/Geheimnisse/Unsicherheiten (Ihre eigenen).
- Beobachten Sie die Interaktion der Studenten untereinander («Alles in Ordnung?»).
- Seien Sie konsequent.
- Berücksichtigen Sie ethische Aspekte.

*Verhalten in der Arbeitsbeziehung*
- Ratschläge beiläufig erteilen
- Private Diskussionen führen (auch längere Zeit)
- Fortschritte anerkennen.

*Probleme ausfindig machen*
- Diskussionen initiieren (über wichtige Aspekte der Wissensvermittlung)
- Wahrnehmungen vor den Studenten offen ansprechen («Haben Sie Probleme mit...?»).

Die befragten Mentoren benutzten verschiedene Strategien, um eine Beziehung zu den Studenten aufzubauen, doch keiner von ihnen wendete alle der in **Kasten 11-3** aufgeführten Methoden an. Erfolgreiche Mentoren würdigten den Wunsch der Studenten, sich schnell einen Überblick über die Station und die dort geleistete Arbeit zu verschaffen und den typischen Ablauf einer Woche kennen zu lernen. Zwar wechselte die Arbeit auf der Station ständig, aber es gab bestimmte Ereignisse, z. B. Operationstage, die eine Struktur in das normale Geschehen brachten. Manchmal bekamen die Studenten auch Gelegenheit, die von ihrem Mentor empfohlenen Artikel über bestimmte gesundheitliche Probleme zu lesen, die auf der Station behandelt wurden. Dies gab den Studenten das Gefühl, dass der Mentor seine Rolle ernst nahm und darauf achtete, sie auf Ressourcen hinzuweisen, die wichtig für sie waren. Die Mentoren sagten, die Studenten schätzten es auch, über die wichtigen Fähigkeiten informiert zu werden, die sie entwickeln mussten, um optimalen Nutzen aus ihrer klinischen Ausbildungsphase zu ziehen. Ein Mentor meinte: «Die Studenten kommen mit einer Fülle von Kenntnissen her, die ich dann auf vier wichtige Fähigkeiten reduziere: Patienteninstruktion, Erfolgsevaluation, Zusammenarbeit mit anderen Gesundheitsfachleuten und Unterstützung der Angehörigen. Es beruhigt die Studenten, wenn man die Dinge konkretisiert». Darüber hinaus zeigten die Mentoren Interesse an den Erwartungen, die die Studenten mit der klinischen Ausbildungsphase verbanden und erzählten «eine lustige Geschichte» aus ihrer Studentenzeit oder von ihren ersten Wochen auf der Station, womit sie den Studenten signalisierten, dass sie sich nicht für unfehlbar halten und Sinn für Humor haben.

Das meiste Vertrauen konnten die Mentoren erwerben, wenn sie beobachteten, wie die Studenten mit dem übrigen Personal auf der Station zurechtkamen. Die Mentoren konnten weder das Lernumfeld noch die Begegnung mit anderen ständig kontrollieren, deshalb war es umso wichtiger, das Verhalten der Studenten zu beobachten. Ein geschickter Mentor würde nach diskreter Beobachtung vielleicht fragen: «Alles in Ordnung? Er ist ein bisschen pingelig, wenn es um diese Tests geht, oder?» Die Studenten verstanden dies als «auf sie aufpassen» und meinten, dass Mentoren, die dabei taktvoll vorgingen, schnell zu Freunden wurden, denen sie vertrauten.

Die Gruppenmitglieder stellten dann zwei Formen der Unterstützung gegenüber, die von den Mentoren praktiziert wurden. Die erste war zufällig und bestand darin, sich, wie oben beschrieben, zu erkundigen. Beliebte Mentoren nahmen sich darüber hinaus noch Zeit, um mit den Studenten über ihre Lernerfahrungen zu diskutieren. Solche Mentoren erbrachten eine zusätzliche Leistung und hängten an ihre Schicht oft noch eine oder zwei Stunden an, um über diverse Themen zu sprechen, z. B. über Pflegeepisoden, Projekte, an denen die Studenten teilnahmen oder über die Entwicklung der wichtigen Fähigkeiten, auf die die Studenten zu Beginn der klinischen Ausbildungsphase hingewiesen wurden. Weniger beliebte Mentoren beschränkten sich darauf, ihren «Beobachtungsauftrag» zu erfüllen und die Studenten in regelmäßigen Abständen zu instruieren.

Die Gruppenmitglieder diskutierten die verschiedenen Formen der Unterstützung und verglichen kurze und häufige Hilfestellung mit Beistand und regelmäßigen Diskussionen außerhalb der Station. Letztere wurde als arbeitsintensivere aber auch als lohnendere Aufgabe bewertet. Das Zustandekommen von Diskussionen hing offenbar davon ab, ob der Mentor sich zutraute, über das Thema «Lernen» zu sprechen. Dies war etwas missverständlich, sollte jedoch lediglich heißen, ob der Mentor über die wichtigsten Fähigkeiten, die auf der Station zur Anwendung kamen, gut Bescheid wusste. Diese Fähigkeiten zu besitzen und zu diskutieren war offenbar ausschlaggebend dafür, wie einflussreich und wie erfolgreich der Mentor war.

Die Gruppenmitglieder, die sich mit den Aspekten «intellektuelle Herausforderung» und «eingehen auf Studenten» auseinander gesetzt hatten, präsentierten anschließend die wesentlichen Punkte ihrer Befunde. Die Diskussionen über dieses Thema hatten zu folgenden Ergebnissen geführt:

1. Die Studenten müssen gleich zu Beginn über den Einsatz und Zweck der Methode aufgeklärt werden: Die Methode wird nicht nur eingesetzt, wenn etwas «schief» läuft, sondern auch dann, wenn es gut läuft. Die Mentoren vereinbaren mit den Studenten, die Methode nur zu benutzen, wenn sie unter sich sind. Die Station ist ein öffentlicher Raum, wo intellektuelle Herauforderungen dazu führen können, dass der Studentenstatus hervorgehoben wird, sodass die Studenten in der Öffentlichkeit als Dummköpfe dastehen.
2. Es ist wichtig, die Methode gleich zu Anfang der klinischen Ausbildungsphase anzuwenden, aber zuerst in einer Situation, in der das Lernen im Vordergrund steht und nicht das Korrigieren. Daraufhin räumten die Mentoren ein, dass es ihnen nur selten gelingt, dies so durchzuführen, wie sie es gerne würden.

3. Intellektuelle Herausforderungen werden von den Studenten am ehesten akzeptiert, wenn sie mit bestimmten Problemen aus der Praxis verknüpft sind. Fragen zu einem abstrakten Thema, wie etwa «Was passiert mit dem Körperfett bei Diabetes?» werden als bedeutend unangenehmer empfunden. Sinnvolle Herausforderungen beginnen im Allgemeinen mit einem Rückblick auf bestimmte Ereignisse aus der Praxis, dann folgt eine allgemeine Frage, wie z. B. «Was ist Ihrer Ansicht nach in dieser Situation passiert?», an die sich detaillierte Fragen anschließen.

Wendy lächelte und erinnerte Paul daran, dass er beim letzten Treffen in dem improvisierten Gespräch mit Ruth ähnlich vorgegangen ist. Die Fragen, die Ruth herausfordern sollten, seien erst allgemein gewesen und dann spezieller geworden. Was ist los? Gibt es ein Problem? Und dann sei nachgefragt worden, worin das Problem bestehe.

In dem Bericht der Gruppenmitglieder, die den Aspekt «auf Studenten eingehen» untersucht hatten, standen zwei Punkte im Vordergrund. Der erste betraf die Zeit, die der Mentor sich nehmen musste, um die Fragen der Studenten zu beantworten. Die Mentoren hatten in erster Linie klinische und praktische Aufgaben zu erfüllen. Folglich mussten sie entweder eine unvollständige Antwort geben oder die Studenten bitten, bis zum Ende der Schicht zu warten. Weder die eine noch die andere Lösung war wirklich zufrieden stellend, zumal die Mentoren berichteten, sie hätten Schwierigkeiten, an wichtige Lerninhalte anzuknüpfen, wenn die Frage schon Stunden zuvor gestellt wurde. Beim zweiten Punkt ging es um die Anspannung, der die Mentoren ausgesetzt waren, während sie sich überlegten, ob sie den Studenten eine Frage einfach beantworten oder sie durch ihre eigenen Denkprozesse manövrieren sollen. Die Mentoren wussten nicht so recht, wie sie Letzteres bewerkstelligen sollten und berichteten, manche Studenten hätten Angst, wenn ihre Mentoren so reagieren. Die Studenten erwarteten, wenigstens auf einige Fragen eine direkte Antwort zu bekommen.

«Glauben Sie, es gibt eine Lösung für dieses Problem? Kann der Mentor eine Lösung dieses Problems erwarten?» Nach dieser Frage kam die Diskussion in der Gruppe schnell in Schwung. Die Mentoren empfanden die Entscheidung, ob sie den Studenten die Lösung «liefern» oder sie dahin «manövrieren» sollten als Stress. Wenn sie den Studenten immer die Lösung lieferten, so meinten sie, würden sie gegen erzieherische Prinzipien verstoßen und die Studenten animieren, sie als Enzyklopädie zu benutzen. Wenn sie andererseits den Studenten immer gut zureden würden, selbst nachzudenken, dann würden die Studenten immer weniger Fragen stellen, denn selbst der wissbegierigste Student wäre entmutigt, wenn er ständig nur die Antwort bekäme: «Also, dann wollen wir mal sehen, ob wir zusammen eine Lösung finden.»

Wendy räumte ein, dies sei wirklich anstrengend, wies die Gruppe aber gleichzeitig darauf hin, dass in der Praxis selten alles glatt läuft. Es gäbe kaum unwiderlegbare Antworten. Allerdings *könnten* die Mentoren schon etwas tun, nämlich den Studenten beibringen, wie sie mit unklaren Situationen umgehen können, ihnen sagen, dass Lösungen manchmal schnell gefunden werden, manchmal nur mit großer Mühe und manchmal gar nicht, zumindest nicht so schnell. Vielleicht müssten die Mentoren sich mit ihrer Schuld an der Frage, ob sie den Studenten immer die Antworten liefern oder immer ihren erzieherischen Prinzipien treu bleiben sollen, mutig auseinander setzen. Vielleicht sei es nötig, eine andere Frage zu stellen –ob die Hilfe, die sie anbieten, als Beispiel dafür dient, wie Lernen in der Praxis in Zukunft aussehen wird – und die Studenten fürs Erste weiter zu unterstützen.

## 11.5
## Der Abschluss der Untersuchung

Zu Beginn des Projekts hatte die Gruppe sich zum Ziel gesetzt, Empfehlungen für die Mentoren zu entwickeln, die diesen bei der Unterstützung der Studenten helfen sollten. Nach zwei Runden Informationssammlung, Sichtung der einschlägigen Literatur und umfangreichen Diskussionen meinten die Gruppenmitglieder, eine Liste mit nützlichen Empfehlungen zusammenstellen zu können (**Kasten 11-4** enthält einen Auszug daraus). Sie hatten aber auch entdeckt, dass die Tätigkeit der Mentoren in einigen Bereichen der Aktualisierung bedurfte. Die nützlichen Empfehlungen basierten auf Annahmen, was das Wissen der Mentoren, ihre Überzeugungen und ihre Kenntnis der Studenten und ihrer Ausbildungsprogramme betraf. In einigen klinischen Bereichen absolvierten Studenten aus bis zu vier oder fünf verschiedenen Ausbildungsprogrammen ihre klinische Ausbildungsphase. Paul sagte: «Die Empfehlungen müssen vorsichtig formuliert werden. Wir behaupten nicht, dass sie perfekt sind, besonders wenn man bedenkt, wie lange wir uns mit dem Thema befasst haben. Wendy, ich denke, Sie werden jede einzelne sowieso gleich kritisch unter die Lupe nehmen.»

Das Projekt nach relativ kurzer Zeit abzuschließen, war problematisch. Wendy meinte, sie würde die Empfehlungen, die die Gruppenmitglieder formulierten, gerne kritisch prüfen, hielte es aber für sinnvoller, die Tauglichkeit der Empfehlungen mithilfe ihrer Kollegen, die als Mentoren tätig waren, zu verifizieren. Die Ratschläge zum Thema berufliche Weiterbildung könnten wie eine Einschränkung der Empfehlungen verstanden werden. «Vorausgesetzt Sie können unter diesen Aspekten Ihrer Rolle von den Empfehlungen profitieren, fühlen Sie sich in der Lage, sie umzusetzen?»

**Kasten 11-4: Auszug aus «Empfehlungen für eine erfolgreiche Arbeit als Mentor»**

*Studenten zum Nachdenken animieren/intellektuell herausfordern*

Diese Methode soll dazu führen, dass die Studenten gründlicher nachdenken, reflektieren oder ihre Sichtweise korrigieren. Die Methode arbeitet mit folgenden Mitteln: Fragen, Diskussion von Praxissituationen, Erörterung der nächsten Schritte in der Pflegeplanung. Die Methode wird von den Studenten manchmal als unangenehm empfunden und ist vorsichtig einzusetzen. Deshalb sollte Folgendes berücksichtigt werden:

*Am Anfang der klinischen Ausbildungsphase*

1. Erklären Sie den Studenten das Ziel der Methode und warum Sie sie im Rahmen Ihrer Unterstützungsarbeit einsetzen.
2. Erläutern Sie, mit welchen Mitteln die Methode arbeitet: Fragen, Diskussion von Pflegeepisoden, Erörterung der nächsten Schritte in der Pflegeplanung.
3. Machen Sie den Studenten klar, dass die Methode nicht nur in Situationen eingesetzt wird, in denen Fehler passiert sind, sondern auch, wenn es darum geht, gute Praxisarbeit und erfolgreiche Pflege zu untersuchen.
4. Versichern Sie den Studenten, dass die Methode nur bei Diskussion im privaten Rahmen, unter Ausschluss der Öffentlichkeit, eingesetzt wird.
5. Animieren Sie die Studenten, Sie selbst und Ihre Interpretation von Ereignissen oder Konzepten kritisch zu hinterfragen. Intellektuelle Herausforderungen sind als wissenschaftliches Gespräch und nicht als Angriff auf die professionelle Integrität zu verstehen.

*Während der Anwendung der Methode*

1. Verknüpfen Sie intellektuelle Herausforderungen mit einem Aspekt der Pflege, einer bestimmten Pflegeepisode, in der eine Reihe von Entscheidungen getroffen werden mussten. Von Situationen abgekoppelte Herausforderungen, die Wissen testen sollen, zerstören das Vertrauen der Studenten.
2. Beginnen Sie mit einer allgemeinen Frage, die sich auf die Beobachtung der Praxis oder die Einschätzung eines Ereignisses aus der Praxis bezieht.
3. Entwickeln Sie aus den Antworten des Studenten eine oder zwei weitere Fragen, über die der Student gründlicher nachdenken soll. Stellen Sie klare Fragen mit nur einem Fokus, die sich jeweils nur auf ein Thema beziehen, z.B.: «Können Sie sich denken, warum es schwierig war, Mr Browns Atemnot zu behandeln?».
4. Hören Sie sich die Antwort des Studenten an, achten Sie auf seinen Ausdruck und versuchen Sie daran abzulesen, wie schwierig die Frage war.
5. Sagen Sie dem Studenten, an welchen Punkten der Analyse Sie mit ihm einer Meinung sind. Unterstreichen Sie, was klar und deutlich war. Fühlt der Student sich offensichtlich wohl, stellen Sie eine in den Zusammenhang passende Frage, z.B., ob andere Vorgehensweisen möglich sind oder ob die Beobachtungen anders erklärt werden können.
6. Erklären Sie, wo Ihre Einschätzung der Situation oder des Themas von der des Studenten abweicht und begründen Sie dies. Machen Sie deutlich, wo unterschiedliche Auffassungen möglich sind.
7. Wo unterschiedliche Auffassungen möglich sind, animieren Sie die Studenten, Fragen zu Ihrer Sichtweise zu stellen.

8. Hat ein Student Probleme mit dem Umfang/Tempo oder der Reihenfolge der Fragen, geben Sie Erklärungen, Hinweise, die ihm helfen, das, worauf Sie hinaus wollen, besser zu verstehen, z.B. «Was ist mit Mr Browns chronischem Emphysem? Ihm steht für den verabreichten Sauerstoff nur eine eingeschränkte Lungenkapazität zur Verfügung.»
9. Wenden Sie die Methode immer nur bei relativ kurzen Diskussionen an – sie sind für beide Gesprächspartner ermüdend. 20 oder 30 Minuten reichen aus.
10. Bitten Sie die Studenten, einen oder zwei Punkte zu nennen, die sie aus der Diskussion «mitnehmen» werden. Nennen Sie mindestens einen Punkt, den Sie mitnehmen werden.

Während die Gruppenmitglieder die Empfehlungen für die Mentoren formulierten, diskutierten sie über die Form, in der sie die Informationen präsentieren wollten. Zwei Gruppenmitglieder favorisierten das Frage-Antwort-Format, doch dieses wurde ausgeschlossen, weil der Text sonst zu lang geworden wäre. Stattdessen einigte die Gruppe sich auf drei Regeln. Erstens sollte versucht werden, die Empfehlungen für jeden Aspekt der Aufgaben des Mentors (unterstützende Beziehung/intellektuell fordern/eingehen auf Studenten) auf zwei Din-A4-Seiten zu begrenzen. Auf jedem Blatt sollte jeder Aspekt (z. B. intellektuell fordern) kurz erläutert werden. Des Weiteren sollte darüber informiert werden, was vor und nach Ankunft der Studenten in der Einrichtung getan werden kann. Die Empfehlungen sollten möglichst in chronologischer Reihenfolge präsentiert werden, z. B. die zu Beginn gebraucht werden (erste Fragen, die die Studenten zum Nachdenken animieren sollen) zuerst, und zum Schluss solche, die sich auf die Beendigung der Diskussion beziehen. Die Gruppe wollte damit erreichen, dass die Mentoren die benötigten Empfehlungen schnell finden können.

Die Gruppe überlegte auch, ob sie Hinweise auf Literatur über Lehren und Helfen geben sollte, beschloss dann aber, diese für berufliche Weiterbildungskurse aufzuheben. Die Empfehlungen sollten knapp und klar formuliert sein, ethische Aspekte berücksichtigen, Sensibilität gegenüber den Belangen der Studenten erkennen lassen und die Bedeutung der richtigen Balance zwischen Fordern und Fördern zum Ausdruck bringen.

Was die Vorschläge zur Aktualisierung der Mentorentätigkeit betraf, hielt die Gruppe drei für besonders wichtig. Der erste beinhaltete die Bereitstellung von «Starterpaketen». Diese beinhalteten eine Sammlung von Texten, die die Studenten mit der Station vertraut machen und sie informieren sollten, wie sich der Mentor die unterstützende Beziehung vorstellt. Obwohl einige Mentoren Handzettel verteilten, fand die Gruppe, dass kleine Informationspakete den Studenten gleich zu Beginn ihrer klinischen Ausbildungsphase gute Dienste leisten könnten. Der zweite Vorschlag betraf den Einsatz von Fragen während einer Diskussion. Wendy informierte die Gruppe, es gäbe eine Fülle von Literatur über den Einsatz von Erkundungsfragen und einfühlsame Befragungsmethoden, die ursprünglich für Forscher gedacht war (Keats, 2000). Diese könne durchaus mit Literatur über die Psychologie des Helfens kombiniert und so für die Arbeit der Mentoren nutzbar gemacht werden. Der dritte Vorschlag bezog sich auf zeitliche Aspekte im Zusammenhang mit der Unterstützung der Studenten. Die Mentoren hatten berichtet, sie wüssten nicht genau, wie sie sicherstellen können, dass die Studenten genügend Aufmerksamkeit bekommen.

Die Verifizierung der Empfehlungen für die Mentoren erfolgte ca. drei Wochen nachdem das Projekt abgeschlossen worden war und der Lernbegleiter die Gruppe verlassen hatte. Die Durchführung war sicher nicht ideal, aber die Gruppenmitglieder fanden, es sei eine große Leistung, dass es ihnen gelungen war, die Empfehlungen innerhalb des vorgegebenen Zeitrahmens zu erarbeiten. Sie waren zuversichtlich, die Empfehlungen anhand der Rückmeldungen der Mentoren, falls nötig, korrigieren zu können. Kopien der Arbeit waren per Post an die Tutoren und Stationsmanager verschickt worden, und deren Rückmeldungen sollten ebenfalls in eventuelle Korrekturen einfließen.

Die Mentoren bestätigten, dass die Empfehlungen nützliche Informationen zur Unterstützung der Studenten enthielten, machten aber ihrerseits Verbesserungsvorschläge:

1. Sie empfahlen, den Studenten zusammen mit ihren Modulmaterialien entsprechende Informationen über die Arbeit der Mentoren auf der Station zur Verfügung zu stellen. Sie meinten, «intellektuelle Herausforderungen» könnten viel schneller in die klinische Ausbildung integriert werden, wenn die Studenten gleich zu Anfang wüssten, was die Mentoren mit dieser Methode erreichen wollen. Intellektuelle Herausforderungen, so meinten sie, müssten «auf allen Ausbildungsebenen selbstverständlich» sein, und zwar von Anfang an.
2. Sie schlugen vor, mit den Empfehlungen sechs Monate lang probeweise zu arbeiten, um herauszufinden, ob und an welchen Stellen noch weitere Korrekturen vorgenommen werden müssen. Die Mentoren schienen die Empfehlungen als Vorschriften und nicht als Anleitungen zu verstehen, was einigen Gruppenmitgliedern Unbehagen bereitete. Die Arbeit der Mentoren lasse sich nicht in ein Schema pressen und es sei ihr Ziel gewesen, ein Hilfsmittel und keine Dienstanweisung zu entwickeln.
3. Sie regten an, weitere Empfehlungen für die Einschätzung in der Praxis zu entwickeln. Mentoren würden oft um Einschätzung der Studenten und ihrer Fortschritte gebeten, und intellektuelle Herausforderungen kämen speziell in diesem Kontext zur Anwendung. Die Mentoren wollten wissen, inwiefern der Kontext der Einschätzung ihre Arbeit beeinflusst.

Die Rückmeldungen der Tutoren waren ermutigend. Neben programmbezogenen Kommentaren zu den Bedürfnissen der Studenten in den verschiedenen Ausbildungsstufen sowie zu den Modulinhalten wurde einhellig bestätigt, dass die Arbeit der Gruppe guter Praxis klinischer Mentoren entspricht. Die Tutoren gratulierten der Gruppe, weil sie sich mit dem Thema intellektuelle Herausforderung auseinander gesetzt hatte und verwiesen darauf, dass die Arbeit der Mentoren sich bislang auf die Unterstützung der Studenten und den Umgang mit deren Ängsten konzentriert habe. Die Studenten bräuchten und schätzten Mentoren, die sich gut mit der Praxis auskennen und willens sind, die Studenten zu animieren, über die Praxis nachzudenken. Darüber hinaus bemerkten sie, die Arbeit werfe diverse Fragen hinsichtlich der Rolle der Tutoren auf, z. B.: Sind die Tutoren in puncto intellektuelle Herausforderung und Unterstützung auf dem gleichen Niveau, wenn sie nicht regelmäßig auf der Station praktizieren? Wie soll die Arbeitsbeziehung zwischen Tutoren und Mentoren aussehen angesichts der Tatsache, dass Letztere eine größere Rolle spielen, wenn es darum geht, die Studenten beim Lernen zu unterstützen? Die Tutoren stellten fest, das derzeitige Training der Mentoren enthalte zu wenig Informationen über den Umgang mit intellektuellen Herausforderungen und Veränderungen und es sei wichtig, hier Abhilfe zu schaffen, wenn die Mentoren erfolgreich arbeiten sollen. Des Weiteren sei zu überlegen, den Mentoren bezahlte Zeit einzuräumen, die sie für die in den Empfehlungen erwähnten Diskussionen mit den Studenten nutzen können.

Die Rückmeldungen wurden in einer Mappe gesammelt und die Empfehlungen vor dem Hintergrund der Rückmeldungen korrigiert. Die Gruppenmitglieder beschlossen, alle Mentoren und Tutoren, die sich schriftlich geäußert hatten, anzuschreiben und sich zu bedanken, gleichzeitig aber darauf hinzuweisen, dass die vorgeschlagenen Empfehlungen lediglich als «Anregungen» gedacht seien. Die Rückmeldungen hätten gezeigt, dass ihr Ansatz als Teillösung angesehen werde, die die Kluft zwischen Theorie und Praxis überbrücken und die Kontinuität der Ausbildung zwischen dem schulischen und klinischen Bereich gewährleisten soll. So schmeichelhaft diese Reaktionen auch seien, die Ziele, die die Gruppe sich gesetzt habe, seien weitaus bescheidener. Deshalb halte sie es für ratsam, die Empfehlungen nach sechs Monaten erneut zu bewerten und weitere Diskussionen über die Entwicklung der klinischen Ausbildung oder Supervision in andere Kontexte zu verlegen.

Als Wendy eine Kopie der überarbeiteten Empfehlungen und der Kommentare der Gruppenmitglieder erhielt, zeigte sie Verständnis für deren Wunsch, das Anliegen ihrer Arbeit und ihrer Vorschläge richtig zu stellen. Sie hätten ihre Ziele von Anfang an deutlich zum Ausdruck gebracht, aber offenbar habe ihre Initiative in einigen Kreisen darüber hinausgehende Hoffnungen geweckt. Der klinische Bereich sei als Ausbildungsort ohnehin überlastet und die Tutoren hätten alle Hände voll zu tun, ihren Aufgaben in vollem Umfang nachzukommen. Die Tutoren seien von der Arbeit der Gruppe beeindruckt gewesen, hätten sie aber so verstanden, dass dies in der Praxis mehr Arbeit für diejenigen Mentoren bedeute, die bei der Unterstützung der Studenten weniger Leistungsbereitschaft zeigen. In einem Brief bestärkte Wendy die Haltung der Gruppe:

Ich finde es richtig, dass Sie nicht der Versuchung nachgegeben haben, aus Ihrem Projekt mehr zu machen als es ist. Die Empfehlungen entsprechen den Bedürfnissen der Mentoren, den Schwierigkeiten, denen sie im Umgang mit den Studenten begegnen. Sie haben ein wichtiges Thema aufgegriffen, das noch viel Arbeit erfordert. Ich empfehle Ihnen, bei Ihrer Haltung zu bleiben und den Mentoren zu versichern, dass dies nicht der erste Versuch ist, in Zeiten, in denen eine adäquate Förderung der Ausbildung im klinischen Bereich noch aussteht, die Aufgaben aufzustocken. In Anbetracht dessen halte ich die Bitte der Mentoren um weitere Empfehlungen zum Thema Einschätzung für legitim. Es sieht ganz so aus, als müsste die Gruppe sich noch einmal zusammensetzen!

# Glossar

### Abschluss eines Projekts

Der Zeitpunkt, an dem so viele Informationen gesammelt und Analysen durchgeführt sind, dass eine Lösung des Problems (problemorientiertes Lernen) oder Erklärung der Praxis/Situation (forschungsorientiertes Lernen) möglich ist.

### Arbeitsgruppe

Eine Gruppe von Praktikern, die mit Unterstützung eines Lernbegleiters eine Untersuchung durchführt. Ist problemorientiertes Lernen Teil des Ausbildungsprogramms, entscheidet die Hochschule meist über die Zusammensetzung der Gruppe. Im Kontext des forschungsorientierten Lernens entscheidet die Gruppe über die Zusammensetzung.

### Bezugsrahmen

Die gewohnte Art und Weise, in der Pflegende Praxissituationen wahrnehmen und ihre Rolle definieren. Bezugsrahmen, die nicht flexibel sind, können ein Praxisproblem mitverursachen.

### Codieren

Ein Prozess, in dessen Verlauf gesammelten Informationen eine Bedeutung zugeordnet wird. Codieren bedeutet, komplexe Daten vereinfachend zu interpretieren, sie auf Formulierungen zu reduzieren, die die Informationen angemessen wiedergeben.

### Dimensionierung des Projekts

Die Größe des durchzuführenden Projekts ermessen. Im Kontext des problem- und forschungsorientierten Lernens wird die Dimensionierung durch die Komplexität der Situation und die Ziele des Projekts bestimmt.

## Dreischrittprüfung

Eine in mündlichen Prüfungen übliche Einschätzungsmethode. Die Studenten müssen eine vorgegebene Situation analysieren, die Analyse mithilfe zusätzlicher Informationen verfeinern und dann eine Lösung bzw. einen Handlungsplan präsentieren.

## Empirisches Wissen

Alles, was als Fakt gilt. Die Infektionsabwehr durch das menschliche Immunsystem beispielsweise entspricht empirischem Wissen, da sie beobachtbar und messbar ist.

## Entscheidungsfindung

Die Schritte, mit denen die Pflegenden Informationen verknüpfen, um einen Handlungsplan zu entwickeln, z. B. Erfassen von Hinweisen, Hypothesenbildung, Interpretation der Hinweise und Überprüfung der Hypothese.

## Erkunden

Mithilfe zusätzlicher Fragen wird versucht, eine Situation oder die Gedankengänge eines anderen besser zu verstehen. Ihr Lernbegleiter verwendet Erkundungsfragen, um Ihre Gedankengänge zu ergründen und um intellektuelle Herausforderungen einzusetzen, die Ihnen bei Ihrer Arbeit weiterhelfen.

## Ethik

Ethik ist die Auseinandersetzung mit moralischem Handeln. Da es die Aufgabe der Pflege ist, anderen zu helfen, muss die Pflegepraxis ihrem Wesen nach ethisch sein. Ethische Fragen sind häufig eine der Ursachen eines Problems. Meistens sind die Ressourcen begrenzt und die Bedürfnisse vielfältig, weshalb entschieden werden muss, wer was bekommt und was in der Pflege Priorität hat.

## Exkursionen

Das Aufsuchen anderer Orte, Institutionen oder Abteilungen, wo vermutlich interessante und oft auch völlig andere Informationen zu finden sind.

## Fähigkeiten

Pflegende verfügen, wie andere Fachleute auch, aufgrund ihrer Ausbildung über Fähigkeiten und Fertigkeiten, und sie haben die Zeit und Energie, diese in Handlungen umzusetzen. Pflegerische Fähigkeiten beinhalten oft spezielle Präferenzen zu bestimmten Formen oder Bereichen der Pflege. So sind in der Palliativpflege, in der Chirurgie und in der Psychiatrie jeweils andere Fähigkeiten gefragt. Die Fähigkeiten einer Pflegeperson oder eines Pflegeteams können manchmal ein gesundheitliches Problem mitverursachen.

## Fakten

Gegebenheiten, die in einer Untersuchung als wahr und begründet, als angemessene Erklärung dessen, was beobachtet oder entdeckt wurde, angenommen werden.

## Fallstudie

Die Geschichte oder Situation eines Patienten, die bestimmt, welche Untersuchungsansätze im Kontext des problemorientierten Lernens ausgewählt werden. Fallstudien sind in der Regel patientenzentriert. Manchmal wird die Fallstudie auch als «Problemsituation» bezeichnet.

## Fertigkeiten

Pflegerische Fertigkeiten sind: Einschätzung, Diagnose, Durchführung und Bewertung der Pflege. In dem Bereich, in dem Pflegende arbeiten, sind außerdem interpersonelle sowie bestimmte fachliche Fertigkeiten in den Bereichen Pharmakologie, Medizintechnologie, Interpretation komplexer Daten gefragt. Pflegerische Fertigkeiten können zur Lösung von Problemen beitragen oder, wenn sie fehlerhaft sind, Probleme mitverursachen.

## Forschungsorientiertes Lernen

Ein exploratorischer und kooperativer Ansatz zur Untersuchung der Praxis, bei dem es nicht um endgültige Lösungen geht, sondern um die Entwicklung von Prinzipien für eine gute Praxis oder alternative Pflegeansätze.

## Forschungsorientierter Lernprozess

Der Prozess, den eine Arbeitsgruppe im Rahmen des forschungsorientierten Lernens durchläuft: Fokussierung der Untersuchung, Strukturierung der Untersuchung, adäquater Abschluss der Untersuchung (mit oder ohne Bericht und Empfehlungen).

## Gestaffelte Fragen

Eine Methode, die einfühlsam ist und hilft, ein Interview so zu strukturieren, dass die Fragen allmählich immer persönlicher werden. Sie berühren zunächst das Handeln, dann das Wissen und schließlich Überzeugungen und Wertvorstellungen.

## Herangehensweise an die Praxis

Ansätze, die Pflegende in der Praxis immer wieder benutzen. Ein Beispiel: Eine Pflegeperson wählt immer einen wissenschaftlich fundierten Ansatz aus und animiert die Patienten, über ihre Situation und ihre Bedürfnisse nachzudenken und fordert sie auf, sich zu überlegen, was ihnen jetzt am besten helfen würde. Grundlage für die Herangehensweise an die Praxis können eine persönliche Philosophie, eine allgemeine Pflegeideologie oder Erfahrungen mit erfolgreicher Pflegearbeit über einen längeren Zeitraum sein.

## Ideologien

Möglichkeiten, die Realität zu definieren und auf der Grundlage kollektiver Überzeugungen Verhaltensnormen festzulegen. In der Pflege gibt es verschiedene Ideologien, unter anderem die, dass das Potenzial der Pflege auf den Pflegeprozess auszurichten ist (und nicht auf die Ergebnisse). Ideologien können in einigen Fällen Praxisprobleme mitverursachen, z. B. dann, wenn Gesundheitsfachleute grundverschiedene Auffassungen haben oder wenn einige Pflegende versuchen, anderen ihre Pflegeideologie aufzuzwingen.

## Intellektuelle Herausforderung

Ihr Lernbegleiter wird Sie animieren, neu und in einigen Fällen auch erneut darüber nachzudenken, was Sie als Arbeitsgruppe entdeckt und beschlossen haben. Intellektuelle Herausforderungen werden oft als Fragen oder andere Sichtweisen präsentiert, die Sie in Ihre Überlegungen einbeziehen sollen. Ziel der Methode ist es, Sie zu kritischem Denken zu befähigen.

## Internet-Konferenzen

Die Teilnehmer von Internet-Konferenzen können Botschaften über bestimmte Websites austauschen. Dieser Informationsaustausch via Websites oder Chatrooms kann sehr umfangreich sein und ist in der Regel «gestückelt», sodass die einzelnen Botschaften sorgfältig gelesen werden müssen, um den Dialog verfolgen zu können.

## Lernen

In diesem Lehrbuch wird der Begriff Lernen in drei Kontexten verwenden. In seiner allgemeinen Bedeutung bezeichnet Lernen die Aneignung neuen Wissens und neuer Erkenntnisse und die Veränderung der Praxis als Folge der Anwendung dieses erworbenen Wissens in verschiedenen Situationen. Lernen kann auch bedeuten, ein Problem zu lösen oder die Praxis besser zu verstehen. Problemorientiertes Lernen ist zielgerichtet, kooperativ und exploratorisch. Es soll Probleme lösen, die in der Praxis auftreten. Forschungsorientiertes Lernen ist dagegen eher spekulativ und zielt darauf ab, die Praxis besser zu verstehen und zu erklären, warum etwas geschieht und was dies über die Pflegepraxis aussagt.

## Lernaufgaben

Gesammelte Informationen, deren Bedeutung für die Analyse eines Problems oder einer Situation (noch) nicht geklärt ist. Es sind Fragen und Diskussionen, die die Übereinstimmung verschiedenartiger Informationen betreffen und die noch gelöst bzw. geführt werden müssen.

## Lernbegleiter einer Arbeitsgruppe

Hilft der Gruppe bei der Durchführung ihrer Untersuchungen. Lernbegleiter lösen nicht die Probleme für die Gruppe, aber sie lassen die Gruppe auch nicht unnötig «zappeln». Ein erfolgreicher Lernbegleiter kennt sich mit Untersuchungen sehr gut aus und steuert die Lernprozesse und Gruppendynamik mit viel Fingerspitzengefühl.

## Matrix

Ein heuristisches Instrument, das der Arbeitsgruppe hilft, ihre Untersuchungen zu strukturieren. Mit der in diesem Buch empfohlenen Matrix können Praxiswissen, Bezugsrahmen, Entscheidungsfindung und die Nutzung von Forschungserkenntnissen vor dem Hintergrund einer Situation oder eines Problems geprüft werden.

## Menschenkenntnis

Wissen, das sich darauf bezieht, wie Menschen normalerweise denken oder handeln und sich unter bestimmten Bedingungen, z. B. wenn sie krank sind, verhalten. Da Menschen unterschiedlich auf Veränderungen reagieren, ist dieses Wissen niemals absolut zuverlässig, aber oft gibt es Aufschluss über eine Tendenz, über die Art und Weise, wie die meisten Menschen über eine Situation denken.

## Modifizierter Essay

Eine Methode zur Einschätzung von Studenten. Es werden Fragen zu den Szenarien von Fallstudien gestellt.

## Portfolio

Eine Sammlung von Erörterungen und anderen Unterlagen, die zeigen, was der Verfasser durch Erfahrungen, Beobachtungen oder Untersuchungen gelernt hat.

## Potenzielle Lösungen

Problemlösungen, die Sie für möglich halten, die aber noch verifiziert werden müssen.

## Problemlösungsprozess

Die Schritte, die nötig sind, um von der ersten Analyse der Situation zur Lösung des Problems zu gelangen: mehrfache Informationssammlung und Informationsanalyse; vorläufige Entscheidung darüber, was in der jeweiligen Situation wichtig ist.

## Problemorientiertes Lernen

Ein gruppenzentrierter, exploratorischer Lernansatz, der Probleme aus der Praxis untersucht. Ziel der Arbeitsgruppe ist es, eine Lösung zu finden. Der Ansatz erfordert die gleichen induktiven/deduktiven Fähigkeiten, die Pflegende entwickeln und in der Praxis anwenden müssen.

## Strategisches Wissen

Der Gesamtüberblick, den Pflegende über die Gesundheitsversorgung haben, ihre Kenntnis der verschiedenen Faktoren und deren Einfluss auf die Durchführung der Pflege und die Pflegeergebnisse. Mit strategischem Wissen ist auch Wissen gemeint, das Pflegende nutzen, um mithilfe fremder und eigener Ressourcen andere zu beeinflussen, die Agenda festzulegen und bestimmte Ziele zu erreichen.

## Suchmaschine

Ein System, das mithilfe von Schlüsselwörtern nach relevanten Websites sucht, die wichtige Informationen enthalten. Suchmaschinen werden von vielen Organisationen bereitgestellt, die Informationen über das Internet in Zentraleinheiten speichern (z. B. Yahoo, Google).

## Unterrichtsphilosophie

Die Werte und Ideale, auf denen ein Lehrplan oder eine Lehrmethode basiert. Im Kontext des problem- und forschungsorientierten Lernens sind dies kooperatives Lernen, induktive und deduktive Untersuchungsmethoden und kritisches Denken.

## Unterstützung der Lernenden

Maßnahmen zur Unterstützung der Lernenden während der Durchführung von Untersuchungen. Im Kontext des problem- und forschungsorientierten Lernens werden Lernende von Lernbegleitern, aber auch von Experten und Beratern aus verschiedensten Bereichen unterstützt.

## URL

Uniform Resource Locator – eine einmalige Internet-Adresse bestehend aus einer Kombination aus Wörtern, Buchstaben oder anderen Informationen, die Sie für den Suchvorgang eingeben oder innerhalb einer Website anklicken können, um eine Verbindung zu der gewünschten Website und den darin enthaltenen Informationen herzustellen. Gewöhnlich beginnt eine URL mit www. und kann aufgrund ihrer Endung Aufschluss über den Herkunftsort, z. B. de = Deutschland, ch = Schweiz, at = Österreich, und den Stand des Betreibers der Website, z. B. .org oder .com (Organisation oder Unternehmen) geben.

## Verhaltensregeln der Arbeitgruppe

Von der Arbeitsgruppe festgelegte Grundregeln, die darauf abzielen, den Erfolg beim Sammeln und Analysieren der Informationen zu sichern und zu gewährleisten, dass das Selbstwertgefühl der Gruppenmitglieder nicht verletzt wird.

## Verifizierung/Verifikation

Eine Überprüfung, die zeigen soll, ob Schlussfolgerungen korrekt oder zumindest vertretbar sind.

## Wissen

Das Wissen einer Pflegeperson beinhaltet alle aus verschiedenen Quellen stammenden Informationen, die sie für ihre praktische Arbeit nutzen kann. Das Wissen, das routinemäßig in der Praxis benutzt wird (und sich bewährt hat), wird als «Praxiswissen» bezeichnet. Wissen beinhaltet aber auch Theorien oder Forschungserkenntnisse, Philosophien und Reflexionen, die der Pflegeperson helfen, ihr Handeln zu verstehen und die Grundlage des pflegerischen Handelns darstellen.

### Wissen über Prozesse

Wissen über die Entwicklung von Prozessen – über künftige Geschehnisse und Möglichkeiten der Einflussnahme auf diese. Pflegende beispielsweise besitzen Wissen über Prozesse, denn sie kennen den typischen Verlauf bestimmter Krankheiten, wie z. B. typische Übertragungswege und Ausbreitungsmuster von Infektionen. Sie verstehen, wie sich verschiedene Einflussfaktoren auswirken. Sie kennen sich auch mit Konventionen aus, wissen, wie sie vorgehen müssen, um z. B. Termine zu vereinbaren oder Kollegen ein Anliegen vorzutragen.

### World Wide Web

Internationales Netzwerk von Websites einschließlich der Telefonnetze und Server-Netze, die nötig sind, um mit den gewünschten Websites verbunden zu werden. Im World Wide Web gibt es Tausende von Websites mit Informationen, die für Untersuchungen der Pflegepraxis interessant sind. Im Vergleich zu anderen Informationsquellen, etwa den Büchern in einer Bibliothek, ist das World Wide Web jedoch relativ ungeordnet.

### Zusammenfassen

Während der Durchführung einer Untersuchung ist es nötig, Lernergebnisse und gemeinsame Entscheidungen in regelmäßigen Abständen zusammenzufassen. Lernbegleiter verfügen meistens über sehr viel Erfahrung, wenn es darum geht, eine Gruppe bei der zusammenfassenden Darstellung ihrer Gedankengänge zu unterstützen.

# Literaturverzeichnis

Adejumo, O. and Brysiewicz, P. 'Coping strategies adopted by baccalaureate nursing students in a problem-based learning programme', *Education for Health*, 11 (3), (1998), 349–59.
Axten, S. 'The thinking midwife arriving at judgement', *British Journal of Midwifery*, 8(5), (2000), 287–90.
Barrows, H. 'A taxonomy of problem-based learning methods', *Medical Education*, 20, (1986), 481–6.
Barrows, H. *The Tutorial Process* (Springfield, IL: Southern Illinois, University School of Medicine, 1988).
Barrows, H. 'Challenges of changing from subject-based to problem-based learning' (Conference paper), *Changing to PBL*, International Conference on Problem-based Learning, Brunel University: Middlesex (1997).
Barrows, H. and Tamblyn, R. *Problem-based Learning: An Approach to Medical Education* (New York, Springer, 1980).
Biggs, J. 'The role of metacognition in enhancing leaming', *Australian Journal of Education*, 32 (2), (1988), 127–38.
Bjornsdottir, K. 'Language, research and nursing practice', *Journal of Advanced Nursing*, 33 (2), (2000), 159–66.
Bleich, M. and Bratton, M. 'Solving the quagmire of clinical standards development and implementation', *Journal of Nursing Care Quality*, 8(1), (1993), 12–22.
Bolton, G. *Reflective Practice: Writing and Professional Development* (London, Chapman, 2001).
Bradshaw, P. 'Developing scholarship in nursing in Britain: towards a strategy', *Journal of Nursing Management*, 9(3), (2001), 125–8.
Bramley, I. 'A beginner's guide to using the Internet', *Professional Nurse*, 17 (4), (2001), 218.
Brookfield, S. *Developing Critical Thinkers: Challenging Adults to Explore Alternative Ways of Thinking and Acting* (Milton Keynes, Open University Press, 1987).
Browne, A. 'The influence of liberal–political ideology on nursing science', *Nursing Inquiry*, 8 (2), (2001), 118–29.
Brownell, K. 'Obesity management: a comprehensive plan', *American Journal of Managed Care*, 4 (3), (1998), Supplement s126–32, 158–60.
Buckenham, M. 'Socialisation and personal change: a personal construct psychology approach', *Journal of Advanced Nursing*, 28 (4), (1998), 874–81.
Burckhardt, M. *Ethics and Issues in Contemporary Nursing* (Albany, NY, Delmar, 2002).
Carper, B. 'Fundamental patterns of knowing in nursing', *Advances in Nursing Science*, 1(1), (1978), 13–23.
Chenoweth, L 'Facilitating the process of critical thinking', *Nurse Education Today*, 18 (4), (1998), 281–92.
Cioffi, J. 'Education for clinical decision making in midwifery practice', *Midwifery*, 14 (1), (1998), 18–22.
Cioffi, J. and Markham, R. 'Clinical decision making by midwives: managing case complexity', *Journal of Advanced Nursing*, 25 (2), (1997), 265–72.

Coghlan, D. and Casey, M. 'Action research from the inside: issues and challenges in doing action research in your own hospital', *Journal of Advanced Nursing*, 35 (5), (2001), 674–82.

DeGrave, W., Dolmans, D. and Van Der Vleuten, C. 'Student perceptions about the occurrence of critical incidents in tutorial groups', *Medical Teacher*, 23 (1), (2001), 49–54.

De Volder, M. 'Discussion groups and their tutors: relationships between tutor characteristics and tutor functioning', *Higher Education*, 11, (1982), 269–71.

Dobson, S., Dodsworth, S. and Miller, M. 'Problem solving in small multidisciplinary teams: a means of improving the quality of the communication environment for people with profound learning disability', *British Journal of Learning Disabilities*, 28 (1), (2000), 25–30.

Dowie, J. and Bordage, G. 'Psychology of clinical reasoning', in Dowie, J. and Elstein, A. (eds) *Professional Judgement: A Reader in Clinical Decision Making* (Cambridge, Cambridge University Press, 1988, pp. 109–29).

Dowie, J. and Elstein, A. *Professional Judgement: A Reader in Clinical Decision Making* (Cambridge, Cambridge University Press, 1988).

Drummond-Young, M. 'Educating educators in problem-based learning', *Canadian Nurse*, 94 (10), (1998), 47–8.

Eastmond, D. *Alone but Together. Adult Distance Study through Computer Conferencing* (Cresskill, NJ, Hampton Press, 1995).

Edwards, C and Hammond, M. 'Introducing e–mail into a distance learning course – a case study', *Innovations in Education and Training International*, 35, (1998), 319–28.

Elstein, A. and Bordage, G. 'Psychology of clinical reasoning', in Dowie, J. and Elstein, A. (eds) *Professional Judgement: A Reader in Clinical Decision Making* (Cambridge, Cambridge University Press, 1988, pp. 109–29).

Eraut, M. 'Identifying the knowledge which underpins performance', in Black, H. (ed.) *Knowledge and Competencies: Current Issues in Training and Education* (London, Scottish Council for Research in Education/HMSO, 1990).

Erdmann, C 'Nurses never stop helping: caring and contributing don't end with retirement', *Nursing Matters*, 9 (10), (1998), 16.

Fealy, G. 'The theory-practice relationship in nursing: the practitioners perspective', *Journal of Advanced Nursing*, 30 (1), (1999), 74–82.

Flannelly, L. and Inouye, J. 'Inquiry-based learning and critical thinking in an advanced practice psychiatric nursing programme', *Archives of Psychiatric Nursing*, 12 (3), (1998), 169–75.

Foster, R. 'Fertility issues in patients with cancer', *Cancer Nursing Practice*, 1 (1), (2002), 26–30.

Foucault M. *The Birth of the Clinic: An Archaeology of Medical Perception* (London, Routledge, 1990).

Franklin, F., Illmayer, S. and Tredget, E. 'Assessment of cosmetic and functional results of conservative versus surgical management of facial burns', *Journal of Burn Care and Rehabilitation*, 17 (1), (1996), 19–29.

Glen, S. and Wilkie, K. *Problem-based Learning in Nursing: A New Model for a New Context?* (Basingstoke, Macmillan, 2000).

Gibbon, C. 'Preparation for implementing problem-based learning', in Glen, S and Wilkie, K. (eds) *Problem-based Learning in Nursing: A New Model for A New Context?* (Basingstoke, Macmillan Press, 2000, pp. 37–51).

Gillon, R. 'Medical ethics: four principles plus attention to scope', *British Medical Journal*, 309, (1994), (16 July), 184–8.

Goode, H. 'The theory–practice gap and student nurses', *Journal of Child Health Care*, 2 (2), (1998), 86–90.

Gopee, N. 'Self assessment and the concept of the life long learning nurse', *British Journal of Nursing*, 9 (11), (2000), 724–9.

Gordon, N. 'Critical reflection on the dynamics and processes of qualitative research interviews', *Nurse Researcher,* 5 (2), (1997), 72–81.
Green, C. 'Nursing and professional negligence', *Nursing Times,* 95 (8), (1999), 57–9.
Griffiths, P. 'An investigation into the description of patients' problems by nurses using two different needs-based nursing models', *Journal of Advanced Nursing,* 28 (5), (1998), 969–77.
Hek, G. 'Guidelines on conducting a critical research evaluation', *Nursing Standard,* 11 (6), (1996), 40–3.
Hilterbrand, C 'Developing and improving project management skills', *Journal of AHIMA,* 68 (10), (1997), 40, 42–3.
Hodgkin, K. and Knox, J. *Problem Centred Learning* (Edinburgh, Churchill Livingstone, 1975).
Holen, A. 'The PBL group: self-reflections and feedback for improved learning and growth', *Medical Teacher,* 22 (5), (2000), 485–8.
Ignatavicious, D. '6 critical thinking skills for at the bedside success', *Nursing Management* (USA), 32 (1), (2001), 37–9.
Inglis, S. 'Nursing ethics', *Mental Health Nursing,* 20 (9), (2000), 18–20.
Inouye, J. and Flannelly, L 'Inquiry based learning as a teaching strategy for critical thinking', *Clinical Nurse Specialist,* 12 (2), (1998), 67–72.
Johns, C. *Becoming a Reflective Practitioner: A Reflective and Holistic Approach to Clinical Nursing, Practice Development and Clinical Supervision* (Oxford, Blackwell Science, 2000).
Johnson, S. 'Making the right connections', *Professional Nurse,* 16 (6), (2001), 1183.
Jones, A. 'Possible influences on clinical supervision', *Nursing Standard,* 16 (1), (2001), 38–42.
Jones, C. 'Evaluating a collaborative online learning environment', *Active Learning,* 9 (December), (1998), 31–5.
Keats, D. *Interviewing: A Practical Guide for Students and Professionals* (Buckingham, Open University Press, 2000).
Kennedy, C 'Participant observation as a research tool in a practice based profession', *Nurse Researcher,* 7 (1), (1999), 56–65.
Kershaw, B. 'The long and winding road...the development of nurse education over the past 50 years', *Nursing Times,* 94 (26), (1998), 31.
Kleve, L and Robinson, E. 'A survey of psychological need amongst adult burn-injured patients', *Burns,* 25 (7), (1999), 575–9.
Knowles, M. *Self-directed Learning: Guide for Learners and Teachers* (Toronto, Prentice-Hall, 1975).
Knox, J. 'How to prepare modified essay questions', *Medical Teacher,* 2 (1), (1980), 20–4.
Koch, T. 'Establishing rigour in qualitative research, the decision trail', *Journal of Advanced Nursing,* 19 (5), (1994), 976–86.
Lazarus, R. and Folkman, S. 'Coping and adaptation', in Gentry, W. (ed.) *The Handbook of Behavioural Medicine* (New York, Guilford Press, 1984).
Lobiondo-Wood, G. *Nursing Research: Methods, Critical Appraisal and Utilization* (5th edn) (St Louis, Mosby, 2002).
MacDougall, C. and Baum, F. 'Pearl, pith and provocation the devil's advocate: a strategy to avoid groupthink and stimulate discussion in focus groups', *Qualitative Health Research,* 7 (4), (1997), 532–41.
MacHaffie, H. 'The artistry of interviewing', *Senior Nurse,* 8 (1), (1988), 34.
Marks-Maran, D. and Thomas, G. 'Assessment and evaluation in problem-based learning', in Glen, S. and Wilkie, K. (eds) *Problem-based Learning in Nursing: A New Model for a New Context?* (Basingstoke, Palgrave Macmillan, 2000, pp. 127–50).
Maslow, A. *Motivation and personality* (3rd edn) (New York, Harper and Row, 1987).
McCue, J. 'Can you archive the net?', *The Times (T2 supplement)* 29 April 2002, 4–5.
McEnvoy, P. 'Using patients' records as a source of data', *Nursing Standard,* 13 (36), (1999), 33–6.

Milligan, F. 'Beyond the rhetoric of problem-based learning: emancipatory limits and links with andragogy', *Nurse Education Today*, 19 (7), (1999), 548–55.

Morales-Mann, E. and Kaitell, C. 'Problem-based learning in a Canadian curriculum', *Journal of Advanced Nursing*, 33 (1), (2001), 13–19.

Morton, P. *Health Assessment in Nursing* (Springhouse Pennsylvania, Springhouse Corporation, 1989).

Moust, J. and Schmidt, H. 'Undergraduate students as tutors: are they as effective as faculty in conducting small-group tutorials?' (conference paper), Annual Meeting of the American Educational Research Association, San Francisco, California, (1992).

Murray, I. and Savin-Baden, M. 'Staff development in problem-based learning', *Teaching in Higher Education*, 5 (1), (2000), 107–26.

Neufeld, V., Woodward, C. and MacLeod, S. 'The McMaster MD Program: a case study renewal in medical education', *Academic Medicine*, 67, (1989), 557–65.

Neville, A. 'The problem based learning tutor: Teacher? Facilitator? Evaluator?' *Medical Teacher*, 21 (4), (1999), 393–401.

Newell, R. 'Altered body image: a fear-avoidance model of psycho-social difficulties following disfigurement', *Journal of Advanced Nursing*, 30 (5), (1999), 1230–8.

Painvin, C, Neufeld, V. and Norman, G. 'The triple-jump exercise – a structured measure of problem-solving and self directed learning' proceedings of the 18th Conference of Research in Medical Education, November, Washington, DC, USA, (1979).

Pallie, W. and Carr, D. 'The McMaster medical education philosophy in theory, practice and historical perspective', *Medical Teacher*, 9 (1), (1987), 59–71.

Parker, J., Gardner, G. and Wiltshire, J. 'Handover: the collective narrative of nursing practice', *Australian Journal of Advanced Nursing*, 9 (3), (1992), 3 1–7.

Pennels, C. 'The Data Protection Act and patient records', *Professional Nurse*, 16 (8), (2001), 1291–3.

Penny, W. and Warelow, P. 'Understanding the prattle of praxis', *Nursing Inquiry*, 6 (4), (1999), 259–68.

Peplau, H. *Hildegard E Peplau: Selected Works, Interpersonal Theory in Nursing* (Basingstoke: Macmillan, 1994).

Plato *The Republic* (2nd edn) (London, Penguin, 1974).

Polit, D. *Essentials of Nursing Research: Methods, Appraisal and Utilization* (Philadelphia, Lippincott, 2001).

Price, A. 'How to conduct an internal evaluative consultancy', *Nursing Management*, 7 (7), (2000 a), 16–21.

Price, A. 'How to conduct a feasibility consultancy', *Nursing Management*, 7(8), (2000 b), 16–21.

Price, A. 'Cost benefit analysis', *Nursing Management*, 7 (9), (2001 a), 25–31.

Price, A. 'Conducting a process consultancy', *Nursing Management*, 7 (10), (2001 b), 29–34.

Price, A. and Price, B. 'Problem-based learning in clinical practice: facilitating critical thinking', *Journal for Nurses in Staff Development*, 16 (6), (2000), 257–66.

Price, B. 'First impressions, paradigms for patient assessment', *Journal of Advanced Nursing*, 12 (6), (1987), 699–705.

Price, B. 'Assessing altered body image', *Journal of Psychiatric and Mental Health Nursing*, 2 (3), (1995), 169–75.

Price, B. Theorising in practice', in Bellman, L and Price, B. (eds) *Exploring the Art and Science of Nursing II: A Study Guide* (London, RCN Institute, 1998 a, pp. 5–39).

Price, B. 'Explorations in body image care: Peplau and practice knowledge', *Journal of Psychiatric and Mental Health Nursing*, 5 (3), (1998 b), 179–86.

Price, B. 'Introducing problem-based learning into distance learning', in Glen, S. and Wilkie, K. (eds) *Problem-based Learning in Nursing: A New Model for a New Context?* (Basingstoke, Macmillan Press, 2000 a, pp. 107–26).

Price, B. 'Altered body image: managing social encounters', *International Journal of Palliative Nursing*, 6 (4), (2000 b), 179–85.
Price, B. 'Enquiry-based learning: an introductory guide', *Nursing Standard*, 15 (52), (2001), 45–52.
Price, B. 'Laddered questions and qualitative data research interviews', *Journal of Advanced Nursing*, 37 (3), (2002 a), 273–81.
Price, B. 'Making sense of cancer nursing research design', *Cancer Nursing Practice*, 1 (1), (2002 b), 32–8.
Pruzinsky, T. 'Rehabilitation challenges for burns survivors with residual disfigurement: promising directions for intervention, research and collaboration', *Journal of Burn Care and Rehabilitation*, 19 (2), (1998), 169–73.
Retsas, A. 'Barriers to using research evidence in nursing practice', *Journal of Advanced Nursing*, 3 I (3), (2000), 599–606.
Rippon, S. and Monaghan, A. 'Clinical leadership: embracing a bold new agenda', *Nursing Management*, 8 (6), (2001), 6–9.
Robinson, B. 'Infection control in the post-modernist era: immunization and the new public health', *British Journal of Infection Control*, 2 (1), (2000), 16–19.
Rono, F. 'A students' review of the challenges and limitations of problem-based learning', *Education for Health*, 10 (2), (1997), 199–204.
Rundio, A. 'Continuous quality improvement and problem solving techniques for the acute care nurse', *Nurse Practitioner Forum*, 12 (2), (2001), 92–7.
Savin–Baden, M. 'Group dynamics and disjunction in problem-based contexts', in Glen, S. and Wilkie, K. (eds) *Problem-based Learning in Nursing: A New Model for a New Context?* (Basingstoke, Palgrave Macmillan 2000, pp. 87–106).
Schmidt, H. 'Problem-based learning: rationale and description', *Medical Education*, 17, (1983), 11–16.
Silen, C. 'Understanding and qualitative assessment', paper presented at 6th annual 'Improving Student Learning Symposium', University of Brighton, 7–9 September, 1998.
Sloan, G. 'Clinical supervision: characteristics of a good supervisor', *Nursing Standard*, 12 (40), (1998), 42–6.
Smith, P. and Price, B. *Research Methodology: Study Guide* (London, RCN, 1996).
Solomon, P. and Crowe, J. 'Perceptions of student peer tutors in a problem-based learning programme', *Medical Teacher*, 23 (2), (2001), 181–6.
Spouse, J. 'Scaffolding student learning in clinical practice', *Nurse Education Today*, 18 (4), (1998), 259–66.
Stratfold, M. 'Promoting learner dialogues on the web', in Eisenstadt, M. and
Vincent, T. (eds) *The Knowledge Web: Learning and Collaborating on the Net* (London, Kogan Page, 1998, pp. 119–34).
Taylor, B. 'Identifying and transforming dysfunctional nurse-nurse relationships through reflective practice and action research', *International Journal of Nursing Practice*, 7 (6), (2001), 406–13.
Theodore, J. 'Post-modernism and the transformation of nursing', *Managing Clinical Nursing*, 2 (1), (1998), 34–8.
Thorsteinsson, L. 'The quality of nursing care as perceived by individuals with chronic illness: the magical touch of nursing', *Journal of Clinical Nursing*, 11 (1), (2002), 32–40.
Tierney, A. 'Nursing models: extant or extinct?' *Journal of Advanced Nursing*, 28 (1), (1998), 77–85.
Tilley, S., Pollock, L. and Tait, L. 'Discourse on empowerment', *Journal of Psychiatric and Mental Health Nursing*, 6 (1), (1999), 53–60.
Traynor, M. 'The problem of dissemination: evidence and ideology', *Nursing Inquiry*, 6 (3), (1999), 187–97.

Usher, K., Francis, D. and Owens, J. 'Reflective writing: a strategy to foster critical inquiry in undergraduate nursing students', *Australian Journal of Advanced Nursing,* 19 (1), (1999), 15–19.

Vincent, T. and Whalley, P. 'The web: enabler or disabler?' in Eisenstadt, M. and Vincent, T. (eds) *The Knowledge Web: Learning and Collaborating on the Net* (London, Kogan Page, 1998, pp. 31–46).

Ward, R 'Internet skills for nurses', *Nursing Standard,* 15 (21), (2001), 47–53.

Waters, A., Brown, K. and Eaton, A. 'Preparing for the future', *Nursing Standard,* 14 (10), (1999), 54–5.

Weir, R, Browne, G. and Roberts, J. 'Shadow and substance: values and knowledge', *Canadian Journal of Nursing Research,* 30 (4), (1999), 239–42.

Wheeler, J. 'Thinking your way to successful problem solving', *Nursing Times,* 97 (37), (2001), 36–37.

White, C. 'The metacognitive knowledge of distance learners', *Open Learning,* 14 (3), (1999), 37–46.

Wilkerson, L 'Identification of skills for the problem-based tutor: student and faculty perspectives' (conference paper), Annual meeting of the American Educational Research Association, San Francisco, California, 1992.

Wilkie, K. 'The nature of problem-based learning', in Glen, S. and Wilkie, K. (eds) *Problem-based Learning in Nursing: A New Model for a New Context?* (Basingstoke:, Palgrave Macmillan, 2000, pp. 11–36).

Williams, B. 'The theoretical links between problem-based learning and self directed learning for continuing professional nursing education', *Teaching in Higher Education,* 6 (1), (2001), 85–98.

Winfield, C. *Clinical Decision-making in District Nursing* (Guildford, University of Surrey, 1998).

Wise, J. 'Problem-based learning in midwifery', in Glen, S. and Wilkie, K. (eds) *Problem-based Learning in Nursing: A New Model for a New Context?* (Basingstoke, Palgrave Macmillan, 2000, pp. 69–86).

Wong, F., Lee, W. and Mok, E. 'Educating nurses to care for the dying in Hong Kong: a problem-based learning approach', *Cancer Nursing,* 24 (2), (2001), 112–21.

Woodall, T. 'Clinical expertise: a realistic entity or a phenomenological fantasy', *Journal of Neonatal Nursing,* 6 (1), (2000), 21–5.

Yates, B. 'How to involve hard to reach groups: a consumer-led project with lay carers of people with advanced HIV infection', *Public Health,* 111 (5), (1997), 297–303.

Young, A. *Managing and Implementing Decision Making in Health Care* (Edinburgh, Balliere Tindall, 2002).

Zeitz, H. and Paul, H. 'Facilitator expertise and problem based learning in PBL and traditional curricula' (letter), *Academic Medicine,* 68, (1993), 203–4.

# Deutschsprachige Literatur

Allerbeck, K.; Hoag, W. J.: Interviewer- und Situationseffekte in Umfragen – eine log-lineare Analyse. Zeitschrift für Soziologie, 1981, X (4), 413–426

Bartholomeyczik, B. (Hrsg.): Pflegeforschung verstehen. Urban & Schwarzenberg, München, 1997.

Behrens, J.; Langer G.: Evidence-based Nursing – Vertrauensbildende Entzauberung der Wissenschaft. Huber, Bern, 2004.

Behrens, J.: Evidence-based Nursing in Rehabilitation. DRV-Schriften, 1998, 10: 394–395

Benner, P.; Wrubel, J.: Pflege, Stress und Bewältigung – Gelebte Erfahrung von Gesundheit und Krankheit. Bern, Huber, 1997.

Benner, P.; Tanner, C. A., Chesla, C. A.: Pflegeexperten – Pflegekompetenz, klinisches Wissen und alltägliche Ethik. Huber, Bern, 2000.

Benner P.: Stufen zur Pflegekompetenz – From Novice to Expert. Huber, Bern, 1994.

Bogner, A. (Hrsg.): Das Experteninterview – Theorie, Methode, Anwendung. 2. Aufl., Leske u. Budrich, Opladen, 2005.

Brühe, R.; Isfort, M.; Sowinski, J.; Weber, J.: Das Internet für Pflegende. Huber, Bern, 1999.

Busch, J.: «Was der Patient sagt...» – die Reflexion der Krankenpflege in Biographien. BVS Gohl, Baunatal, 1996.

Corbin, J.; Hildenbrand B.: Qualitative Forschung. in Rennen-Althoff, B.; Schaeffer, D. (Hrsg.): Handbuch Pflegewissenschaft (S. 159–184). Juventa, Weinheim, München, 2000.

Ferber, L.; Behrens, J.: Public Health Forschung mit Gesundheits- und Sozialdaten – Stand und Perspektiven. Asgard Verlag, Sankt Augustin, 1997.

Fitzgerald Miller, J.: Coping fördern – Machtlosigkeit überwinden: Hilfen zur Bewältigung chronischen Krankseins. Huber, Bern, 2003.

Gläser, J.; Laudel, G.: Experteninterviews und qualitative Inhaltsanalyse als Instrumente rekonstruierender Untersuchungen. Verl. für Sozialwiss., Wiesbaden, 2004.

Glen, S.; Wilkie K. (Hrsg.): Problemorientiertes Lernen für Pflegende und Hebammen. Huber, Bern, 2001.

Großklaus-Seidel, M.: Ethik im Pflegealltag – wie Pflegende ihr Handeln reflektieren und begründen können. Kohlhammer, Stuttgart, 2002.

Haller, D. (Hrsg.): Grounded Theory in der Pflegeforschung und anderen Anwendungsfeldern – professionelles Handeln unter der Lupe. Huber, Bern, 2000.

Hart, E.; Bond, M.: Aktionsforschung – Handbuch für Pflege-, Gesundheits- und Sozialberufe. Huber, Bern, 2001.

Hill Rice, V.: Stress und Coping – Lehrbuch für Pflegepraxis und -wissenschaft. Huber, Bern, 2005.

Johns, C.: Selbstreflexion in der Pflegepraxis – gemeinsam aus Erfahrungen lernen. Huber, Bern, 2004.

Käppeli, S.: Pflegekonzepte – Phänomene im Erleben von Krankheit und Umfeld. Band 3. Huber, Bern, 2000.

Körtner, U. H. J.: Grundkurs Pflegeethik. Facultas, Wien, 2004.

Kuhl, J.: Motivation und Persönlichkeit – Interaktionen psychischer Systeme. Hogrefe, Göttingen, 2001.

Lauterbach, A.: Pflege im Internet – care surfari. Ullstein Mosby, Berlin, 1997.
Lay, R.: Ethik in der Pflege – ein Lehrbuch für Aus- , Fort- und Weiterbildung. Schlütersche, Hannover, 2004.
LoBiondo-Wood, G. (Hrsg.): Pflegeforschung – Methoden, kritische Einschätzung und Anwendung. Elsevier, München, 2005.
Löser-Priester, I.; Priester, K.: Gesundheits- und Pflegeforschung – Von der Idee zum Forschungsbericht. Mabuse, Frankfurt a. Main, 2004.
Maslow, A. H.: Motivation und Persönlichkeit. Rowohlt, Reinbek, 1994.
Mayer, H.: Einführung in die Pflegeforschung. Facultas-Univ.-Verl., Wien, 2002.
Miller, M. A.; Babcock, D. E.: Kritisches Denken in der Pflege. Huber, Bern, 2000.
Moers, M. (Hrsg.): Pflegeforschung zum Erleben chronisch kranker und alter Menschen. Huber, Bern, 1999.
Morse, J. M.; Field, P. A.: Qualitative Pflegeforschung – Anwendung qualitativer Ansätze in der Pflege. Ullstein Medical, Wiesbaden, 1998.
Notter, L. E.; Hott, L. E.: Grundlagen der Pflegeforschung. 3., vollst. überarb. Aufl., Huber, Bern, 1997.
Peplau, H. E.: Interpersonale Beziehungen in der Pflege – ein konzeptueller Bezugsrahmen für eine psychodynamische Pflege. Recom Verlag, Basel, 1995.
Peplau, H. E.: Zwischenmenschliche Beziehungen in der Pflege – ausgewählte Werke. Huber, Bern, 1997.
Polit, D. F.; Tatano Beck, C.; Hungler, B.D.: Lehrbuch Pflegeforschung – Methodik, Beurteilung, Anwendung. Huber, Bern, 2004.
Popper, K. R.: Objektive Erkenntnis. Hoffmann & Campe, Hamburg, 1973.
Roes, M.: Wissenstransfer in der Pflege – neues Lernen in der Pflegepraxis. Huber, Bern, 2004.
Sackett, D. L., Richardson, W. S.; Rosenberg, W.; Haynes, R. B.: Evidenzbasierte Medizin. Zuckschwerdt, München, 1999.
Salter, M.: Körperbild und Körperbildstörungen. Ullstein Medical, Wiesbaden, 1998.
Schaeffer, D.; Müller-Mundt, G. (Hrsg.): Qualitative Gesundheits- und Pflegeforschung. Huber, Bern, 2004.
Schär, W. (Hrsg.): Pflegeinformatik in der klinischen Praxis. Urban u. Fischer, München, 2003.
Schröck, R.; Drerup, E. (Hrsg.): Bangen und Hoffen – Beiträge der Pflegeforschung zu existentiellen Erfahrungen kranker Menschen. Lambertus, Freiburg i. Breisgau, 2001.
Sperl, D.: Ethik in der Pflege – verantwortetes Denken und Handeln in der Pflegepraxis. Kohlhammer, Stuttgart, 2002.
Steinhaus, I.: Recherche im Internet. Humboldt, München, 1998.
Weidner, F. (Hrsg.): Pflegeforschung praxisnah – Beispiele aus verschiedenen Handlungsfeldern. Mabuse, Frankfurt a. Main, 2000.
Wiesemann, C.: Pflege und Ethik – Leitfaden für Wissenschaft und Praxis. Kohlhammer, Stuttgart, 2003.
Zimmermann, D. H.; Pollner, M.: Die Alltagswelt als Phänomen. in Weingarten, E.; Sack, F.; Schenkein, J. (Hrsg.): Ethnomethodology. Beiträge zu einer Soziologie des Alltagshandelns. Suhrkamp, Frankfurt a. Main, 1976: 64–104.
Zumbach, J.: Problembasiertes Lernen. Waxmann, Münster, 2003.
http://www.tulpe.org (Tulpe e. V. – Verein zur Betreuung und Hilfe für Gesichtsversehrte), Stand: 06.03. 2005.

# Interview mit Bob Price

Lieber Herr Dr. Price,

würden Sie dem Leser bitte Ihren beruflichen Werdegang und Ihre gegenwärtige Tätigkeit beim Royal College of Nursing (RCN) skizzieren? Welche Verbindung besteht zwischen Ihrer Tätigkeit und dem Thema Ihres Buches?

Ich bin Programmleiter für zwei Masters Studiengänge: Erstens dem MSc in Pflegewissenschaft und zweitens dem interdisziplinären Studiengang MSc in «Advancing Healthcare Practice» am RCN-Institut. Dabei kommen weltweit mehr als 300 Studierende für den Masters Studiengang zusammen. Außerdem bin ich in unserer Fernstudiumeinrichtung verantwortlich für Strategien zur Unterstützung der Studierenden und zur Ausbildung von Tutoren. Für meine Promotion habe ich zum Thema «verhandeltes Lernen und Unterstützung» (negotiated learning and support) geforscht, und ich habe problem- und forschungsbasiertes Lernen als Ansätze in der Entwicklung von Modulen verwandt und meine Vorstellungen in einer Reihe von Workshops und Beratungssituationen weitergegeben.

Aber genug des formellen Curriculum vitae. Erinnern Sie sich noch daran, wie sehr wir früher guten Unterricht geschätzt haben? Einem Anderen das Lernen zu erleichtern ist einer der edelsten Berufe, die man ausüben kann. Für mich ist es die privilegierteste Rolle im Leben, vor allem beim Unterstützen Lernender und Studierender. Ich bin leidenschaftlich interessiert am Erlernen von Ansätzen, die authentisch gegenüber der pflegerischen Praxis sind und Studierenden helfen, im Umgang mit neuen Situationen Selbstvertrauen zu entwickeln. Wachstum, Einfluss und Handlungsspielraum unserer Profession werden geschaffen auf den Schultern von Kolleginnen, die wissen, wie man denkt, kommuniziert und sich wandelt. Lernen ist alles.

**Lebenslanges Lernen ist im westlichen Erziehungswesen ein wichtiger Begriff und eine Voraussetzung für Neuerung und Fortschritt.**

- Glauben Sie, Watzlawicks berühmtes Zitat «Man kann nicht nicht kommunizieren» ließe sich auch auf das Lernen übertragen?

Allgemein geht man davon aus, Lernen geschehe, wenn ein Verhalten beobachtet wird, wenn sich eine Position verändert hat. Dabei kann auch die bloße Entscheidung, mit einer aktuellen Handlungsweise fortzufahren, eine vertraute Einstellung oder Position beizubehalten, ihrerseits wieder Lernen signalisieren. Lernen beinhaltet assimilative ebenso wie akkomodative Anpassungsprozesse und scheint abgesehen von der Notwendigkeit des Schlafes ein konstanter und potenziell energisierender und anregender Prozess zu sein. Vielleicht stimmen Sie mir zu, dass Lehrende in der Pflege daher ständig Kommunikation überprüfen müssen? Es überrascht mich, dass wir uns Lernförderung so oft als Lehren vorgestellt haben, wo doch Beobachten, Hören, Lesen und Verknüpfen dessen, was andere uns mitteilen, die eigentlichen Bestandteile unseres Berufs sind. Demnach hat Watzlawick Recht… wir können nicht nicht kommunizieren, und wer Lernen fördert, muss solch eine Botschaft sorgfältig lesen.

■ **Was bedeutet das für die Pflege?**

Pflegende sind Pragmatiker – angesichts der Geschwindigkeit und Komplexität des Wandels eine notwendige Fertigkeit zum Überleben. Bezüglich dessen, was und wie wir lernen, müssen wir also strategischer vorgehen. Je stärker wir uns unserer selbst, der in der Praxis wirksamen Lernprozesse und der Wege, auf denen wir Lernen erkennen könnten, bewusst sind, desto besser sind wir gerüstet, Gesundheitsversorgung zu steuern. Lernen, das nicht miteinander geteilt und mitgeteilt wird, schwebt im luftleeren Raum. Lernen und Kommunikation gehen Hand in Hand. Kommunikation ist das Mittel, mit dem wir Untersuchungen in Gang setzen, Ideen bestätigen oder Perspektiven verifizieren können. Oft ist es die Art, in der wir uns selbst zu verstehen und zu bereichern lernen, was Psychologen als emotionale Intelligenz bezeichnen. Ob wir nun problem- und forschungsbasiertes Lernen oder andere Strategien anwenden, ein gemeinsamer Diskurs steht im Mittelpunkt des Lernens, und Pflegende geben großartige Kommunikatoren ab.

■ **Welche Forderungen stellen Sie hinsichtlich des lebenslangen Lernens an die Pflege?**

Lassen Sie uns über das Mantra lebenslangen Lernens zumindest insoweit hinausgehen, als dieses einfach eine Forderung nach Aktualisierung von Kompetenzen und Fertigkeiten darstellt. Lassen Sie uns außerdem gemeinsame Gelegenheiten zum Lernen verknüpfen mit dem, was jeder einzelnen Pflegeperson als Erfüllung erscheint. Jenseits der Lernziele, die wir erfüllen müssen, gibt es meiner Ansicht nach heute einen Spielraum, um Lernansätze zu entdecken, die es jedem von uns ermöglichen, sich gut zu fühlen und dies gemeinsam mit anderen zu genießen. Problem- und forschungsorientiertes Lernen bieten hier Gelegenheiten, da Individuen untersuchen, was entdeckt wurde, und erkennen, wer es entdeckt hat. Ich wünsche mir, dass Kollegen aus Lerngelegenheiten mit vor Möglichkeiten brummendem Schädel herauskommen, sich ganz neue Fragen zu dem stellen, was vorher noch als Gemeinplatz erschien, und begierig sind, mehr zu entdecken. Ich hoffe, es wird ihnen ermöglichen, Leidenschaft für gemeinsame Entdeckungen und Vertrauen in das Potenzial unserer Profession zu spüren. Zu diesem Zweck müssen wir Lernende fragen: «Was hat Sie angeregt, was hat es für Sie spannend gemacht, als Sie die Grenzen untersucht haben? Jeder von Ihnen wirft einen Schatten auf den Horizont».

**Verbindet man problem- und forschungsorientiertes Lernen mit der historischen Entwicklung des Lernens...**

■ Woher stammen diese Lernansätze, oder welches sind ihre historischen Wurzeln?

Vielleicht sind Sie sich zweier Entwicklungsströmungen im problem- bzw. forschungsorientierten bewusst. Die Erste ist die nordamerikanische Tradition, die stark von der Arbeit an der Mc Masters University in Kanada beeinflusst wird. Die zweite Tradition ist europäisch, mit einem Fundus an Arbeiten aus den Niederlanden. Die historischen Wurzeln liegen in der medizinischen Ausbildung und in der Entwicklung von Fertigkeiten, die sich nicht in simplistischer Weise von der Theorie in die Praxis übertragen lassen. Alle in der Praxis Tätigen müssen über die ungeordneten und unvollständigen Informationen, denen sie in der Praxis begegnen, nachlesen und diskutieren. Patienten kommen nicht mit Problemen aus dem Lehrbuch. Trotz der Würdigung solch praktischer Belange durch Schaffen einer Form des Lernens, die für praxisbasierte Berufe funktioniert, ist die Tradition weitaus älter. Im antiken Griechenland lehrten Philosophen durch den Diskurs, indem sie andere dazu anhielten, laut zu argumentieren. Rhetorik, die Kunst des Argumentierens durch Debattieren, ist etwas Lebendiges und gut im problem- und forschungsorientierten Lernen. Wir sind Teil der alten Tradition, in der die Leitlinien besten Handelns zwar gelegentlich vergessen, jedoch Generation um Generation wieder aufgenommen wurden.

■ Wie lassen sich problem- und forschungsorientiertes Lernen definieren?

In diesem Lehrbuch treffe ich zentrale Unterscheidungen zwischen diesen beiden Begriffen und glaube, beide sind in der Pflege von Wert. Beim problemorientierten Lernen geht es um eine Strategie zur Entwicklung von Einblicken, Gedanken und Antworten, die auf eine Gruppenuntersuchung von Informationen zurückgreift, welche zunächst unvollständig erscheinen. Es soll Lernenden helfen, einen Sinn in die ungeordnete Praxiswelt hineinzubringen und Vertrauen darin zu entwickeln, Probleme durch gemeinsames Nachdenken zu lösen. Pflegende sind große Problemlöser, oft wird das Problem aber nur durch gemeinsame Anstrengung gelöst. Nur wenige Fachleute oder Berufsstände können Probleme allein lösen. Um zu befriedigenden Ergebnissen zu gelangen, müssen wir gewöhnlich mit anderen zusammenarbeiten, und dies genau wird beim problemorientierten Lernen unterrichtet.

Vielleicht stimmen Sie jedoch mit mir überein, dass es Aspekte der Gesundheitsversorgung gibt, bei denen eine Lösung nicht möglich ist? Bisweilen müssen wir den Umstand berücksichtigen, einen Kompromiss hinzubekommen, wo eine dritte Lösung nicht möglich ist. Ganz gleich, ob es um chronisches Leiden, begrenzte Ressourcen oder schwierige ethische Entscheidungen geht: Bisweilen müssen wir anerkennen, verstehen und klären, was am wichtigsten scheint. Forschungsorientiertes Lernen (enquiry-based learning) richtet sich auf solche Situationen und ermöglicht es – geschickt eingesetzt – Gruppen von Untersuchenden, mit den Irrungen und Wirrungen der Praxis zurechtzukommen und extreme Standpunkte zu vereinen, wenn niemand die Auseinandersetzung im ersten Anlauf für sich entscheidet. Sowohl problem- wie auch forschungsorientiertes Lernen beruhen auf Gruppenlernen und heben hervor, was wir entdecken und lernen, aber sie tun es zu unterschiedlichem Zweck!

■ **Warum sind problem- und forschungsorientiertes Lernen für die Pflege von Nutzen?**

Ich vermute, jeder Leser wird einen eigenen Grund dafür finden, lassen Sie mich daher zum Vergleich nur drei nennen. Erstens lehren uns diese Ansätze die Fertigkeiten des Untersuchens und gemeinsamen Nachdenkens. Wenn die thematische Unterrichtung, die wir erhalten haben, redundant geworden ist, wenn frühere Fakten durch neue Erkenntnisse ersetzt wurden, sind es die Fertigkeiten des Untersuchens und Diskutierens, die uns voranbringen. Wenn Sie dieses Jahr auch nur einen einzigen Euro in Ausbildung investieren, so investieren Sie ihn in ein Lernen, bei dem solche Fertigkeiten entwickelt werden, Fertigkeiten, die Jahr um Jahr in die Zukunft reichen.

Zweitens unterstützen problem- und forschungsorientiertes Lernen sehr stark die Entwicklung einer professionellen Identität und beruflichen Selbstvertrauens. Manches Lernen ist zu Recht Privatsache, wenn Pflege jedoch eine Reputation für Innovation, Praxisentwicklung und Wandel entwickeln soll, werden wir Kommunikatoren voller Selbstvertrauen sein müssen. Problem- und forschungsorientiertes Lernen lassen uns erkennen, was andere Pflegende wissen und was wir geben können.

Und letztlich können problem- und forschungsorientiertes Lernen uns daran erinnern, wie viel Spaß es macht, zu lernen. Eine der Grundvoraussetzungen allen Lernens ist, dass es einem das Gefühl von Lebendigkeit vermittelt. Es steht im Mittelpunkt von Kultur, Professionalität und Gelehrsamkeit. Ergänzen Sie die politisch korrekten Antworten auf die Frage: «Warum möchten Sie dieses Jahr studieren?» durch: «Ich dachte, es könnte mir richtig Spaß machen!»

**In Großbritannien gibt es eine viel längere akademische Tradition in der professionellen Entwicklung der Pflege als in deutschsprachigen Ländern.**

■ Können Sie uns aus Ihrer Sicht eine knappe Zusammenfassung der professionellen Entwicklung und der Entwicklung des Pflegewissens in Großbritannien während der vergangenen zehn Jahre geben?

Nicht alle meine Kollegen würden mit mir darin übereinstimmen, aber ich würde sagen, dass die britische Pflegewissenschaft und -forschung in zwei wichtigen Aspekten mündig geworden ist. Ersten haben wir begonnen, etwas lockerer an die Vorstellung heranzugehen, dass große Fachleute nicht nur anhand eines umfangreichen Wissenscorpus (mit dem Präfix «Pflege-...» versehen), sondern auch an der Fähigkeit zu einfallsreichem Denken und Handeln innerhalb eines Kontexts gemessen werden. Große Pflegepersonen sind keine wandelnden Bücher, es sind Menschen, die wissen, wie man an eine Fragestellung herangeht, mit anderen interagiert und sie unterstützt. Unsere Suche nach dem Wesen der Pflege, unsere Ergebenheit gegenüber Modellen oder Theorien und ein Sich-Verlassen auf andere, um zu definieren, was wir täglich tun, war Teil einer Angst des Heranwachsenden, aus der ich Lehrende und Praktizierende in der Pflege heute heraustreten sehe.

Zweitens haben wir das Selbstvertrauen gewonnen, verschiedene Arten von Beweisen, Wissen und Argumenten als Grundlage praktischen Handelns zu akzeptieren. Hinsichtlich dessen, was eine Profession oder Land erreicht hat, wird man sehr leicht defensiv, pedantisch oder elitär. Wandel ist die Konstante und Lernen der Motor. Rom fiel, und neue Zivilisationen traten hervor. Die Kunst besteht in der Wahl der geeigneten Fragen, des relevanten Wissens, um der Komplexität von Gesundheitsversorgung zu begegnen. Im Ergebnis wird Pflege reicher, offener und umfassender. Sie ist ein Ort an dem europäische Pflegende hoffentlich insgesamt gedeihen und sich entwickeln werden.

**Der Begriff «evidenz-basierte Pflege» (EBN) ist in deutschsprachigen Ländern gegenwärtig recht populär.**

■ Wie schätzen Sie den Begriff EBN und seine Bedeutung für die Pflege ein?

Es gibt mehrere Evidenzen und Wirklichkeiten. Lassen Sie mich das verdeutlichen. Für das Risikomanagement in Zusammenhang mit einer MRSA-Infektion würde ich Sie zur Entwicklung eines praktischen, auf empirischen Belegen beruhenden Vorgehens ermutigen, bei dem Ursache-Wirkungs-Beziehungen erklärt, spezifiziert und die Gefahr kritischer Punkte aufgezeigt würden, an denen sich die Praxis ändern sollte. Betrachten Sie nun die Erfahrung des Umgangs mit einer lebensbedrohenden Erkrankung wie einer MRSA-Infektion. Pflegende arbeiten in einer Welt persönlicher und sozialer Bedeutungen. Wir arbeiten mit Kranksein – mit den Formen, in denen Individuen ihren Erfahrungen Bedeutung beimessen.

Das hier am besten funktionierende Material könnte qualitativ-interpretativer Natur und auf das Verstehen der Welt Anderer ausgerichtet sein. Wie möchte der Patient beispielsweise mit einem veränderten Körperbild nach infektionsbedingter Amputation umgehen? Ich sähe es ungern, wenn Pflegende relevante Evidenzen ausschließen, vielmehr sähe ich gerne, dass Pflegende die richtige Evidenz im relevanten Zusammenhang entwickeln. Das hieße: Pflegerische Entscheidungen basieren situativ auf wissenschaftlich geprüften Erfahrungen Dritter («externe evidence») und/oder die individuellen Bedürfnisse und Erfahrungen der Pflegebedürftigen und Pflegenden («interne evidence»).

**Problem- und forschungsorientiertes Lernen legen einen besonderen Schwerpunkt auf kognitive Fertigkeiten bei Pflegenden.**
- Wie beurteilen Sie ihre Bedeutung für die Pflege?
- Sind sie ebenso wichtig wie fürsorgende Fertigkeiten und Intuition oder gar wichtiger?

Reflexion, Intuition und argumentatives Denken (reasoning) sind wichtige Bestandteile der Praxis und mit pflegerischen Entscheidungen verbunden. Dennoch folge ich keinesfalls der Vorstellung, sie seien voneinander getrennt oder eines sei dem anderen überlegen. Wir arbeiten mit einer Mischung von Fertigkeiten und Fähigkeiten. Nichtsdestoweniger ist die Fähigkeit zu gemeinsamem Lernen und Nachdenken untrennbar mit kognitiven Fertigkeiten verknüpft. Die Fähigkeit, Begriffe zu kreieren und zu nutzen, die einen Punkt erklären oder verdeutlichen, die Fähigkeit zur Darstellung eines Sachverhalts in Form von Analogien oder Beispielen beruhen auf der Fähigkeit zu denken und zu argumentieren.

Können wir wirklich pflegen, ohne zu denken? Ich meine, für jemanden anderen zu sorgen (caring) verbindet Denken mit dem, was ich eben als emotionale Intelligenz bezeichnet habe. Das heißt, Emotionen, Erfahrungen, Einstellungen und Werte auf eine Weise zu verwenden, die dem Ethos der Pflege dient. Meiner Ansicht nach ist die erfahrene Pflegeperson jemand, die all diese Dinge in sich vereint, und dies im richtigen Maß.

**Seit Jahren schon ist die Pflege in Deutschland mit dem Pflegeprozess und dem Ringen darum beschäftigt.**
- Welche Verbindungen bestehen zwischen problem- und forschungsorientiertem Lernen und dem Pflegeprozess?

Wir haben gemeinsam gerungen, und paradoxerweise geht es hier nicht um einen einzelnen Prozess oder eine einzelne Methode. Sicher neigen Pflegende dazu, eine Fertigkeit oder Denkweise als Akt oder Anweisung zu vergegenständlichen. Es ist, als wollten wir das, was als Gedanke wirkt, einschnüren. Um nun den klassischen

Standpunkt gegenüber dem Pflegeprozess einzunehmen: Eine Anweisung für eine Untersuchungs- und Handlungsakt wird zu einer Handlungsakte (Pflegedokumentation) und später zu einer Anordnung darüber, wie wir unser professionelles Handeln auffassen oder erklären. Argumentativ ist es weit besser zu akzeptieren, dass es vielfältige Weisen zu pflegen gibt, und dass deren Anordnung gestaltet wird durch den Kontext, verfügbare Fertigkeiten, Ausmaß und Qualität der Erfahrung sowie durch Anforderungen in Verbindung mit Risikomanagement oder mit dem, was die Gesellschaft als Qualität in der Gesundheitsversorgung akzeptiert.

Ich glaube, dass uns problem- und forschungsorientiertes Lernen mit Fertigkeiten vertraut macht, die uns die Freiheit geben, in immer noch kohärenten, transparenten und professionellen Weisen zu praktizieren, die uns jedoch von Mantras, d.h. ständig wiederholten magischen Formeln, befreien können.

**Wissen und Macht sind eng miteinander verknüpft.**

▪ Meinen Sie, dass das Erzeugen von mehr Wissen automatisch mehr Macht und Einfluss für eine Pflegeperson und die Pflege bedeutet? Was wäre sonst noch vonnöten, um den Einfluss der Pflege auf die Gesellschaft zu stärken?

Weisheit ist wichtiger. Sie umfasst das Wissen darum, wann und wo man mehr den Dingen auf den Grund gehen muss, wie und wo man ausruht, indem man eine Pause macht, um einmal zu würdigen, was man schon alles gelernt hat. Wenn wir weise sind, halten wir inne, um uns zu fragen: «Macht ... für wen?» Vielleicht sind wir schon so besessen von der Macht, die eine Profession hat oder gewinnen könnte, dass wir die Bedeutung des Dienens vergessen. Ich bin Ihr Lehrer und Ihr Diener. Sie sind meine Pflegeperson und Wohltäterin. Patienten und Studierende vergessen niemals ihre Mentoren, aber nicht deshalb, weil diese mächtig im Sinne des Wissenserwerbs und Kontrollierens waren!

Lassen Sie mich Ihnen eine Geschichte über die Entwicklung kommunaler Gesundheitsdienste in einem bolivianischen Dorf erzählen. Der örtliche Mitarbeiter der Sozialfürsorge sowie die Pflegende und der Arzt vor Ort kamen zusammen in dem Versuch, einige harte Entscheidungen über die Leistungsfähigkeit ihrer begrenzten Ressourcen zu treffen. Sie beschlossen, die Gemeinde zu fragen, was sie sich am meisten wünschte und in welcher Weise sie Hilfe bekommen wollte. Dann setzten sich die drei Kollegen hin und fragten sich: «Wer wäre in der Lage, auf diese Weise zu arbeiten?» In einigen Bereichen übernahm der Mitarbeiter der Sozialfürsorge, in anderen die Pflegeperson die Führung, und in wieder anderen Bereichen baten sie die Patienten, ihnen zu zeigen, welche Unterstützung ihnen am besten schien. Hier wurden die Scheuklappen einzelner Berufe und ihres Gebrauchs von Wissen zur Definition, wer was tut, einmal abgelegt. Praxis war, was funktionierte, vernünftig schien und für die Gesellschaft von Wert war. Das ist kein Ansatz, wie er sich in der westlichen Welt finden ließe, wo Beruf und Macht bisweilen die Richtung nehmen, etwas zu tun, das einen bestärkt. Wer sind jetzt die Lehrenden?

**Neue Ansätze in der schweizerischen Pflegeausbildung legen den Schwerpunkt auf die Konzepte «problembasiertes Lernen», «evidenzbasierte Pflege» und «Schulung im Fertigkeitenlabor (skills lab)».**

- Was lässt sich aus der Sicht Ihrer persönlichen Erfahrung mit dem Implementieren der Ansätze des problem- und forschungsorientiertes Lernens für die Einführung bzw. Implementierung dieser Konzepte in der Schweiz lernen?

Ich glaube, Sie werden die kunstvolle Mischung von Denkstrategien und der Entwicklung von Fertigkeiten mit dem Entfalten von konkretem Wissen an richtiger Stelle zu erkunden beginnen. Oder prosaischer gesprochen: Sie werden das Handwerk (craft) der Pflege entdecken. Ich habe kein Problem mit dem Begriff des «Handwerks». Wir alle müssen unser Handwerk praktizieren, und wegen der Ausbildung, die Sie vorbereiten, werden Sie es besser machen.

**Neben Ihrer Eigenschaft als Autor zum Thema problem- und forschungsorientiertes Lernen sind Sie Europas führender Experte im Bereich Körperbildstörungen, und ein Beispiel im Buch bezieht sich auf dieses Thema.**

- Was verstehen Sie unter Körperbildveränderungen?
- Warum ist es für eine Pflegeperson wichtig, sich mit diesem Begriff vertraut zu machen?

Vor vielen Jahren schrieb eine junge Frau an den Ratgeber einer Zeitschriftenkolumne und fragte, wie sie mit der Tatsache zurechtkommen solle, dass sie mit einer Fehlbildung des Gesichts zur Welt gekommen war (erzählt in Goffman's klassischem Werk «Stigma Notes on Spoiled Identity»). Mitten im Gesicht hatte sie eine klaffende Öffnung. Sie erzählte von der Zuneigung ihres Vaters, der sie aufgezogen hatte, und von seiner Sorge, die Missbildung bei seiner Tochter sei ganz allein seine Schuld. Der Brief endete mit der Frage: «Meinen Sie, ich sollte meinem Leben ein Ende setzen?» Beim Körperbild geht es um die Art, in der Menschen ihren Körper, Fehlbildung und Veränderungen wahrnehmen. Es verbindet das Empirische mit dem Konzeptionellen. Es erklärt, warum wir glücklich oder traurig sind und warum wir uns so um Kleidung, Körperpflege und Erscheinungsbild bemühen.

Mein bescheidener Beitrag auf diesem Gebiet bestand darin, über dieses abstrakte Konzept in praktischen Begriffen zu schreiben und zu verdeutlichen, wie ein einfaches Modell dem Praktiker beim Versuch einer Unterstützung leidender Patienten helfen könnte. Durch Tagungsbeiträge und Workshops weltweit habe ich Pflegenden beigebracht, ein verändertes Körperbild einzuschätzen und zu untersuchen und sich Pflegehandlungen auszudenken, die Patienten wirklich beim Lösen von Problemen helfen oder Patienten unterstützen Veränderungen ihres Körperbildes zu bewältigen. Das ist vom problem- und forschungsorientierten Lernen gar nicht so weit entfernt ... es beinhaltet, in neuen Bahnen denken zu lernen und sich in Ihrer Praxis eines Modells zu bedienen.

**Welche Vision haben Sie hinsichtlich der beruflichen und akademischen Entwicklung von Pflege und Pflegewissenschaft und der Bedeutung der Pflege für unsere Gesellschaft?**

Oh ... das ist ziemlich tiefgründig! Wie finde ich die Worte, die Ihnen helfen, all das, was Sie getan, gelernt und mit anderen geteilt haben, zu respektieren? Auf wie viele Weisen kann ich Ihnen sagen, wie wichtig Ihre Berührung, Ihre Worte und Ihre Gedanken für Menschen sind, die mit Krankheit und um ihr Leben ringen? Ich bin nicht sicher, ob ich solche Worte habe; es möge genügen zu sagen, dass meine Vision in Pflegenden besteht, die anderen helfen, all das zu erkennen, was sie selbst werden können in einer Welt, in der nichts beständig scheint und in der ihnen jeder Experte sagt, was sie zu tun haben. Meine Vision eines befähigten Pflegeberufs umfasst Pflegefachfrauen und -männer mit der Weisheit, auch alle von ihnen Unterstützten zu befähigen und zu ermutigen. Sie handelt davon, neue Wege des Helfens, Inspirierens, Führens und Förderns zu verwirklichen, und das ist nichts einfach nur „Gefühlvoll-Anrührendes". Wenn wir das tun, müssen wir lernen, auf sehr differenziertem Niveau zu denken und zu kommunizieren.

- **Welche Schritte wären dazu nötig, und was wären wichtige Schritte für die einzelne Pflegeperson?**

Lesen, Denken, Fragen und Argumentieren. Aber würdigen Sie all jene, die sich an Ihren Diskussionen beteiligen – jeder von ihnen könnte irgendwann im Laufe des Tages Ihr Lehrer sein.

**Herr Dr. Price, herzlichen Dank für die Beantwortung unserer Fragen.**

Das Interview führten: Jurgen Georg und Britta March.
Übersetzung: Michael Herrmann.

# Nachwort zur deutschsprachigen Ausgabe

### Schleiermachers ethische Frage – Für eine Evidence-basierte Pädagogik des problemorientierten Lernens

Pädagogische Interventionen gehören zu den einschneidensten und folgenreichsten Interventionen, die Menschen überhaupt einander angedeihen lassen und zufügen. Was ist eine Operation verglichen mit zwei Jahren Schule? Die Grundforderung Evidence-basierter Pädagogik hat der Philosoph, Theologe und Pädagoge Friedrich Schleiermacher vor mehr als zwei Jahrhunderten in Halle und Berlin formuliert: Pädagogische Interventionen sind so einschneidende und nebenwirkungsreiche Interventionen, dass sie ethisch nur gerechtfertigt werden können durch ihre nachgewiesene positive Wirkung, die die Erzogenen mit großer Häufigkeit tatsächlich erleben. Schleiermacher sah: Viele pädagogische Maßnahmen genügten diesem ethischen Kriterium einer, wie ich heute sagen würde, «Evidence-basierten Pädagogik» nicht.

Diese überwiegend positive, nachweisbar mit großer Häufigkeit beim einzelnen Individuum auftretende Wirkung ist ein notwendiges, aber nicht das einzige und deswegen auch nicht das hinreichende Kriterium Evidence-basierter Pädagogik. Pädagogische Interventionen sind (wie pflegerische und ärztliche) nur zu rechtfertigen, wenn das ausdrückliche Mandat, der ausdrückliche Auftrag des Individuums hinzukommt, das geschult oder behandelt werden will. Dieses ausdrückliche individuelle Mandat muss zum Nachweis der wahrscheinlich überwiegend positiven Wirkung hinzukommen. Sonst kann von einer Evidence-basierten Intervention nicht die Rede sein. Allein aus «externer Evidence», also aus den guten Erfahrungen Dritter, sind Interventionen nicht zu rechtfertigen. «Interne Evidence», also die nur vom einzelnen Individuum selbst auszudrückenden Wünsche, biographischen Erfahrungen und Relevanzen, stellt nämlich erst die Frage bereit, mit denen externe Evidence aufgeschlüsselt und genutzt werden kann. Ohne interne Evidence bleibt externe Evidence eine ziemlich irrelevante Ansammlung der Erfahrungen Dritter.

Bei der entscheidenden ethischen Bedeutung, die schon Schleiermacher der «Evidencebasierung» pädagogischer Interventionen gab, erstaunt eine merkwürdige Entwicklung: In der Pädagogik sind Studien zur Evidencesicherung von Interventionen noch seltener als in den Gesundheitsberufen. Das passt schlecht zu der Tatsache, dass pädagogische Eingriffe viel einschneidendere und folgenreichere Interventionen sind als die meisten gesundheitsbezogenen Eingriffe.

Es kann an dieser Stelle nicht ausführlicher darüber nachgedacht werden, womit dieses überraschende Defizit der Pädagogik nach Schleiermacher zusammenhängen mag. Methodische Probleme der Anlage von Studien können der Grund nicht sein. Diese methodischen Probleme treten nämlich bei Pflegestudien und anderen Studien im Gesundheitsbereich genauso auf. Vielleicht sind seit Schleiermachers Zeiten in immer mehr Lebensbereichen Bildungszertifikate, Prüfungszeugnisse immer wichtiger geworden für den Zugang zu sozial ungleich verteilten Chancen. Die Notwendigkeit, alle möglichen Schul-Prüfungen zu bestehen und deren Zeugnisse vorzuweisen, ist immer selbstverständlicher geworden. Vor dieser Notwendigkeit verblasst die Frage, ob eine pädagogische Intervention außer ihrer unbestreitbaren «Prüfungsrelevanz» auch noch interne und externe Evidence für die weitergehende Lebensrelevanz für sich hat.

Vor diesem Hintergrund verwundert es nicht, dass die Bewegungen des problemorientierten Lernens und der Evidence-basierten therapeutischen Praxis eng zusammenhängen, ja fast identisch sind. Sie sind durch einen gemeinsamen Gründungsmythos verbunden, der sich vielleicht sogar tatsächlich so zugetragen haben mag: An der kanadischen McMaster-Universität fühlten sich einige Studierende unwillig und überfordert, immer neue Therapiemodelle auswendig zu lernen. – Solche Studierende sollen auch heute immer wieder vorkommen. – Sie meldeten sich und fragten den Professor lernunwillig, ob es denn für die gerade zu lernende Therapie außer theoretischen Plausibilitätserwartungen auch Belege der tatsächlichen Wirksamkeit bei Patienten gäbe. Der so frech gefragte Professor muss ein bewundernswert ehrlicher Mensch gewesen sein, wie er ganz selten vorkommt. Er soll nämlich geantwortet haben, von solchen Belegen sei ihm gerade nichts Hinreichendes bekannt. Dafür wisse er aber sicher, dass diese Therapie im Lehrplan stünde und höchst prüfungsrelevant sei. Was folgte, ist bekannt. Die antiautoritär maulenden Studierenden verlangten, von konkreten Patientenproblemen ausgehend, selbständig Studien mit Wirksamkeitsbelegen zu suchen, die Studien zu prüfen und in gemeinsamer Erörterung auf den Einzelfall zu beziehen. So würden sie es ja auch als Therapeuten in der Praxis tun müssen. So stellten sie sich ein sinnvolles Studium vor. Mit dem Auswendiglernen von Therapiemodellen (ohne von ihnen zu prüfenden Relevanz- und Wirksamkeitsnachweisen) solle man sie in Ruhe lassen. In dieser – später in den Studierendenvertretungen der medizinischen Fakultät nahezu weltweit populär gewordenen – Vorstellung des problemorientierten Lernens finden sich bereits alle Schritte Evidence-basierter Praxis im Ansatz angelegt: Von der internen Evidence des individuellen Klienten ausgehend wird die externe Evidence befragt, um die interne, entscheidungsrelevante Evidence des Klienten individuell fortzuentwickeln.

Die maulenden Studierenden schrieben Buch nach Buch über «Evidence-based Medicine». In den wissenschaftlichen medizinischen Fachgesellschaften der Erde wie im Versorgungsmanagement verbreitete sich zumindest das Wort «EbM» einer Mode gleich und transportierte teilweise auch den Inhalt. Alle Trainings in «Evidence-basierter therapeutischer Praxis» folgten den Grundzügen des problemorientierten Lernens. Studien wurden von den Teilnehmern nicht an sich kritisch bewertet, sondern ausgehend von einem Fall und im Hinblick auf diesen Fall analysiert. Evidence-based Nursing öffnete Evidence-basierte Praxis für hermeneutisch-interpretative Methodenverständnisse und widmete sich verstärkt der internen Evidence.

Vielleicht erwarteten sich die antiautoritär nölenden kanadischen Studierenden vom «problemorientierten Lernen» eine zeitliche Entlastung. Dann täuschten sie sich gewaltig. Problemorientiertes Lernen ist zeitlich aufwendiger als Frontalunterricht und das Auswendiglernen von Checklisten und Spickzetteln. Wenn das Ziel die kurzfristige Vorbereitung auf eine multiple-choice-Klausur ohne nachhaltige Wirkung auf Gedächtnis und Habitus ist, dann ist problemorientiertes Lernen wohl keinesfalls der effizienteste Weg.

Wieweit steht es mit dem Wirkungsnachweis von problemorientierten Lernen auf das Ziel, bessere Therapeuten auszubilden? Selbstverständlich erwarten die geneigte Leserin und der geneigte Leser dieses Buches, dass die Vertreter Evidence-basierter Praxis und problemorientierten Lernens zu dieser Frage methodisch anspruchsvolle Studien vorgelegt haben. Die antiautoritären kanadischen, jetzt so berühmt gewordenen Studierenden werden doch wohl nicht gegenüber ihrem Lehrstoff die Evidencebasierung eingeklagt haben und die eigene pädagogische Interventionsmethode des „Problemorientierten Lernens" davon ausgenommen haben? Wer die Backen so voll zum Pfeifen aufbläst, wird auch pfeifen müssen.

Es ist peinlich, es zuzugeben. Aber es liegen erstaunlich wenig methodisch vertrauenswürdige Studien zu den Wirkungen und Nebenwirkungen, Kontextbedingungen, Kosten und Nutzen des problemorientierten Lernens vor. Das stellte z.B. sich im Rahmen der halleschen Habilitation von Christa Them in einer Kooperation der Universitäten Hall bei Innsbruck und Halle an der Saale heraus. Christa Thems' eigene Pilotstudie, der Wirkungsvergleich zweier Lehrmethoden auf kurz- und mittelfristige Klausur- und Problemlösungsleistungen, hat da nahezu Pioniercharakter. Vielleicht ist die Idee problemorientierten Lernens einfach zu plausibel und zu selten umgesetzt, um den Bedarf an Überprüfung und Studien genügend dringlich fühlbar zu machen. Hohe Plausibilität und seltene Umsetzung bilden die besten Voraussetzungen dafür, dass sich eine Idee weltweit als Ideal erhält. Aber es gibt keinen Grund, ausgerechnet bei der pädagogischen Intervention des problemorientierten Lernens auf die Evidenceprüfung zu verzichten, die die Vertreter des problemorientierten Lernens sonst überall fordern. Wenn die Evidencebasierung pädagogischer Arbeit eine ethische Grundforderung ist, wie sich von Friedrich Schleiermacher lernen lässt, dann bedarf auch die Pädagogik problemorientierten Lernens der Wirkungsprüfung.

In diesem Zusammenhang wird die Wichtigkeit des vorliegenden Buches von Price deutlich. Es kann hier nicht darum gehen, Stärken und Schwächen dieses Buches zu diskutieren. Ein Geleitwort ist keine Rezension. Aber dem Verlag Hans Huber kann dazu gratuliert werden, solche Bücher in deutscher Sprache auf den Markt zu bringen, und den geneigten Leserinnen und Lesern kann die kritische Lektüre warm empfohlen werden.

*Johann Behrens, German Center for Evidence-based Nursing, Halle*
*Institut für Gesundheits- und Pflegewissenschaft, Medizinische Fakultät, Martin-Luther-Universität Halle-Wittenberg, Halle*

# Sachwortverzeichnis

**A**
Abschluss
– eines Projektes 145 ff.; **211**
– FOL 63
– Indikatoren für den– 147
Ärzte 30
Analyse 45, 100,
– der Information **127 ff.**
– -sprozess 127 ff.
– und Kontext 128
Angstbewältigung 32
Annahmen
– Bedingungen 136
– -bildung 134
– Folgen 137
–, konkurrierende 136
– und Datenmenge 134 ff.
Arbeitgeber 58
Arbeitsgruppe 29, 32, 49ff., 56, **211**
– Richtlinien für die– 36 f.
Aufbau des Buches 10
Aufnahme der Krankengeschichte 53
Aufzeichnungen, eklektische 106
Ausbildung 49
– zu Führungspersonen 74
Ausgangstext 99
Aussagen, Verbesserung der– 152
Authentizität
– von Daten 129
– von Forschungserkenntnissen 129

**B**
Beendigung eines Projekts 145 ff.
Beispiele zu
– Abschluss eines Projektes POL 45
– Art einer Problemdarstellung 19
– Beweisführung zu Annahmen
– Datenmenge

– Entscheidungsfindung 77
– Faktenbildung 134
– Fokussetzen 61 ff.
– Fragen Pflegender zu Forschungserkenntnissen 81
– Herangehensweise an ein Problem 24 f.
– Interviews 93, 96
– Jugendfürsorge 71
– konkurrierender Annahmen 136
– Macht in der Pflege 20
– Pflegeethik 20
– Portfolio167 ff.
– Sackgassen 141 ff.
– selbstgemachten Problemen 22
– Verbesserung der Aussagen (Fallstudie)
– Verknüpfung von Informationen (Fallstudie) 138 ff.
– Verifizierung vorläufiger Lösungen (POL) 148 f.
– Verifizierung vorläufiger Lösungen (FOL) 150 ff.
Beobachtungen, niedergeschriebene 102
Berater
–, externe 55
–, fachkundige 39
–, pädagogisch geschulte 38
Bericht
–, schriftlicher 147, 157, **169 ff.**,
– Evaluations- 171
Bezugsrahmen 72 ff., 102, 139, **211**
Bibliothek 97 ff.,
Browser 109

**C**
Chatroom 121
Codes 99
codieren 99, **211**

**D**
Daten
– arten 79
– Menge 135
Deduktion 27, **32**
Denken
–, kritisches 24, **32**, 68
–, unorthodoxes 32
Dokumente 91, **97 ff.**,
Dreischrittprüfung 161 ff., **212**

**E**
Einführung **9**
Einschätzung
– Arten der Einschätzungen 157
–, externe 157
– Gemeinsamkeiten der Methoden der – 157
– Vorbereitung auf die – 157
Eltern 71
E-Mail 115, **124 f.**
Entscheidungsfindung 20, 75 ff., 140, **212**
enquiry-based-learning 49 ff.,
Erkunden **212**,
Essay
–, modifizierter 158 ff., **216**
– Regeln für einen – 161
Ethik 20, 100, **212**
Evaluation
– skriterien **79**, 132
– von Informationen aus dem Internet 119
Exkursion 104, **212**

**F**
Fachwissen 36
Fähigkeiten 212
Fakten 45, 127, **213**
– Identifizierung von – 128
– konkrete Projekt – 134
Fallstudie **213**,
–, forschungsorientierten Lernens 193 ff.
–, problemorientierten Lernens 175 ff.
Fertigkeiten **213**,
Fokussieren 61
Forschergeist 24, 37, 58
Forschung
– -sdesign 129
– -serkenntnisse **78 ff.**, 129 ff.
– Evaluieren 130

– Kriterien 133
– Beweiskraft 131
– -kulturen 82
– -paradigma 79
– verstehen 82
Forschungsorientiertes Lernen 49 ff.
Fotokopien 98
Fragen
–, gestaffelte 214
– stellen 132
– zu einer Matrix 68
– eines Diskussions- und Untersuchungsansatzes 72, 84
– einer Entscheidungsfindung 92
– zu Forschungserkenntnisse innerhalb der Praxis 80
– zur Informationsgewinnung 92
– zu Untersuchungen 84
–, vorformulierte 96

**G**
Gedächtnisstütze 102 ff.
Gefühl 102
Gesundheit
– -sberufe 20
– -fürsorge 22,
– -sversorgung 58
– -swesen 19
Glossar 211
Gruppen 56
– -lernen 29 ff.
– -mitglieder 33, 57, 90
– -leiter 135

**H**
Handlungsmöglichkeiten 76
Herausforderung, intellektuelle 214
Herunterladen von Informationen 120 f.
Hintergrund, geschichtlicher 29
Hyperlink 120

**I**
Ideologien Kap.1, 73, **214**
Induktion 27, **32**
Information(en)
– arbeiten mit – 27
– aus Beobachtung der Praxis 100 f.
– aus Exkursionen 104 ff.

– Evaluieren aus dem Internet 119 ff.
– -sgewinnung 109
– Sammeln von Kap.1, 61ff., **89 ff.**, 104 f.
– -squelle 90 ff.
– Suchen von 89 ff.
– -stechnologie
– Verknüpfung von– 138 ff.
– von Menschen 92
Internet 109 ff.
– -Adressen 110
  – -endungen 111
– -Konferenz 214
– -Nutzung 109 ff.
Interpretation 131
Interview 93 ff.
– -führung 94
– -form 94f.
– -«offenes» 96
– -partner 95 f.
– -struktur 95

K
Kenntnisse, medizinische 30f.
Kommunikation **101**, 109
– Regeln 36
– via Informationstechnologie 121
– -sform 124
– -ssysteme 123
Konferenz
–, asynchrone 121 ff.
– Telefon- 121 ff.
– Video- 121 ff.
Kontext 127f.
– und Analyse 128
Kontrolle des Zeitrahmens 55
Konzeptualisierung der Situation 61
Krankheit 80
Krankenakte, Erlaubnis um Einsicht 98
Kursarbeiten 157

L
Laienpfleger 71
Lehrinhalte, Wiederholung relevanter– 163
Lern
– -ansätze
–, forschungsorientiert 26 f.
  –, problemorientiert 26 f.
– -aufgaben 45 ff., 138, **215**

– -begleiter 39 ff., 54ff., 153, **215**
– Auswahl eines– 58 ff.
  – berufliche Hintergründe 59 f.
  – persönliche Eigenschaften 59 f.
– -konzept 32
– -programm 31
– -prozesse 27
Lernen
–, deduktives 32
–, forschungsorientiertes 49 ff.
–, induktives 32
–, problemorientiertes 29 ff.
– Bedürfnisse 55
Lernende
–, Unterstützung der **217**,
lesen, kritisches 163
Lesezeichen 98
Literaturverzeichnis
– international 219
– deutschsprachig 225
Lösungen
–, potenzielle 45, **216**
– Verifizierung vorläufiger– (POL) 148f.
– Verifizierung vorläufiger– (FOL) 150f

M
Macht 20
Manager 58
Matrix 67ff., **215**
Medizinerausbildung 29 f.
Menschenkenntnis **215**, 70
Meinungsverschiedenheit 43
Mentor 164
metakognitiv 32
Motive 102

N
Naturalismus 80

P
Pflege
– -ansatz 52 ff.
– -auffassung
– -ausbildung 49, 79
– -arbeit 17, 51f.,
  – damals/jetzt 17 ff.
– -ideologie 73
– -modell 68

– -philosophie
– -praxis
– damals/jetzt 17
– -szenarien
– -überzeugung
Phänomen 76, 129
Philosophie 73
– Prämissen 129
Planung der Informationssammlung 90
Positivismus 80
Portfolio 164, **216**
– themenbezogenes 167
Praktiker 24
Praxis **17 ff.**,
– Aspekte der–, zur eingehenden Betrachtung 166
– Kontext 52
– und Theorie 82 ff.
– Wissensgrundlage der– 69 ff.
Problem(e) **17 ff.**,
– Analyse 43 ff.
– Auswahl zur Analyse 35
– Besonderheiten 21
– Lösung 25 f., 44
– -situation 33
Problemorientiertes Lernen **29 ff.**
– Komponenten 32
Problemlösung
– -sprozess 32, **216**
– szyklen 44
Projekt
– Beendigung 145 ff.
– -berater 54
– Dimensionierung 211
– Entwicklung 146
– -management 90
Prozess
– -bericht 171
– der Problemlösung 44
– der Untersuchung 60 ff.
– des Abschlusses 145 ff.
–, induktiver 75
– -wissen 70
–, zusammenhängender 127
Prüfungen 157

Q
Quellenarbeit 63, 90, **97 ff.**, 118

R
Reaktionen 102
Reflexion 27
Reliabilität 79
Ressourcen 34
Revolution, technische 109
Rhetorik 132

S
Sackgasse 140
Sammeln
– von Informationen 50, 62, 91, **104 ff.**,
– von Informationen aus dem Internet 109ff.
Schlussfolgerungen 152ff.
Schritte zur Entscheidungsfindung 75 ff.,
Server 109
Situation
– einschätzen
– Konzeptualisierung 61
Sponsor 54
Strategien
– entwickeln 51
– zum Denken 24
– zur Lösungsfindung 24 f.
Strukturieren 61
Studenten
– Einschätzung der Leistungen der– 31
– Reaktion auf eigene Forschung 37
– Unterstützung für die– 38 ff.
Suchmaschine **216**,
Supervisorin 57
surfen 109

T
Textmarker 98
Theorie
– Forschungserkenntnisse 78
– kritische 129
– naturalistische 129
– Stressbewältigung 76
– und Praxis 82 ff.
– und Politik 131
Trefferliste 114
Tutor **39 ff.**, 164

**U**
Überzeugungen 73
Unterricht
– -sphilosophie 32, **217**
– -sprinzipien 32
Unterschiede
– zwischen POL und FOL 50 f.
– zwischen Theorie und Praxis 82 ff.
Unterstützung
– als Komponente POL 32
– der Arbeitsgruppen 56
– der Studenten 38 ff.
Untersuchung
– Durchführung 87 ff.
– -en, neue 46
– Expansion 146
– -ansätze 72
– -prozess bei FOL 60 ff.,
– -bericht (misshandelte Kinder) 71
URL 110, **217**

**V**
Validität 79
Veränderungen in der Praxis d. Gesundheitsversorgung
Verhaltensregeln der Arbeitsgruppe 217,
Verifizierung/Verifikation 148, **217**
Verknüpfung von Theorie und Praxis 27, 82 ff
Verstehen von Forschung 82
Vorgehensweise
–, deduktiv 27
–, induktiv 27

**W**
Wahrheit 131
Website 109, **113**
–, edukative 116
–, ideologische 116
–, komerzielle 115
– Lifestyle– 117
–, persönliche 117
– Wichtiges beim Aufsuchen 119
Weiterbildung 49 f.,
Weiterentwicklung, berufliche 33
Wissen
–, empirisches **212**, 70
–, genutztes 102
–, strategisches 216
–, theoretisches 29
– über Prozesse
–, «schweigendes» **26**, 70
– -sgrundlage 20, **69 ff.**, 75
World Wide Web (www. ...) **217**, 109 ff.

**Z**
Zeit 54, 102,
Ziel(e) von
– Exkursion 104
– FOL 51
– Pflege 17 ff.
– POL 29
– Matrix 67 ff.
– Untersuchung 102
– eines Projektes 154 f.
Zitate Pflegender
– zu Aha–Erlebnissen 155
– zur Problemanalyse 69
– zum Sammeln von Informationen 105
– zu Theorie und Praxis 82
zusammenfassen 217
Zusammenfassungen
– Analyse von Informationen 143
– Beendigung eines Projekts 156
– problemorientiertes Lernen 46
– forschungsorientiertes Lernen 64
– Nutzung des Internets 125
– Suchen und Sammeln von Informationen 106
– Untersuchungen mit einer Matrix 85
– Vorbereitung auf die Einschätzung 172
Zyklen
– der Problemlösung 44